INNSBRUCKER BEITRÄGE ZUR KULTURWISSENSCHAFT
Germanistische Reihe Band 93

Im Auftrag des Instituts für Germanistik
an der Universität Innsbruck
und der Innsbrucker Germanistischen Arbeitsgemeinschaft

innsbruck university press

universität
innsbruck

INNSBRUCKER BEITRÄGE ZUR KULTURWISSENSCHAFT
Germanistische Reihe Band 93

Sieglinde Klettenhammer, Wolfgang Wiesmüller (Hg.)

Entwicklungen der Dramatik und Formen des Theaters in Österreich seit den 1960er Jahren

Innsbruck 2020

Sieglinde Klettenhammer
Wolfgang Wiesmüller
Institut für Germanistik, Universität Innsbruck

Die Drucklegung wurde gefördert von:
Universität Innsbruck, Vizerektorat für Forschung
Philologisch-Kulturwissenschaftliche Fakultät und
Forschungsschwerpunkt „Kulturelle Begegnungen – Kulturelle Konflikte"
Amt der Tiroler Landesregierung, Abteilung Kultur

LAND
TIROL

Alle Beiträge wurden einem anonymen (double-blind) Peer-Review-Verfahren
durch internationale ExpertInnen unterzogen.

Besuchen Sie uns auf unserer Homepage:
http://www.uibk.ac.at/germanistik/germanistische_reihe/

Verzeichnet durch die Deutsche Bibliothek in der Deutschen Nationalbibliografie http://dnb.ddb.de

Umschlaggestaltung: Carmen Drolshagen
Umschlagbild: Inszenierung „Maultasch" von Martin Plattner
am Tiroler Landestheater Innsbruck (2015), © Rupert Larl
Redaktion und Lektorat: Astrid Obernosterer
Gesamtgestaltung: editiones.com, Innsbruck
Printed in Austria: Buch Theiss GmbH, St. Stefan im Lavanttal
www.uibk.ac.at/iup
ISBN 978-3-901064-56-2

Für Wolfgang Hackl

Inhalt

Vorwort

Die im vorliegenden Sammelband veröffentlichten Beiträge gehen auf eine Tagung zurück, die vom Institut für Germanistik der Universität Innsbruck in Zusammenarbeit mit dem Forschungsinstitut Brenner-Archiv vom 3. bis 4. Mai 2018 veranstaltet wurde und unter dem Thema „Entwicklungen der Dramatik und Formen des Theaters in Österreich seit den 1960er Jahren" stand. Im Rahmen der Tagung wurde im Literaturhaus am Inn auch eine (Theater-) Lesung und ein Gespräch mit Petra Maria Kraxner und Martin Plattner veranstaltet. Kraxner las aus ihrem Stück *Schubladensong-Dreivierteltakt*, Plattner u.a. aus seinem Stück *Maultasch*. Äußerer Anlass für die Organisation der Tagung war der Übertritt von Ao. Univ.-Prof. Mag. Dr. Wolfgang Hackl in den Ruhestand. Wolfgang Hackl hat sich in seinen Forschungsarbeiten und Lehrveranstaltungen immer wieder mit österreichischer Dramatik und dem Theater in Österreich beschäftigt. Er ist Mitherausgeber der *Germanistischen Reihe* der *Innsbrucker Beiträge zur Kulturwissenschaft* und betreut diese Publikationsreihe bis heute.

Wie bedeutend das Theater und die Dramatik nach wie vor für die kulturelle Identität Österreichs ist, ersieht man aus der medialen Berichterstattung rund um den Spielplan des Burgtheaters 2019/2020 und seinen Direktor Martin Kušej und dessen Vorhaben, das Burgtheater zu einem transkulturellen Theater in Opposition zu wiederauflebenden Nationalismen zu machen. Vom Nationaltheateranspruch des Burgtheaters zeugt im historischen Rückblick das Faktum, dass bereits am 30. April 1945, also noch vor Kriegsende, im Ronacher Franz Grillparzers Trauerspiel *Sappho* aufgeführt wurde. Wie bekannt, erfolgte zehn Jahre später am 14. Oktober 1955 die Wiedereröffnung des im Krieg zerstörten Burgtheaters mit Grillparzers *König Ottokars Glück und Ende* – ein kulturpolitischer Akt, der nach Ausrufung des Staatsvertrags und der Souveränität Österreichs am 15. Mai 1955 die Zweite Republik festigen und das ‚Österreich-Bewusstsein' in Abgrenzung von Deutschland und unter Ausblendung der NS-Verstrickung Österreichs stärken sollte. Auf die identitätspolitische Funktion des Theaters in Österreich verweist auch der Brecht-Boykott (1953–1963). Neben den antikommunistischen Implikationen vor dem Hintergrund des Kalten Krieges ist er nicht nur ein weiteres Zeugnis der Distanzierung von Deutschland und der Etablierung der Österreich-Ideologie, sondern auch ein Zeugnis der Verweigerung gegenüber neuen Theaterästhetiken. So ist die österreichische Dramatik nach 1945 gekennzeichnet vom Fortleben überkommener Formen, wie der Tendenz zur Allegorisierung und zum Parabelhaften, der Hinwendung zum magisch-surrealen Spiel mit Anbindungen an die expressionistische (Stationen-)Dramatik, und der Bevorzugung des Ideen-Dramas sowie mythologischer, historischer und biblisch-religiöser Stoffe – eine Dramenästhetik, die für Franz Theodor Csokor ebenso wie u.a. für Fritz Hochwälder, Rudolf Bayr, Raimund Berger, Johann A. Boeck, Alma Holgersen, Hans Friedrich Kühnelt, Kurt Klinger, Hans Weigel oder Harald Zusanek bestimmend bleibt. Eine Neuorientierung setzte erst Ende der 1950er Jahre mit den Autoren der „Wiener Gruppe“ und ihren Theatertexten ein, wie überhaupt erst in den 1960er Jahren der vorherrschende Traditionalismus in der österreichischen Nachkriegsliteratur durch Veränderungen im Voraussetzungssystem der Literatur und im Literaturbetrieb in Österreich abgelöst wurde und sich im Zuge dieser Veränderungsprozesse auch eine neue Dramatik zu entwickeln begann, die wesentlich zur Modernisierung des deutschsprachigen Theaters beitrug. Theatertexte österreichischer Autorinnen und Autoren wurden nun nicht mehr, von wenigen Ausnahmen wie Fritz Hochwälder oder Harald Zusanek abgesehen, vornehmlich nur auf österreichischen Bühnen aufgeführt oder blieben auf diese beschränkt, im Gegenteil: Die Stücke von Thomas Bernhard, Wolfgang Bauer, Peter Handke, Peter Turrini, Elfriede Jelinek, später dann von Werner Schwab, Marlene Streeruwitz, Kathrin Röggla, Thomas Arzt, Ferdinand Schmalz, Thomas Köck, Gerhild Steinbuch oder Teresa Doppler wurden bzw. werden vielfach in Deutschland uraufgeführt, was nicht zuletzt zu ihrer Etablierung als Dramatikerinnen und Dramatikern beigetragen hat. Gleichwohl kam es in Österreich insbesondere durch Bernhard, Jelinek oder Handke immer wieder zu Theaterskandalen – Skandale, die auf den epochalen, vor allem auch geschichtspolitischen Bruch mit der Vergangenheit hinweisen, wie der *Heldenplatz*-Skandal rund um das 100-jährige Eröffnungsjubiläum des Wiener Burgtheaters oder der *Burgtheater*-Skandal rund um Jelineks (gleichnamiges) Stück. Bereits im Vorfeld der Aufführungen medial inszeniert und vorbereitet, wurden diese Skandale durch den Vorwurf der ‚Österreich-Beschimpfung‘ zum Politikum und lösten ein Theater der Erregung und Empörung aus, das sogar Eingang in die erinnerungskritische österreichische Romanliteratur gefunden hat.

Ausgehend von der Zäsur im literarischen Leben Österreichs in den 1960er Jahren setzte sich die Tagung zum Ziel, diesen Paradigmenwechsel exemplarisch an wegweisenden Vertreterinnen und Vertretern der österreichischen Dramatik sowie an bedeutsamen Exponentinnen und Exponenten der unmittelbaren österreichischen Gegenwartsdramatik aufzuzeigen. Der Akzent der Tagung lag somit auf der exemplarischen Darstellung dramenästhetischer Neuerungsprozesse, zu denen vor allem auch das Paradigma der Postdramatik gehört. Die dramenästhetischen Innovationen sollten nicht zuletzt aus der Rückschau heraus literaturkritisch gewertet werden, wobei in diesem Zusammenhang auch rezeptionsgeschichtliche und intertextuelle Aspekte in den Blick gerückt werden sollten. Nicht zuletzt war es ein Anliegen der Innsbrucker Dramatik-Tagung über die Landesgrenzen hinaus die Entwicklungen des Theatergeschehens in Südtirol, d.h. in einem spezifischen und durch die Historie mit Österreich verbundenen regionalen Raum nachzuzeichnen. Die Tagung und der vorliegende Band können daher auch als Beitrag zur Diskussion und Reflexion von so genannten epochalen Wenden gesehen werden.

Die hier veröffentlichten Beiträge, die vornehmlich Theatertexte und weniger ihre Bühnenrealisierungen in den Mittelpunkt stellen, beleuchten vor dem Hintergrund dramentheoretischer Konzepte und autorInnenspezifischer (Dramen-)Poetiken aus verschiedenen Perspektiven in einem Querschnitt Neuerungen in der Produktion von Theatertexten und vermitteln ein vielfältiges Spektrum des zeitgenössischen Theaterschaffens österreichischer Autorinnen und Autoren.

Wie schwierig sich die Abkehr von tradierten Formen für Autoren der älteren Dramatikergeneration trotz der Hinwendung zu neuen Themen wie in der Auseinandersetzung mit dem Nationalsozialismus gestaltete, zeigt MARIA KŁAŃSKA einleitend in ihrem Beitrag zu Franz Theodor Csokor. MANFRED MITTERMAYER geht in seiner Überblicksstudie zu Thomas Bernhard auf die lebensgeschichtliche Bedeutung des Theaters für den Autor ein und arbeitet die selbstreflexive Thematisierung der Theaterwelt als zentrale Konstituente im Gesamtwerk Bernhards heraus, die nicht nur dramentheoretisch, sondern auch gesellschaftspolitisch und in existenzkritischer Hinsicht höchst relevant ist.

Wie erwähnt, impliziert die Fokussierung auf Entwicklungen in der österreichischen Dramatik auch die Frage nach Formen der Auseinandersetzung mit dem u.a. von Andrzej Tadeusz Wirth eingeführten und vieldiskutierten Begriff des postdramatischen Theaters, deren Anfänge in A. Artauds *Theater der Grausamkeit* und in der experimentellen Literatur gesehen werden. So lud die Tagung explizit dazu ein, Formen der *Ästhetik des Performativen*, wie sie neben Wirth und Thies-Lehmann u.a. Erika Fischer-Lichte 2004 in ihrem gleichnamigen Buch beschrieben hat, in ausgewählten Theatertexten zu analysieren und das Politische im zeitgenössischen Theater auszuloten – eines Theaters, das sich seit den 1990er Jahren im Spannungsfeld zwischen ‚neuen Realismen' und postdramatischer Performance bewegt. Dieser Problemstellung widmen sich mehrere Beiträge: HARALD GSCHWANDTNER zeichnet die verschiedenen Strategien der Episierung in den Stücken Handkes seit den späten 1960er Jahren nach und erläutert deren Funktion in Zusammenhang mit der Abgrenzung des Autors von Brechts epischem Theater. Ausgehend von den Diskussionen um den ‚Einbruch des Realen' im postdramatischen Theater und von Elfriede Jelineks theaterkritischen Äußerungen und der Absage der Autorin an das Als-ob-Spiel der Fiktionalität rollt UTA DEGNER am Beispiel von Jelineks *Burgtheater* die Frage von Faktualität und Fiktionalität neu auf und setzt Jelineks repräsentationskritische Ästhetik mit dem Dokumentartheater der 1960er Jahre in Beziehung. ALLYSON FIDDLER wendet sich in ihrem Porträt von Marlene Streeruwitz einer weiteren wichtigen österreichischen Dramatikerin zu, die zu den vehementesten feministischen Kritikerinnen des Theaters klassischer Prägung gehört und deren Stücke von Beginn an österreich-, macht- und patriarchatskritisch sind und dramenstilistisch Berührungspunkte zur Postdramatik aufweisen. Mit Kathrin Röggla lenkt WERNER MICHLER das Augenmerk auf eine Dramatikerin, die mit postdramatischen Mitteln facettenreich die globalisierte Welt thematisiert. Rögglas medienkritisches Stück *die unvermeidlichen* führt in die Welt der Konferenzen und der Simultandolmetscher – ein Machtfeld par excellence. Michler zeigt, wie die Autorin diese streng geregelte Welt vielgestaltiger medialer Vermittlung zum Kippen bringt. HELGA MITTERBAUER wiederum untersucht Gerhild Steinbuchs Theatertext *WELTHAUPTSTRAND EUROPA*, der zweifelsohne zu den ästhetisch anspruchsvollsten Theatertexten gehört, die die Geschehnisse rund um die neonazistische terroristische Vereinigung NSU künstlerisch aufarbeiten. Es werden auf den verschiedensten Ebenen postdramatische Theaterzeichen festgemacht und diesem Text eine eigene Form der Ästhetik attestiert, die kritisch auf mediale Determiniertheiten reagiert.

MARIA PIOK diskutiert sodann das Theatergeschehen in Südtirol und dessen spezifische Rahmenbedingungen. In den Fokus treten Stücke Südtiroler Autorinnen und Autoren, die den

Erwartungshorizont des regionalen Publikums durch die Abkehr von der regionalen Tradition durchbrechen. WERNER MIESBACHER befasst sich mit Werner Schwabs frühesten bekannten literarischen Texten, die als Mikrodramen und radiophone Hörstücke konzipiert wurden und Ende der 1970er Jahre entstanden sind. Die Analyse, für die auch Archivmaterialien genutzt werden, erbringt den Nachweis, dass diese Texte durchaus in ihrer ästhetischen Konzeption sowohl der experimentellen Literatur als auch dem beginnenden postdramatischen Theater nahestehen.

Die Reihe der Beiträge, die sich mit Fragen der Wertung und des Kanons sowie der Rezeption auseinandersetzen, eröffnet SIGURD PAUL SCHEICHL, der aus der Warte von 2019 Wolfgang Bauers Skandalstück *Magic Afternoon* auf seine ‚Haltbarkeit' hin überprüft. MARTIN HUBER rekapituliert und kontextualisiert den *Heldenplatz*-Skandal, der für die Geschichtsaufarbeitung Österreichs von zentraler Bedeutung ist. Diese Rückschau gibt den Rahmen für die Darstellung und Wertung der produktiven Rezeption des Skandals in Robert Schindels Roman *Der Kalte* ab. JOHANN HOLZNER richtet den Fokus hingegen auf die Kleist-Rezeption österreichischer Literaten und Künstler und stellt die intertextuelle Anverwandlung des Kleist'schen Lustspiels *Der zerbrochne Krug* durch H.C. Artmann vor.

Die Beiträge verdeutlichen, wie vielgestaltig die dramenästhetischen Neuerungen ausfallen, nachdem in den 1960er Jahren sukzessive der Pakt aufgekündigt wurde, im Theater einer ‚gerahmten', ‚inszenierten Realität', ‚einer Simulation von Realität' gegenüberzustehen. Sie vollziehen sich selbstverständlich, wie immer wieder herausgearbeitet wird, vor dem Hintergrund der Rezeption und Reflexion der dramenästhetischen Tradition. Ohne die je eigene autorInnenspezifische Dramenästhetik der behandelten Autorinnen und Autoren ignorieren und die Frage nach dem Gemeinsamen überstrapazieren zu wollen, stellen sich die Reflexion des Verhältnisses von Fiktion und Wirklichkeit – insbesondere vor dem Hintergrund massenmedialer Wirklichkeit – und die Kritik am Repräsentationscharakter des Sprachmaterials ebenso wie die Kritik am ‚Fiktionsspiel' des Theaters klassischer Prägung, das Realitätsreferenz reklamiert, und die Kritik an identitätsbildenden Institutionen und gesellschaftlichen Mythen als die zentralen Konstituenten der Neuerungsprozesse in den besprochenen Theatertexten heraus.

Unser Dank gilt den Institutionen, die die Tagung und die Herausgabe des Bandes unterstützt haben, sowie allen Beiträgerinnen und Beiträgern. Besonderer Dank geht an die Redakteurin der *Innsbrucker Germanistischen Reihe*, Astrid Obernosterer, für ihre aufmerksame und geduldige Lektorierungsarbeit.

Innsbruck, Juli 2020

Sieglinde Klettenhammer
Wolfgang Wiesmüller

Abstracts

Maria Kłańska (Krakau): Franz Theodor Csokors ‚Eichmann-Drama' *Das Zeichen an der Wand*

Nachdem der Massenmörder Adolf Eichmann 1960 vom israelischen Geheimdienst gekidnappt wurde, beschloss der bejahrte österreichische Dramatiker Franz Theodor Csokor, dieses Ereignis zum Anlass für ein symbolisch-psychologisches Drama zu nehmen, in dem er die Problematik des Gewissens eines Massenmörders und der Haltung der zweiten Generation bearbeiten wollte. Die Stärke des Stückes ist seine brennende Aktualität und sein Aussagegehalt; seine Schwäche, dass Csokor durch die Allegorisierung und angestrebte Universalisierung die konkreten Aspekte etwa des österreichischen Anteils an der Schoah außer Acht ließ.

After the war criminal Adolf Eichmann had been kidnapped by the Israeli Mossad in 1960, the elderly Austrian playwright Franz Theodor Csokor decided to write a psychological-symbolic play about the conscience of a criminal and the attitudes of his descendants. The strong side of this problem play is its topicality and moral significance, but due to the intentional allegorisation and universalisation Csokor disregarded some real historical aspects, like the Austrian complicity in the Holocaust.

Manfred Mittermayer (Salzburg): „Auf dem Totenbett eine Komödie schreiben". Thomas Bernhards Verwandlung der Welt in eine Theaterbühne

Dieser Beitrag unternimmt eine zusammenfassende Darstellung eines der wichtigsten Vorstellungsbereiche aus Thomas Bernhards literarischem Werk: der Welt des Theaters. Zunächst werden lebensgeschichtliche Wurzeln dieser andauernden Faszination beschrieben: frühe Erlebnisse, teilweise in Verbindung mit dem geliebten Großvater, wie sie in Bernhards Autobiographie beschrieben sind. Dann werden Texte analysiert, in denen Schauspielkünstler als Protagonisten auftreten: etwa die Dramen *Minetti* (1976), *Der Theatermacher* (1985) und *Einfach kompliziert* (1986). Eine weitere Figurenreihe betrifft die „dramatischen Schriftsteller" in zwei Theaterstücken: *Die Jagdgesellschaft* (1974) und *Am Ziel* (1981), in denen auch poetologische Aussagen zu Bernhards eigenem Schreiben formuliert sind. Zuletzt wird die Darstellung des Theaters als Mittel zur Existenzbewältigung nachgezeichnet, wie sie in Bernhards Autobiographie, aber auch in seiner frühen Erzählung *Amras* (1964) nachzulesen ist.

This article intends a comprehensive presentation of one of the most striking fields of imagery in Thomas Bernhard's literary work: the world of the theatre. First, biographical roots of this enduring fascination are described: early experiences, partly in connection with his beloved grandfather, as conveyed in Bernhard's autobiography. Then, texts with actors as protagonists are analysed: e.g. the dramas *Minetti* (1976), *Der Theatermacher* (1985) and *Einfach kompliziert* (1986). A further series of characters consists of "dramatic writers", who appear in two dramas: *Die Jagdgesellschaft* (1974) and *Am Ziel* (1981), where also poetological statements concerning Bernhard's own writing are expressed. Finally, the idea of theatre as a means of coping with existence is dealt with, as it can be read in Bernhard's autobiography, but also in his early prose text *Amras* (1964).

Harald Gschwandtner (Salzburg): „Meine Sehnsucht ist, das Dramatische mehr zu episieren". Zum Erzählerischen in Peter Handkes Theaterstücken

Peter Handkes Schreiben für die Bühne ist seit langer Zeit von der Frage nach einer neuen Form ‚epischen Theaters' geprägt, wobei der Autor sich von Brechts literarischer Ästhetik stets ostentativ distanziert hat. Erprobte Handke bereits im frühen Stück *Das Mündel will Vormund sein* (1969) Möglichkeiten einer dezidiert erzählerischen Organisation theatraler Texte, gewann dieser Aspekt im Werk des österreichischen Schriftstellers in der Folge immer mehr an Bedeutung. Im Rahmen des vorliegenden Aufsatzes steht am Beispiel des ‚stummen Stücks' *Die Stunde da wir nichts voneinander wußten* (1992), aber auch anhand weiterer ausgewählter Theaterarbeiten (*Über die Dörfer*, 1981; *Spuren der Verirrten*, 2006; *Die Unschuldigen, ich und die Unbekannte am Rand der Landstraße*, 2015), die literarische Produktivität von Handkes ‚Episierung' des Dramatischen im Mittelpunkt. Die erzählerische Imagination von Vorgängen auf einer Bühne wird dabei als zentrales Charakteristikum von Handkes Theaterästhetik profiliert.

Peter Handke's writing for the stage has long been characterised by the question of a new form of 'epic theatre', in which the author has always ostentatiously distanced himself from Brecht's literary aesthetics. Handke already tested the possibilities of a decidedly narrative organisation of theatrical texts in his early play *Das Mündel will Vormund sein* (1969), but this aspect subsequently gained more and more importance in the Austrian writer's work. This essay focuses on the literary productivity of Handke's 'episation' of the dramatic, using the example of the 'silent play' *Die Stunde da wir nichts voneinander wußten* (1992) as well as other selected theatre works (*Über die Dörfer*, 1981; *Spuren der Verirrten*, 2006; *Die Unschuldigen, ich und die Unbekannte am Rand der Landstraße*, 2015). The narrative imagination of events on a stage is levelled out as a central characteristic of Handke's theatrical aesthetics.

Uta Degner (Salzburg): ‚Postfiktionales' Theater. Elfriede Jelinek und die Provokation des Dokumentartheaters, am Beispiel ihres Stückes *Burgtheater*

Eine bislang noch nicht genügend reflektierte Innovation des dramatischen Schaffens von Elfriede Jelinek besteht in der Infragestellung der Kategorie der ‚Fiktionalität': Diese erweist sich als ein konventionalisiertes Dogma, das es abzuschaffen gilt. Jelineks Aussagen von 1983 „Ich will kein Theater" und „Ich will nicht spielen" zielen nicht vornehmlich auf die Repräsentationsfunktion des ‚bürgerlichen' Theaters, sondern verabschieden mit dem Begriff des Spiels – seit Schiller Zentralbegriff eines autonomen Theaters – die fiktionale Natur des Dramas. Im Essay wird daher eine Änderung des Blicks gefordert, weg von der Bühne, hin zum Wirklichen: „Richten wir die Blicke nur noch auf uns! Wir sind unsere eigenen Darsteller." Jelinek positioniert sich damit nicht gegen das Prinzip der Repräsentation als solches, sondern gegen dessen ‚Als ob'-Charakter, der gerade keinen wirklichen Referenzbezug beansprucht. Am Beispiel ihres Stücks *Burgtheater* wird der nicht-mehr-fiktionale Repräsentationsmodus herausgearbeitet, der auch für ihr späteres Werk wegweisend ist; deutlich wird dabei auch, wie wichtig Impulse des Dokumentartheaters der 1960er Jahre für Jelineks Theaterverständnis sind.

One of the most remarkable but overlooked innovations of Jelinek's theatre is its questioning of fictionality as an conventional dogma that has to be abolished. As early as 1983, Jelinek's famous dictum "Ich will kein Theater" can be read in that direction: When she states, "Ich will nicht spielen", she not only and mainly criticizes the 'bourgeois' representational theatre, but with the term "Spiel" (coined by Schiller to describe the fictional character of 'autonomous' literary representation) addresses the very nature of fictionality itself. In the essay, the direction of the gaze therefore leads away from the stage of art onto reality and "the real": "Richten wir die Blicke nur noch auf uns! Wir sind unsere eigenen Darsteller." Jelinek is not against representation as such, but against the 'as if'-character in the sign of autonomy, that has no real function of representation. Her (post-)dramatical texts show how she seeks to elaborate a non-fictional mode of representation. The dramatic piece *Burgtheater* illustrates her reworking of the documentary theatre of the 1960s.

Allyson Fiddler (Lancaster): „In das Drama zurückgeworfen". Zu politischen und stilistischen Fragen bei Marlene Streeruwitz

Die oft erörterte Absage Marlene Streeruwitz' an das Theater steht hier auf dem Prüfstand. 1992 wurde Streeruwitz von *Theater heute* als Nachwuchsdramatikerin des Jahres ausgezeichnet; sie wurde jedoch weitaus häufiger als Prosaschriftstellerin gefeiert. Streeruwitz hat das Theater aber nie gänzlich verlassen. Im vorliegenden Beitrag werden zwei ihrer jüngsten Stücke untersucht – *Die letzten Tage der Zweiten Republik.* (2017) und *Mar-a-Lago. oder. Neuschwanstein.* (2018) –, um die Gründe für Streeruwitz' Abneigung von Neuem zu analysieren. Welche Spuren hinterlassen die Stücke der 1990er Jahre mit ihren absurden Untersuchungen der Menschheit und der modernen Gesellschaft? Was bewegt die Dramatikerin zu ihren jüngsten politischen Kommentaren der Zehnerjahre?

Marlene Streeruwitz's oft repeated disavowal of the theatre is under scrutiny here. *Theater Heute's* Nachwuchsdramatikerin of 1992, Streeruwitz is nevertheless better known and more highly fêted as a prose writer. Streeruwitz has never completely abandoned the dramatic mode, however, and I examine two of her most recent plays, *Die letzten Tage der Zweiten Republik.* (2017) and *Mar-a-Lago. oder. Neuschwanstein.* (2018) to revisit the reasons for Streeruwitz's disaffection for the theatre. What traces are to be found in these new works of Streeruwitz's 1990s' absurdist explorations of the human condition and of modern society and what motivates Streeruwitz's political explorations of the 2010s?

Werner Michler (Salzburg): *„sorry, dolmetschfehler“*. Kathrin Rögglas *die unvermeidlichen* und die Medien der Übersetzung

Kathrin Rögglas *die unvermeidlichen* (2010) ist ein Stück über Medien und Medialität; es zeigt das Funktionieren internationaler politischer Kommunikation aus der Perspektive von Experten für reibungsfreie Übersetzung. Der Text erprobt verschiedene Szenarien des Entgleisens dieses Betriebs, indem die Medien intransparent werden und in ihrem Eigencharakter sichtbar; Situationen von agency und des „Einbruchs des Realen“ werden dadurch ermöglicht, aber auch Einblicke in das translatorische Feld, die Dynamiken politischer Kommunikation und die Lebbarkeit der Mediensphäre. Die ausführlichen Recherchen der Autorin in der Welt der Konferenzdolmetscher bewahren den Text davor, nur eine Metapher zu bebildern.

Kathrin Röggla's *die unvermeidlichen* (2010), a play on media and mediality, shows how international political communication functions from the perspective of experts for (seemingly) smooth translation. The text explores various scenarios in which this communication is derailed as media transparency is blurred and the media take on a visible character of their own. Frictionless interpretation is disturbed by the 'incursion of the real' and situations in which translator agency becomes apparent. By the same token insight is gained into the translatorial field, the dynamics of political communication and the possibilities of living the life of a medium. The author's thorough research into the world of professional conference interpreters enables the text to go beyond mere metaphors of 'translation'.

Helga Mitterbauer (Brüssel): Thema und Diskurse: Postdramatik in Gerhild Steinbuchs *WELTHAUPTSTRAND EUROPA*

Der Beitrag analysiert das für das Theatertreffen in Chemnitz 2016 verfasste Stück *WELTHAUPTSTRAND EUROPA* hinsichtlich seiner postdramatischen Ästhetik; der Text verhandelt den Umgang von Verfassungsschutz, Polizei und Medien mit dem neo-nationalsozialistischen Terror des NSU, wie er im Zuge des Münchener NSU-Prozesses aufgerollt wurde, und vergleicht die Repräsentationen von Opfern/Tätern und deren Umkehrungen mit zeitgenössischen Theaterarbeiten und Filmen. Steinbuchs Poetik orientiert sich am Thema und am Klang, ihr Text ist polyphon und deutlich rhythmisiert; er lässt verschiedene politische und soziale Diskurse aufeinanderprallen, entzieht sich der Linearität und treibt die Episierung soweit, dass Fußnoten im Manuskript die Erläuterungen der Dramaturgie abdecken und damit eine neue Stufe der Postdramatik erreichen.

The article analyses the postdramatic aesthetics in the play *WELTHAUPTSTRAND EUROPA* written for the Theatre Festival of Chemnitz in 2016. In Steinbuch's polyphonic text, various voices discuss how the German Intelligence Service, the police, and mass media dealt with the neo-nazi terror of the NSU and the Munich process. I compare Steinbuch's representations of victims and offenders, as well as the shifting of these roles, with the way other playwrights and filmmakers treated the same shifts. Steinbuch's aesthetics is oriented towards the topic more than towards individuals. Her play is polyphonic and demonstrates clear musicality; it allows the confrontation of diverse political and social discourses; it denies the linearity of plot and drives the epic style of the piece, including the use of footnotes to provide dramatic advice in her manuscript, thus reaching a new level of postdramatic poetics.

Maria Piok (Innsbruck): Neues Theater aus Südtirol

Die Frage nach einem postdramatischen Theater muss sich nicht zwingend nur auf die überregional bedeutsame Szene konzentrieren: Auch kleine Bühnen, die sich an ein lokales, nicht-städtisches Publikum wenden, stehen vor der Herausforderung, althergebrachte Traditionen kritisch zu reflektieren. Beispiele aus Südtirol – dessen rege Theaterszene stark dem regionalen Raum verhaftet bleibt – zeigen, dass sich AutorInnen durchaus um ein ‚neues', überkommene Paradigmen ablösendes Theater bemühen. Dabei knüpfen sie ganz gezielt an lokale Spielformen an, etwa indem sie dem Publikum sehr vertraute Elemente des traditionellen Helden- und Bauerntheaters aufgreifen: Diese dienen jedoch nur mehr dem selbstreferenziellen, satirisch-parodistischem Spiel und werden als inhaltsentleerte, obsolet gewordene Form- und Handlungsstereotype entlarvt.

The discussion of postdramatic theatre has mainly focussed on plays and productions of supraregional importance. Small theatre companies, i.e. those addressing a local, non-urban audience, however, also have to critically reflect on long-standing traditions. This can be seen, for instance, when looking at the theatre of South Tyrol. Its theatre scene is extremely active but strongly tied to local circumstances. Contemporary South Tyrolean writers often take up regional theatre forms – even though they try to detach them from obsolete paradigms. They use elements the audience is perfectly familiar with (e.g., from traditional heroic plays or the peasant theatre). These elements, however, only serve as a means for self-referential satire and parody, unmasking the insignificance of out-dated, stereotypical plots and patterns.

Harald Miesbacher (Graz): Die früh- bzw. vordramatischen Versuche Werner Schwabs. Zu den Hör-Stücken *brack komma ein* und *schlagen da zwei*

Werner Schwabs literarische Anfänge sind mit Ende der 1970er/Anfang der 1980er Jahre anzusetzen. Zu dieser Zeit versuchte sich der gebürtige Grazer (geb. 1958) als Student an der Akademie der bildenden Künste Wien. Es war ihm die Aufnahme in die Bildhauerklasse Bruno Gironcolis gelungen und so kam er in der Folge auch mit dem aktuellen Kunstdiskurs in Berührung. Die Zeit bei Gironcoli prägte den jungen Schwab augenscheinlich. Dies zeigt sich nachdrücklich schon an seinen ersten literarischen Texten, speziell an *brack komma ein* und *schlagen da zwei*, beide posthum publiziert in der Literaturzeitschrift *manuskripte* (Jg. 35, 1995, H. 127). Beide Texte sind zunächst einmal als radiophone Hör-Stücke in der Tradition experimenteller Hörspielkunst zu betrachten, gleichzeitig können sie mit ihren szenisch-performativen Elementen auch in die Nähe postdramatischer Theaterformen, die in eben dem Zeitraum ab 1980 an etlichen deutschsprachigen Bühnen erprobt wurden, gerückt werden.

Werner Schwab's literary beginnings started at the end of the seventies/ beginning of the eighties. At that time he began his studies at the Academy of Fine Arts in Vienna where he succeeded in being accepted into Bruno Gironcoli's sculpture class and, as a consequence, came into contact with the current art discourse. The time with Gironcoli made an obvious impact on the young artist, which can already be strongly seen in his first literary texts *brack komma ein* and *schlagen da zwei*, both of them published posthumously in the literary magazine *manuskripte* (Jg. 35, 1995, H. 127). Both texts can first of all be seen as radiophonic audio pieces in the tradition of experimental radio plays, however, at the same time, due to their scenic performative elements, they can be considered postdramatic forms of theatre which were tried out on several German speaking stages during that period.

Sigurd Paul Scheichl (Innsbruck): *Magic Afternoon*, 2019

1968 provozierte Wolfgang Bauers einaktiges Stück *Magic Afternoon* in hohem Maß. Seine marihuanarauchenden Figuren repräsentierten eine Generation in radikalem Widerspruch zu den Werten ihrer Eltern. Sie reden miteinander ohne miteinander zu kommunizieren. Die exakte Wiedergabe der Sprache der Jugend der 1960er Jahre war vielleicht der provokanteste Zug des Stücks; sie ist Bauers eigentliche literarische Leistung. Einige sehr pointierte Sätze der Figuren wirken immer noch, aber insgesamt haben gesellschaftlicher und sprachlicher Wandel das Stück aller Provokationen beraubt und zu einem historischen Dokument gemacht.

In 1968, Wolfgang Bauer's play *Magic Afternoon* was very provocative for several reasons. Its weed smoking characters represented a generation in total opposition to the values cherished by their parents. Though they are talking to each other they do not communicate. The precise rendering of the youngsters' slang, Bauer's major literary achievement, was perhaps the most provocative feature of his play. While some very trenchant sentences of the characters have not lost their effect, social and linguistic change has deprived the play of all provocation and has made it a historical document.

Martin Huber (Salzburg): Von *Heldenplatz* zu *Vom Balkon*. Zur Rezeption des *Heldenplatz*-Skandals in Robert Schindels Roman *Der Kalte*

Drei Jahrzehnte nach der Uraufführung von Thomas Bernhards *Heldenplatz* ist der Skandal, der sich damals in Österreich entfaltete, längst in die (Literatur-)Geschichte der 2. Republik eingegangen – und er ist in der Zwischenzeit selbst Literatur geworden, wie am Beispiel der Rezeption dieses Skandals in Robert Schindels Roman *Der Kalte* gezeigt wird. Nach einer knappen Darstellung der historischen Ausgangssituation im Österreich der 1980er Jahre und des spezifischen Kontextes der ‚Skandal'-Geschichte, die das Werk Bernhards bis dahin schon lange begleitete, wird der *Heldenplatz*-Skandal in seinen Grundzügen rekapituliert. Dem folgt ein Abriss des Romangeschehens, um sodann detaillierter nachzuzeichnen, wie Schindel Elemente der Aufführungsgeschichte und des Theaterstücks *Heldenplatz* in Raimund Muthesius' „Vom Balkon" (so der Name des Autors und des Dramas in Schindels Roman) verwandelt und für seinen Roman literarisch produktiv gemacht hat.

Three decades after the premiere of Thomas Bernhard's *Heldenplatz*, the scandal that unfolded in Austria at the time has long since entered the (literary) history of the Second Republic – and it has become literature itself in the meantime, as is shown by the example of the reception of this scandal in Robert Schindel's novel *Der Kalte*. After a brief description of the historical starting situation in Austria in the 1980s and the specific context of the 'scandal' history that had long accompanied Bernhard's work, the *Heldenplatz* scandal is recapitulated in its basic features. This is followed by an outline of the events in the novel, in order to trace in more detail how Schindel transformed elements of the performance history and the play *Heldenplatz* into Raimund Muthesius' "Vom Balkon" (as the author and the drama are called in Schindel's novel) and made them literarily productive for his novel.

Johann Holzner (Innsbruck): Ein Potpourri von Bedeutungsräumen. H.C. Artmann: *Der zerbrochene Krug*

Es gibt nicht allzu viele glanzvolle Fundstücke auf dem Gebiet der neueren österreichischen Literatur, die substanzielle Anspielungen auf Heinrich von Kleist oder auch Anregungen zu einer Re-Lektüre seines Werkes offerieren. Immerhin: Oskar Kokoschka und Thomas Bernhard haben sich schon als Kleist-Anwälte hervorgetan; Elfriede Jelinek, Peter Handke und Erich Hackl wären ebenfalls zu nennen. In Artmanns Bearbeitung des *Zerbrochnen Krugs* (1992) bleibt zwar (fast) kein einziger Stein auf dem anderen (die Handlung spielt nicht mehr in einem niederländischen Dorf bei Utrecht, sondern im südlichen Niederösterreich), aber vieles spricht am Ende doch dafür, dass Kleists Prätext damit keineswegs ins Archiv der abgelegten Blätter zurückgeschoben, dass er vielmehr herausgehoben wird aus der Schatzkammer des deutschsprachigen Lustspiels und obendrein eingerückt wird in eine Tradition, der Artmann gleichfalls seine Reverenz erweisen möchte: nämlich die Tradition der Alt-Wiener Volkskomödie mit allen ihren Nachfahren von Raimund und Nestroy bis Ödön von Horváth.

There are not a lot of brilliant finds in the field of contemporary Austrian literature which offer substantial references to Heinrich von Kleist or suggestions for a re-reading of his works. At least Oskar Kokoschka and Thomas Bernhard have already led the way as advocates of Kleist; Elfriede Jelinek, Peter Handke, and Erich Hackl should mentioned as well. Although in Artmanns adaptation of *Der Zerbrochne Krug* (1992) (nearly) everything has been altered (the plot isn't set in a Dutch village near Utrecht anymore, but in southern Lower

Austria), in the end there is still much evidence that supports the idea that Kleists pre-text has by no means been put back into the archive of filed texts, but that it is rather singled out of the treasure chamber of the German-speaking comedy and on top of that inserted into a tradition to which Artmann likewise wants to pay his respects: namely the tradition of the old Viennese popular comedy with all its successors from Raimund and Nestroy to Ödön von Horváth.

Maria Kłańska

Franz Theodor Csokors ‚Eichmann-Drama' *Das Zeichen an der Wand*

Als am 11. Mai 1960 Adolf Eichmann vom israelischen Geheimdienst vor seinem argentinischen Haus gekidnappt wurde[1], gehörte der bejahrte Dramatiker Franz Theodor Csokor, der die Zeit von 1938–1945 auf der Flucht vor den Nazis und dem Krieg verbracht hatte, ebenso zu den Aufgewühlten wie die jubelnden Israelis und die öffentliche Meinung Europas. Er beschloss dieses Ereignis zum Anlass für ein symbolisch-psychologisches Drama zu nehmen, in dem er die Problematik des Gewissens eines Massenmörders und der Haltung der zweiten Generation bearbeiten würde. Am 4. September 1960 schrieb er darüber an seine kroatische Freundin, die Dichterin und Übersetzerin Ina Jun Broda:

> Ich schrieb ein neues Stück um eine ‚Eichmann'figur [sic], der in seinem neuen Leben wunschlos glücklich sitzt, aber es lässt ihm doch keine Ruhe, wissend geht er in die Falle, die man ihm stellt. Das Stück soll heissen *Das Zeichen* (oder *Die Schrift) an der Wand*.[2]

Obwohl also das Thema hoch aktuell war, wählte Csokor einen biblischen Titel, wohl um den universellen Aussagegehalt und den moralisch-religiösen Aspekt zu betonen. Wie man aus dem Kontext erraten kann, geht es um die Szene aus dem Alten Testament, Dan 5.1–30, in der der babylonische König Belsazar ein Gastmahl gibt und an der Wand die Worte „mene tekel u-parsim" erscheinen, die den Fall des Frevlers verkünden.[3] In der veröffentlichten Fassung des Dramas ist diese intertextuelle Anspielung dadurch leichter entzifferbar, dass dem Text die Widmung vorangestellt wurde: „JENEN MIT DEREN BLUT DAS ZEICHEN AN DER WAND GESCHRIEBEN WURDE!"[4] Die biblische Korrespondenz wird auch durch das Motto aus Mose 1.8–21 unterstrichen: „Ich will hinfort nicht mehr die Erde verfluchen um des Menschen willen; denn das Sinnen des menschlichen Herzens ist böse von Jugend auf." (ZaW, 5) Überdies sah sich Csokor veranlasst, seinem Zeitstück einen überzeitlichen Rahmen

---

1 Vgl. Peter Z. Malkin: Ich jagte Eichmann. Der Bericht des israelischen Geheimagenten, der den Organisator der „Endlösung" gefangennahm. 2. Aufl. München 1994, 217.

2 Franz Theodor Csokor am 4.9.1960 an Ina Jun Broda, S. 1. Das Manuskript befindet sich in der Österreichischen Exilbibliothek der Dokumentationsstelle für neuere österreichische Literatur, Signatur DST. N1.50: F. T. Csokor.

3 Vgl. Die Bibel nach der Übersetzung Martin Luthers. Nach der revidierten Fassung von 1984. Stuttgart 1985. Das Alte Testament, Dan. 5.1-30, 847–848. Ins Polnische wurde das Drama von Csokors Freund, dem Schriftsteller Roman Brandstaetter unter dem Titel *Mane Tekel* übersetzt und in der Theaterzeitschrift *Dialog*, Nr. 5, Jg. 1962 veröffentlicht.

4 Franz Theodor Csokor: Das Zeichen an der Wand. Stück in drei Akten mit einem Vorspiel und einem Nachspiel. Hamburg/Wien 1962, 5. Hervorh. i. Orig. In Hinkunft zit. als ZaW, Seitenzahl.

zu geben, indem er es mit einem allegorischen Vorspiel und Nachspiel versah, an dem sich die Engel des Gesetzes, des Schmerzes sowie des Todes und die Stimme aus der Höhe beteiligen. Durch Doppelrollen von vier Darstellern sollte der Zusammenhang mit dem Inhalt der Binnenhandlung betont werden. Freilich nimmt dieser Rahmen dem Stück viel von seinem Realitätsgehalt, allerdings war die symbolische Überhöhung offensichtlich eine wesentliche Intention. Im Vorspiel klagen das Gesetz, der Schmerz und der Tod, dass die Menschen ungestraft lästern, ihren Nächsten Leid zufügen und täglich über sie den Tod verhängen. Man hört das Krachen, mit dem der erzürnte Moses die Gesetzestafeln zerbricht, und dann sagen die Figuren, dass die Menschen auch Moses umgebracht hätten. Schließlich hört man von oben die Stimme des Herrn verkünden, dass die Menschen Ihn nicht mehr suchten und bräuchten und somit sich selbst das Jüngste Gericht seien. Als die Engel nach ihrer Schwester Liebe fragen, erklärt das Gesetz, sie sei bei Gott geblieben, weile also nicht mehr unter den Menschen, und der Tod verkündet, Gott habe jetzt ihm die Schöpfung übergeben.

Das bedeutend kürzere Nachspiel relativiert Deutschland insofern, als auf die Frage des Schmerzes, ob auch ein anderes Volk so tief fallen könnte wie das deutsche, das Gesetz antwortet: „Ein jedes kann es. Nicht dieses allein", worauf der Tod hinzufügt, dass leben schuldig werden heiße. Dieser kurzen Frage-Antwort-Trias wird noch eine zweite Frage-Antwort-Abfolge hinzugefügt, wo der Schmerz fragt, wer denn „so eine Welt vor den Menschen" rette, und das Gesetz erwidert „Nur der Mensch!", worauf der Tod verkündet, bis dahin sei es noch weit (ZaW, 64). Der Bezug dieser Szenen auf das Dritte Reich und die Schoah ist offensichtlich, doch der Autor weist auf die Wiederholbarkeit und das Böse in der zwiespältigen menschlichen Natur hin. Wahrscheinlich wegen dieser Szenen sowie wegen der gehobenen Sprache schreibt Otto Basil in seiner Rezension der Uraufführung des Stückes während der Festwochen des Wiener Volkstheaters im Jahre 1963, dass Csokor einen „unglückseligen Hang zu gleichnishafter Überhöhung" habe, was er als einen „Rückstand aus [dessen] expressionistischer Sturm- und Drangzeit" bezeichnet.[5] Auch der Regisseur Leon Epp wird von Basil als ein Freund des expressionistischen Theaters präsentiert, was die Inszenierung beeinflusst und sie teilweise auf eine Märchenebene übertragen haben soll.[6]

Eine materielle Realisierung des titelgebenden Zeichens an der Wand ist die elektrische Anlage mit grellem Scheinwerferlicht, die sich der Protagonist als Sicherungsmaßnahme um seinen südamerikanischen Bungalow bauen ließ, um sich vor unwillkommenen Gästen zu schützen, was jedoch misslingt. Es sei angemerkt, dass ich keinen deutlichen Zusammenhang zwischen dem „Mene Tekel" der Bibel und diesem Bühnenbild sehe, aber es lässt sich metaphorisch so auffassen. Schon eher überzeugt der Bühnenbildner, wenn nach dessen Projekt laut Basil der Bungalow und seine Umgebung (der Protagonist Mazza besitzt eine Fabrik) „in Bauweise und Atmosphäre [...] einem Konzentrationslager ‚nachempfunden'" werde[7], zumal

5 Vgl. Otto Basil: Eichmann, Eichmann an der Wand. In: Neues Österreich, 21.5.1963, 6.

6 Vgl. ebenda. Der Titel der Rezension ist sogar eine Anspielung auf das Märchen von Schneewittchen. Meines Erachtens geht dieser Titel angesichts der Thematik des Dramas zu weit.

7 Vgl. Basil, Eichmann (Anm. 5).

Mazza sich zu Verteidigungszwecken zwei Bluthunde hält, die auf den zweiten Pfiff jeden zerreißen und die eine wichtige Rolle im Ausgang des Stückes spielen werden.

Überhaupt ist festzustellen, dass es dem Autor nicht um die Darstellung der individuellen Geschichte Eichmanns ging, sondern es ihm auf die Darstellung der Befindlichkeit eines Massenmörders aus der Nazizeit schlechthin, um seine Schuld, seine Verantwortung und sein Gewissen sowie um die Reaktionen der Generation der Kinder der Henker ankam. Mit diesem zweiten Punkt wird seine Problemstellung sehr modern und weist vielleicht sogar seiner Zeit voraus. An manchen wichtigen Details kann man feststellen, dass der Ausgangspunkt die Ergreifung Eichmanns war: Der deutsche Massenmörder im Drama lebt in Südamerika (ohne direkten Verweis auf Argentinien und Buenos Aires, in den Bühnenanweisungen heißt es „Schauplatz: Die Tropen“, ZaW, 6), er lebt unter einem falschen Namen (wobei hier nicht der Deckname Eichmanns Klement[8], sondern der erfundene Familienname Mazza eingesetzt wurde), er lebt als sein eigener Cousin mit seiner Frau, die er als seine Geliebte ausgibt und zu Beginn der Handlung zum Schein ein zweites Mal heiraten soll, seine Kinder halten ihn für ihren Onkel, er wird von einem Israeli aufgespürt. Das Leitmotiv bildet der nicht zustande gekommene Handel Eichmanns in der späten Kriegsphase, als er angesichts des Fahrzeugmangels der deutschen Armee wahrscheinlich auf Initiative Himmlers in Ungarn eine Million Juden vom Vernichtungslager freikaufen lassen wollte für ein Kopfgeld, das den Ankauf von 10 000 Lastautos ermöglichen sollte.[9] Im Stück handelt es sich um 2000 Fahrzeuge, die ein geheimnisvoller Ingenieur dem Mazza für sehr viel Geld „in den Nahen Osten“ abkaufen will, unter der Bedingung, dass der Transport über Deutschland geht. An dieser Zahl der Fahrzeuge und dieser Bedingung erkennt der Protagonist, dass die Vergangenheit ihn einzuholen versucht.

Andere biographische Angaben stimmen nicht mit der Realität überein, natürlich allen voran der Ausgang des Stückes, wo Mazza indirekt von der eigenen Tochter ermordet wird, die seine Bluthunde auf ihn hetzt. Mit diesem Schluss konnte Csokor eine größere Dramatik erzielen als durch eine dokumentarische Darstellung des Prozesses in Jerusalem, wie es zwanzig Jahre später Heinar Kipphardt unternahm[10], und gleichzeitig die Problematik der Nachkriegsgeneration anschneiden. Was Details anbelangt, so hatte Eichmann nicht einen Sohn und eine Tochter wie im Drama, sondern drei Söhne, die aus Europa mit seiner Frau nachkamen, und einen kleinen nachgeborenen Sohn, er lebte in Argentinien nicht in Saus und Braus, wie es das Stück darstellt, sondern ärmlich, ohne irgendein Kapital zu haben. Das von ihm selbst und seinen Söhnen aufgebaute Haus hatte nicht einmal elektrisches Licht und kein fließendes Wasser.[11] Eichmann und sein Nazi-Freund in weißen Tropenanzügen in einer vornehmen Hazienda gehen wohl auf die Unkenntnis des Autors zurück, obwohl es ihm wahrscheinlich auch besser

8 Vgl. z.B. Malkin, Eichmann (Anm. 1), 94, oder Hanna Arendt: Eichmann in Jerusalem. Ein Bericht von der Banalität des Bösen. Eine autorisierte Übersetzung 1964. München/Zürich 1984, 351.

9 Vgl. Arendt, Eichmann in Jerusalem (Anm. 8), 306, oder Yaakov Lozowick: Hitlers Bürokraten. Eichmann, seine willigen Vollstrecker und die Banalität des Bösen. Zürich/München 2000, 320–322.

10 Vgl. Heinar Kipphardt: Bruder Eichmann. Schauspiel und Materialien. Reinbek b. Hamburg 1986.

11 Vgl. z.B. David Cesarani: Adolf Eichmann. Bürokrat und Massenmörder. Biographie. Berlin 2004, 304, 307, 311–312.

ins Konzept passte. Übrigens herrschte im Mai, als Eichmann entführt wurde, in Argentinien Winter und nicht heißer Sommer.[12] Aber ob es sich hier um gezielte Veränderungen des historischen Sachverhalts handelt, spielt eine sekundäre Rolle.

Csokor versucht, ähnlich wie viele Historiker und Psychologen seiner Zeit, sich in die Psyche des kaltblütigen Massenmörders einzufühlen, wobei er von der Überlegung ausgeht, dass dieser doch wenigstens unterbewusst Gewissensbisse und das Verlangen nach Sühne spüren müsste, auch wenn er es sich nicht eingesteht. Der „Mythos Eichmann" als der eines willenlosen Bürokraten, der sein blutiges Handwerk vom Büro aus betrieb, als ob es sich um irgendeinen moralisch neutralen Job handeln würde und nicht um die Quälerei und den Mord an Millionen Menschen, wurde von Hannah Arendt mit ihrer Reportagenfolge *Eichmann in Jerusalem. Ein Bericht von der Banalität des Bösen* gleich zu Beginn der 1960er Jahre geprägt, als sie am Prozess als Berichterstatterin des *The New Yorker* teilnahm. Er wurde erst viel später von Historikern wie Christopher Browning, David Cesarani oder Yaacov Lozowick zum Teil widerlegt.[13] Es ist gut möglich, dass Csokor den Bericht Arendts kannte, zumindest vom Hörensagen, aber sein Protagonist ist eher eine dämonische als eine banale Verkörperung des Bösen. So hat er vor dem Aufenthalt an seinem jetzigen Wohnort dank der Menschenjagd in Ecuador Schrumpfköpfe präpariert, die er dann verkaufte, zwei davon zeigt er als Andenken seinem Besuch. Es wird auch vorausgesetzt, dass er persönlich während der Nazizeit Massenmorde an den Juden begangen hat und im KZ der Schrecken der Häftlinge gewesen ist. Seine Bluthunde, seine Pfeife, sein Umgang mit ehemaligen Nazifunktionären, die ähnlich wie er Unterschlupf in Südamerika gefunden haben, zeugen davon, dass er sich keineswegs von seiner Vergangenheit lossagt. Seine ganze Verhaltensweise entspricht einem Macho, der gewöhnt ist, dass alle seine Befehle ausgeführt werden. Seine Frau, die ihm völlig hörig ist, liebt er zwar, aber er betrachtet sie vor allem als Lustobjekt. Schließlich beginnt er sogar seine aus Deutschland angereiste Tochter Hanna, die sich in seinen Augen zu einer prächtigen „Rassefrau" entwickelt hat, zu begehren. Er schützt sie zwar vor ihrem Bruder Wolf, der mit ihr Blutschande begehen möchte, aber Wolf vermutet zu Recht, dass er sie vielleicht für sich selbst behalten möchte. Primär aus diesen Familiengründen gibt ihr Mazza Geld und bewegt sie zur Rückkehr nach Deutschland, wo sie Recht studiert, um dann als Staatsanwältin Nazis aufzuspüren.

Nichtsdestoweniger wird suggeriert, dass Mazza trotz fehlender Reue ständig an die Vergangenheit denkt und sich von den Geistern der Ermordeten verfolgt fühlt. Die erste Szene des ersten Akts ist eine Beichte Mazzas vor einem Pfarrer, der gleichzeitig als die Stimme Gottes fungiert. Es ist eine merkwürdige Beichte, denn die Männer sitzen gemütlich in Mazzas Haus bei einer Flasche Wein und unterhalten sich. Mazza behauptet keine Reue zu fühlen, im Einvernehmen mit dem historischen Eichmann, der sagte, dass Reue etwas für kleine Kinder sei.[14]

---

12 Vgl. Malkin, Eichmann (Anm. 1), 180.

13 Vgl. Lozowick, Hitlers Bürokraten (Anm. 9), 14–17 und 22, dort das Fazit: „Die Tatsachen, die einem – wie mir scheint – regelrecht ins Auge springen, legen das Gegenteil von Arendts These nahe: Das Böse Eichmanns und seiner Kameraden hatte nichts Banales an sich", oder Cesarani, Eichmann (Anm. 11), 11–13. Bei Cesarani gibt es auf S. 12 den Hinweis auf Brownings Buch *Ganz normale Männer* (1993).

14 Vgl. Arendt, Eichmann in Jerusalem (Anm. 8), 97.

Daher kann er von seinen Sünden nicht losgesprochen werden, doch wollte er diese Bedingung ohnehin nur erfüllen, um seine Frau wieder heiraten zu können, da diese auf eine kirchliche Trauung drängte. Gleichzeitig aber spürt man, dass er sein Gewissen erleichtern will, indem er seine Geschichte jemandem Uneingeweihten erzählt, der sie wegen des Beichtgeheimnisses verschweigen muss. Ganz sicher kann er sich dessen sein, nachdem er von seiner Tochter erfahren hat, dass der Pfarrer auf dem Heimweg in seinem defekten Auto tödlich verunglückt ist. Das scheint ihm eine Herausforderung Gottes und ein Triumph zu sein, da Gott nicht ihn, sondern einen unschuldigen Menschen getötet habe. Der Pfarrer ließ ihm aber sterbend ausrichten, wenn Mazza am Leben bleibe, während er selbst dahingehe, habe sein Glaube an Gott keinen Sinn. Damit wird das elende Ende des Protagonisten vorweggenommen, da die Zuschauer ja im Prolog die Stimme Gottes gehört haben.

Als der ausländische Gast kommt und ihm den Verkauf von 2000 Wagen anbietet, bittet Mazza um Bedenkzeit und will trotz der Warnungen seines Nazi- und Geschäftsfreundes Baumer, seiner Frau Viola und seines Sohnes diesen Handel eingehen, obwohl er ihn aus ökonomischen Gründen nicht braucht. Trotz seiner wiederkehrenden Behauptung, keine Gewissensbisse zu haben, scheint er von der Todesgefahr und vom Selbstvergeltungsdrang unwiderstehlich angezogen zu sein. Als der Ingenieur am zweiten Tag wieder erscheint, fährt Mazza mit ihm zur Bank und ist beruhigt, dass seine Frau finanziell gesichert ist für den Fall, dass ihm etwas zustoßen sollte. Er handelt eine längere Zeit über unentschlossen, als ob er gegen die Vorsehung oder Vorbestimmung nichts ausrichten könnte, die ihn die Vergeltung erleiden lässt. So nimmt er von seinem treuen Diener das mexikanische Messer an, mit dem ihm jener den Widersacher zu töten rät, aber zunächst probiert er, ob er damit Selbstmord verüben könnte. Erst als sein Sohn, der ganz nach ihm geraten ist, ihm empfiehlt dem Gegner zuvorzukommen und diesen zu töten, entscheidet er sich dafür. Dennoch versucht er den Ingenieur, einen ehemaligen KZler, der seine Eltern in der Schoah verloren hat, zuerst zu provozieren, damit dieser ihn töte (ZaW, 60). Das zeugt davon, dass der Lebensinstinkt mit dem Wunsch nach Sühne in ihm kämpft. Bei Csokor ist der Ingenieur derjenige, der 1944 den Tauschhandel mit den Lastwagen aus moralischen Gründen abgelehnt hat, weil sonst die Überlebenden Mazza nicht richten dürften. Auch wenn er es kaum erträgt, hält sich der Ingenieur zurück, damit ein rechtmäßiges Gericht über den Massenmörder sein Urteil sprechen kann, so wie die historischen Mossad-Mitarbeiter, die Eichmann nicht töten durften, um ihn der Justiz zu überantworten.[15] Hanna rettet das Leben des Ingenieurs, indem sie als eine Personifizierung des Gesetzes erscheint und den Vater dazu bewegt, das Messer und seine Signalpfeife für die Hunde wegzulegen. Als Mazza zu fliehen versucht, pfeift sie zweimal und die Hunde zerreißen ihn. Auf die Worte des Ingenieurs „Die Schuld ist gesühnt – schwerer gesühnt, als wir je vermocht hätten – und Sie haben uns dazu geholfen", entgegnet die junge Frau: „Nicht Ihnen – ihm!" (ZaW, 63).

Abgesehen davon, dass man eine Schuld wie die Tötung von einer Million Menschen, wie es im Drama heißt, kaum sühnen kann, wird hier das Problematische an der Haltung Hannas gezeigt. Csokor ahnte oder wusste von dem Verhalten der Generation der Söhne und Töchter

15 Vgl. Malkin, Eichmann (Anm. 1), 254–256 oder 266–267.

der Täter in der Bundesrepublik, die unter einer Kollektivschuld der Deutschen litten. Sogar der historische Eichmann soll erschüttert gewesen sein, als er von diesem wunden Gewissen der jungen Generation hörte, und er faselte, er sei deshalb bereit sich öffentlich aufzuhängen und habe u.a. deshalb nichts unternommen, obwohl er gemerkt habe, dass er beschattet wurde.[16] Hanna, die in Csokors Drama das Gesetz verkörpert, erscheint einerseits als der Arm der Gerechtigkeit. Sie hat Rechtswissenschaften studiert, um der Justiz gegen die Nazimörder zu dienen. Als ihr für ihren Onkel gehaltener Vater, den sie anfangs tot wähnt, sie fragt, ob sie ihm helfen würde, wenn er leben und sie um Beistand bitten würde, antwortet sie verneinend. Er soll sein Recht haben, d.h. sich der Justiz stellen und dann seine Verurteilung erleiden (vgl. ZaW, 32, 38 und 62). Daher verhindert sie seine Flucht. Es ist aber andererseits nicht logisch, dass sie plötzlich ihre Meinung ändert und den Vater einem zwar grausamen, aber nicht ehrenrührigen Tod ausliefert, wobei sie vor dem Ingenieur prahlt, sie habe ihren Vater vor der israelischen Justiz gerettet.

Dieses Verhalten wird im Drama wohl nur damit erklärt, dass Hanna die Tochter Mazzas ist. Also nicht nur Wolf, für den der angeblich verstorbene Vater ein Ideal ist, sondern auch sie hat dessen Anlagen geerbt. Für Wolf ist der vermeintliche Onkel zu weich, er schwärmt nur für seinen Vater und für die Nazibewegung. Zu keiner anderen Arbeit als zum Befehlen in der Fabrik geeignet, ist er rücksichtlos sowohl zu dem Indio Samuel als auch zu seinem Reitpferd. Er vergeudet seine Zeit mit Partys, mit Reiten, Trinken und Bordellbesuchen. Auch wenn sein Vater diesen Lebensstil ablehnt, sieht er ein, dass unter den gegebenen Umständen der junge Mann keine anderen Möglichkeiten hat, seinem Temperament freien Lauf zu lassen. Schließlich verliebt sich Wolf in Hanna, und die Tatsache, dass sie seine leibliche Schwester ist, würde ihn wohl nicht davon abhalten, sie sexuell zu missbrauchen. Als sein Vater sich ihm zu erkennen gibt und ihm eine Ohrfeige verpasst, wird der Sohn ihm vollständig hörig und sucht ihn aus der Gefahr zu retten.

Hanna ist ein Gegenbild zu Wolf, was wohl auch ihre Vornamen betonen; sie ist streng, keusch und lebt nur für ihr Jurastudium und den Wunsch, die Schuld des Vaters und seinesgleichen zu sühnen, indem sie als Staatsanwältin gegen Nazis auftritt. Sie hat keinen männlichen Freund und ist bereit auf ein Privatleben zu verzichten. Aber in der entscheidenden Minute erweist sie sich als ebenso kaltblütig wie ihr Vater. Damit führt Csokor das Motiv des Blutes ein, das nach dem Zweiten Weltkrieg wegen seines Missbrauchs durch die Naziideologie verpönt war, das Csokor aber vom Expressionismus her vertraut war und das in seinem Schaffen öfter vorkommt. Hanna weist die Charakterzüge ihres Vaters unter umgekehrten Vorzeichen auf, denn während dieser Gräueltaten vollbrachte oder zu vollbringen befahl, agiert sie im Namen der Gerechtigkeit. Auf jeden Fall wird an diesen Geschwistern das Thema berührt, wie die junge Generation auf die in der Nazizeit begangenen Untaten der Väter reagiert. Wolf befürwortet sie vollkommen, schwärmt für sie, Hanna aber schämt sich und will mit eiserner

16 Vgl. Arendt, Eichmann in Jerusalem (Anm. 8), 258. Es sei das Ende der Erklärung Eichmanns zitiert: „[...] daß ich, [...] bereit bin, mich öffentlich selbst aufzuhängen, [...] denn so tue ich auch einiges, um diesen Schulddruck der deutschen Jugend wegzunehmen, die ja an sich nichts dafür kann, für das Geschehen oder für die Taten ihrer Väter während des letzten Krieges."

Konsequenz nach den Schuldigen fahnden, auch wenn ihr eigener Vater dazu gehört. Während der historische Eichmann sich vor Gericht auf seine Gehorsamspflicht und auf die Befehle, die er bekommen hatte, berief, insbesondere auf Hitlers Befehle, die, auch wenn sie nur mündlich erfolgten, unbedingt befolgt werden mussten, handelt Csokors Protagonistin souverän, nur ihrem eigenen Gewissen und dem Gesetz verpflichtet, womit jedoch ihre letzte Tat, die Bluthunde auf den Vater zu hetzen, nicht kongruiert.

Im Drama tritt episodisch noch eine geheimnisvolle Gestalt auf, der Landesinspekteur, ein hohes Amt in der NSDAP. Sein Darsteller soll gleichzeitig die Rolle des Todes besetzen. Dieser Landesinspekteur könnte ein ehemaliger Vorgesetzter von Mazza sein, der sich ebenfalls im selben Land versteckt, als Helfer in einem Leprosorium, und der davon träumt, dass die Nazis noch einmal an die Macht kommen. Im 3. Akt besucht er Mazza und klärt ihn auf:

> [W]ir haben uns vorzubereiten – [...] diese Welt zu beherrschen! Denn nicht nur ein einzelnes Land wie bisher – die ganze Welt wird uns brauchen! Oder siehst du nicht, wie sich Führer um Führer erheben nach dem einen, der ihnen vorausging bei uns? Aus allen Erdteilen tauchen sie auf, und wer töten gelernt hat, reuelos töten – der wird dann ihr Mann sein! (ZaW, 54)

Er befiehlt Mazza, sich zur Verfügung zu stellen und als Mutprobe den Menschen, den er am liebsten hat, zu töten, wobei man an Hanna denken kann. Mazza sträubt sich dagegen. Diese Gestalt ist kaum integriert in die Handlung des Stückes, ist aber offensichtlich ein Ideenträger, eine Warnung des Dramatikers vor dem Wiederaufleben des Nationalsozialismus, aber auch vor neuen Massenmorden oder gar Genoziden; es ist eine Warnung an Csokors Gegenwart.

Wohl wegen dieser Figur stellt Piero Rismondo in seiner Rezension des Stückes, unter dem Titel *Hier ist ein Mann*, fest: „Csokors dichterischen Visionen wohnt fast immer ein tiefes geschichtliches Gefühl inne. Das Gefühl der Zeitenwende. Hier ist der Bogen, der von Grillparzer zu ihm reicht, das ist es, was ihn als österreichischen Dichter zeichnet. Auch in diesem Stück."[17] Man kann es aber auch völlig anders sehen, wie die Rezension *Dem Gewissen in die Falle gegangen* von Hans Heinz Hahnl in der *Arbeiter-Zeitung* bezeugt. Der Kritiker schreibt: „Csokor hat den rechten Griff nach dem Stoff gemacht, der die Zeit bewegt. Aber er hat sich im Vokabular, im Stil, im Symbol vergriffen." Er meint, dass jede Stilisierung das Erinnerungsbild verfälsche und dass eine wahrheitsgetreue Reportage viel „erschütternder, auch im Sinne der antiken Tragödie, als die glanzvollste Symbolkonstruktion" wäre.[18]

Csokor war schon an die 78 Jahre alt, als er an diesem Stück schrieb. Er verwendete zwar seine überkommenen Mittel, etwa Pathos, krasse Gegenüberstellungen, Symbolisierung und Allegorisierung der Figuren, biblische Intertextualität, doch es sei ihm hoch angerechnet, dass er ein aktuelles Problem aufgriff, wobei es ihm nicht nur um die Bestrafung der Nazi-Verbrecher ging, sondern auch um die Gefahr, dass sich in der Zukunft solch eine Situation wiederho-

---

17 Piero Rismondo: Hier ist ein Mann. Im Volkstheater: Csokors Eichmann-Stück „Das Zeichen an der Wand". In: Die Presse, 21.5.1963, 6.

18 H.h.h. [Hans Heinz Hahnl]: Dem Gewissen in die Falle gegangen. In: Arbeiter-Zeitung, 21.5.1963, 8. Ich danke Herrn Professor Wolfgang Hackl für diesen Hinweis.

len könnte, wovor die allegorischen Gestalten im Nachspiel warnen. Gleichzeitig berührte er das Problem des Verhältnisses der jungen Generation den Untaten ihrer Väter gegenüber. Was er allerdings vermieden hat, war eine Reflexion über Österreichs Anteil an den Kriegsverbrechen der Nazizeit, vielmehr suchte er den Fall ins Allgemeinmenschliche zu erheben.

Manfred Mittermayer

„Auf dem Totenbett eine Komödie schreiben". Thomas Bernhards Verwandlung der Welt in eine Theaterbühne

Im Werk des österreichischen Autors Thomas Bernhard gibt es nur wenige Vorstellungsbereiche, denen inhaltlich eine vergleichbare Bedeutung zukommt wie der Welt des Theaters: „Die Theatermetapher umfaßt alle Aspekte von Bernhards Dichtung", stellte Herbert Gamper bereits Mitte der 1970er Jahre fest.[1] Eine der meistzitierten Stellen aus den frühen Erzähltexten findet sich im Monolog des Fürsten Saurau aus dem Roman *Verstörung* (1967); Bernhard entwirft dabei ein eindrucksvolles Bild für die Unzulänglichkeit der menschlichen Existenzmodelle: „Die Welt ist tatsächlich [...] eine Probebühne, auf der ununterbrochen geprobt wird", sagt Saurau zum Ich-Erzähler und dessen Vater, einem Arzt. „Es ist, wo wir hinschauen, ein ununterbrochenes Redenlernen und Gehenlernen und Denkenlernen und Auswendiglernen, Betrügenlernen, Sterbenlernen, Totseinlernen, das unsere Zeit in Anspruch nimmt." Die Menschen seien „nichts als Schauspieler, die uns etwas vormachen, das uns bekannt" sei. „Jeder von uns lernt ununterbrochen eine (seine) oder mehrere oder alle nur *denkbaren* Rollen, ohne zu wissen, wofür (oder für wen) er sie lernt" (2/146).[2]

Auch in Bernhards letzter großer Prosaveröffentlichung, dem Roman *Auslöschung. Ein Zerfall* (1986), der als sein erzählerisches Hauptwerk gelten kann, wird auf den Vorstellungsbereich des Theaters Bezug genommen. Er wird dort mit der für dieses Œuvre so zentralen

---

1 Herbert Gamper: Thomas Bernhard. München 1977 (= dtv 6870. Dramatiker des Welttheaters), 79. Vgl. dazu neuerdings auch Stefan Krammer: Theaterästhetik. In: Martin Huber, Manfred Mittermayer (Hg.): Bernhard-Handbuch. Leben – Werk – Wirkung. Stuttgart 2018, 446–451.

2 Thomas Bernhards Texte werden nach der 22-bändigen Ausgabe der Werke (hg. von Martin Huber und Wendelin Schmidt-Dengler) zitiert (Bandnummer/Seitenzahl): Bd. 1: Frost. Hg. von Martin Huber, Wendelin Schmidt-Dengler. Frankfurt a.M. 2003; Bd. 2: Verstörung. Hg. von Martin Huber, Wendelin Schmidt-Dengler. Frankfurt a.M. 2003; Bd. 3: Das Kalkwerk. Hg. von Renate Langer. Frankfurt a.M. 2004; Bd. 7: Holzfällen. Eine Erregung. Hg. von Martin Huber, Wendelin Schmidt-Dengler. Frankfurt a.M. 2007; Bd. 8: Alte Meister. Komödie. Hg. von Martin Huber, Wendelin Schmidt-Dengler. Frankfurt a.M. 2008; Bd. 9: Auslöschung. Ein Zerfall. Hg. von Hans Höller. Frankfurt a.M. 2009; Bd. 10: Die Autobiographie. Hg. von Martin Huber, Manfred Mittermayer. Frankfurt a.M. 2004; Bd. 11: Erzählungen I. Hg. von Martin Huber, Wendelin Schmidt-Dengler. Frankfurt a.M. 2004; Bd. 12: Erzählungen II. Hg. von Hans Höller, Manfred Mittermayer. Frankfurt a.M. 2006; Bd. 13: Erzählungen III. Hg. von Hans Höller, Manfred Mittermayer. Frankfurt a.M. 2008; Bd. 15: Dramen I. Hg. von Manfred Mittermayer, Jean-Marie Winkler. Frankfurt a.M. 2004; Bd. 17: Dramen III. Hg. von Martin Huber, Bernhard Judex. Frankfurt a.M. 2010; Bd. 18: Dramen IV. Hg. von Bernhard Judex, Manfred Mittermayer. Frankfurt a.M. 2007; Bd. 19: Dramen V. Hg. von Martin Huber, Bernhard Judex, Manfred Mittermayer. Berlin 2011; Bd. 20: Dramen VI. Hg. von Martin Huber, Bernhard Judex. Berlin 2012; Bd. 22: Journalistik, Reden, Interviews. 2 Teilbde. Hg. von Wolfram Bayer, Martin Huber, Manfred Mittermayer. Berlin 2015.

Thematik des Todes in Verbindung gebracht – ähnlich wie schon im Erzählfragment *Der Italiener* (1967), das als werkgeschichtlicher Nukleus für *Auslöschung* zu betrachten ist und dessen Erzähler während der Begräbnisvorbereitungen für seinen Vater einem aus Italien stammenden Gast, um ihn von dem Toten „abzubringen“, den „Haufen Theaterkostüme und Instrumente“ (11/250) zeigt, die für eine alljährlich zu dieser Zeit ablaufende familiäre Theatervorstellung gedacht sind. In *Auslöschung* formuliert Franz-Josef Murau, ein in Rom lebender Privatgelehrter, der zum Begräbnis seiner Eltern und seines Bruders in seine verhasste Herkunftsumgebung Wolfsegg zurückgekehrt ist, die (im Text hervorgehobene) Bemerkung: „*Begräbnisse sind immer nur ein Theater*“ (9/416). Die „Begräbniskunst“ sei besonders auf dem Lande „die höchste Schauspielkunst, die sich denken läßt, selbst die einfachsten Leute entwickeln auf Begräbnissen eine Kunstfertigkeit, die meistens viel höher einzustufen ist als diejenige unserer Theater“ (9/251). Die Vertreter der Kirche hätten im Priesterseminar eigentlich „die katholische Schauspielschule“ absolviert; Erzbischof Spadolini, den er bei seinem Auftritt beobachtet, ist für ihn ein „schauspielerisches Genie“, er biete „absolutes katholisches Welttheater“ (9/496). Auch die Jäger, die zum Begräbnis angetreten sind, betrachtet er als „Theaterfiguren“, mit ihnen könne derjenige, „der sie in der Hand hat, tun, was er will, sie führen letzten Endes jeden, auch den unsinnigsten, den absurdesten Befehl aus, das ist ja das Militärische an ihnen“ (9/461).

Bernhards Bezugnahmen auf die Welt des Theaters erstrecken sich auf sämtliche Textsorten, in denen er sich geäußert hat. „Alles, was auf der Welt ist, ist ja ein Schauspiel“, meint der Autor in Krista Fleischmanns Film *Monologe auf Mallorca* (1982). „Es spielen ja immer alle Mächtigen sehr gut zusammen. [...] Jede Zeit hat ihre anderen Hauptdarsteller“ (22.2/222). „Wir sagen, wir geben eine Theatervorstellung, prolongiert ohne Zweifel in die Unendlichkeit“, heißt es in Bernhards Rede anlässlich der Verleihung des Georg-Büchner-Preises (1970), „aber das Theater, in welchem wir auf alles gefaßt und in nichts kompetent sind, ist [...] absolut ein Theater der Körper-, in zweiter Linie der Geistesangst und also Todesangst“ (22.2/33). Was hier gespielt wird, ist offenbar ein Theater der Verdrängung, das Zusammenspiel der zivilisatorischen Mechanismen, die sich die Menschheit zum Schutz gegen ihre Naturverfallenheit eingerichtet hat. „Was anderes ist Tradition, als eine perfekt gespielte, aber doch unerträgliche Komödie, die, weil sie so unverständlich geworden ist, unser Gelächter einfrieren läßt, [...] *uns* einfrieren läßt?“, fragt der Fürst in *Verstörung*. „In diesem Schauspiel herrschen erfrorene Geistesverfassungen, Phantasien, Philosopheme, Idiotien, ein auf seinem Höhepunkt erstarrter Maskenwahnsinn“ (2/190).

Aus dem Bereich des Dramas lassen sich erwartungsgemäß ebenfalls zahlreiche Stellen zitieren, in denen derartige Formulierungen vorkommen – und damit zu selbstreflexiven Anmerkungen zur Gattung werden, in deren Rahmen sie fallen. Eine der bekanntesten – und für Bernhards Weltbild aufschlussreichsten – Passagen ist die folgende Äußerung Veras in *Vor dem Ruhestand. Eine Komödie von deutscher Seele* (1979), in der sie das eng aufeinander fixierte Zusammenleben mit ihren beiden Geschwistern, dem noch immer dem Nationalsozialismus anhängenden deutschen Gerichtspräsidenten Rudolf Höller und der seit einem Bombenangriff im Zweiten Weltkrieg gelähmten Schwester Clara, kommentiert:

Wir haben unser Theaterstück einstudiert
seit drei Jahrzehnten sind die Rollen verteilt
jeder hat seinen Part
abstoßend und gefährlich
jeder hat sein Kostüm
wehe wenn der eine in das Kostüm des andern schlüpft
Wann der Vorhang zugemacht wird
bestimmen wir drei zusammen
Keiner von uns hat das Recht
den Vorhang zuzuziehen wann es ihm paßt
das verstößt gegen das Gesetz [...]
Wir existieren nur
weil wir uns gegenseitig die Stichwörter geben
weiter (18/43f.)

In Bernhards letztem Drama *Heldenplatz* (1988), mit dem er im ‚Bedenkjahr' 1988 den größten Theaterskandal seiner gesamten Karriere auslöste, steht die berühmt gewordene Passage: „Österreich selbst ist nichts als eine Bühne / auf der alles verlottert und vermodert und verkommen ist / eine in sich selber verhaßte Statisterie / von sechseinhalb Millionen Alleingelassenen". Sie würden „ununterbrochen aus vollem Hals nach einem Regisseur schreien"; dieser werde auch kommen „und sie endgültig in den Abgrund hinunterstoßen" (20/279). Österreich sei „die einzige die totale Weltkomödie" (20/88), heißt es zwei Jahre zuvor in dem ironischen Dramolett *Claus Peymann kauft sich eine Hose und geht mit mir essen* (1986); Bernhard lässt sich also von seinem bevorzugten Regisseur dazu auffordern, was er zwei Jahre später mit *Heldenplatz* realisieren wird: „bringen Sie einmal Ihre *ganze* Rücksichtslosigkeit auf der Bühne / Ihren *ganzen* Weltekel [...] schreiben Sie so ein Stück Welttheater / daß es das Burgtheater zerreißt" (20/91).

Lebensgeschichtliches

Thomas Bernhard hat seine Faszination für das Theater bereits auf die Frühzeit seines Lebens zurückgeführt. Im autobiographischen Band *Ein Kind* (1982) kommt er bei der Schilderung seiner Jahre im Salzburger Flachgau zweimal auf diese Thematik zu sprechen. Die Assoziationen, die er dabei formuliert, sind für Bernhards literarische Welt charakteristisch. Sein erster Theaterbesuch, so der Erzähler, sei sein „erster Kirchenbesuch" gewesen. Am meisten habe er stets die von ihm so genannten „Schwarzen Messen" geliebt, „die Leichenmessen, in welchen die absolut vorherrschende Farbe Schwarz war". Hier habe er „die schauererzeugende Tragödie zum Unterschied von dem normalen sonntäglichen Schauspiel mit seinem versöhnlichen Ausgang" erlebt (10/457). Auch hier verbindet sich das Erlebnis des Theaters also mit Inszenierungspraktiken des Katholizismus und der Sphäre des Todes.

Wenig später berichtet der Erzähler von einem Erlebnis in einem Gasthaussaal in Seekirchen, wo er zum ersten Mal in seinem Leben „ein richtiges Schauspiel" gesehen habe. „Auf der

Bühne war ein vollkommen nackter Mann an einen Baumstamm gefesselt und wurde ausgepeitscht. Als die Szene zuende war, klatschte der ganze Saal, und die Leute schrien vor Begeisterung." Auch wenn er nicht mehr wisse, um welches Theaterstück es sich gehandelt habe: „Immerhin, meine allererste Szene auf einer Bühne war eine fürchterliche" (10/466). Das Stück, dessen Aufführung Bernhard offenbar 1937 besuchte, existiert tatsächlich: Es trägt den Titel *Entfremdet und Betrogen. Ein Volksstück in 5 Aufzügen mit Gesang* (1911, 2. Fassung: 1922) und stammt von Michael Gundringer (1876–1957), einem aus Oberndorf gebürtigen Postbeamten und damals recht erfolgreichen Heimatdichter. Der handschriftlich erhaltene Text, der im Stille-Nacht-Museum Oberndorf aufbewahrt wird, enthält im vierten Akt, der in der Fremdenlegion angesiedelt ist, eine Stelle, die der von Bernhard beschriebenen in vielen Details entspricht.

In *Ein Kind* findet sich außerdem jene Passage, die immer wieder als modellhafte Darstellung der Rolle Johannes Freumbichlers, des Großvaters mütterlicherseits, als Mentor seines Enkels Thomas Bernhard zitiert wird. Erneut wird der Vorstellungsbereich des Theaters beschworen, wenn der Erzähler die Funktion des Großvaters als Vermittler der weltaufschließenden Lehren illustriert:

> Die Großväter sind die Lehrer, die eigentlichen Philosophen jedes Menschen, sie reißen immer den Vorhang auf, den die andern fortwährend zuziehen. Wir sehen, sind wir mit ihnen zusammen, was wirklich ist, nicht nur den Zuschauerraum, wir sehen die Bühne, und wir sehen alles hinter der Bühne. Die Großväter erschaffen seit Jahrtausenden den Teufel, wo ohne sie nur der liebe Gott wäre. Durch sie erfahren wir das ganze vollkommene Schauspiel, nicht nur den armseligen verlogenen Rest als Farce. (10/417f.)

Die entscheidenden Elemente dieser Stelle werden in vielen Texten Bernhards aufgegriffen: Im Mittelpunkt steht ein „Geistesmensch" oder „Philosoph", der den Zugang zum Verständnis der Welt vermittelt. Dabei spielt sich alles gesellschaftliche Zusammenleben wie auf einer Bühne ab, nichts ist, wie es auf den ersten Blick erscheint. Daraus ergibt sich die Notwendigkeit, hinter diese Oberfläche zu blicken und das Weltschauspiel samt ihren Protagonisten zu entlarven – ein Lebensziel, dessen Verfolgung man als eines der Hauptanliegen von Bernhards literarischer Arbeit ansehen kann.

Dass Freumbichlers Weltbild den hier zusammengefassten Prämissen folgte, belegt sein Lehrgedicht *Erziehung zu Vernunft und Fröhlichkeit*, als dessen Adressat ausdrücklich der „Enkelbub Niclas van Heerlen" genannt wird und das er diesem in Typoskriptform hinterlassen hat. In diesen mehr als 200 „Briefen in Knüttelversen für die Jugend von Sechzehn bis Sechzig" ist eine Reihe von „Lehren" festgehalten, die dem Bild des Großvaters entsprechen, wie es in Bernhards autobiographischen Schriften gezeichnet wird – und nicht selten auch dem Selbstverständnis, das die Literatur des Enkels trägt. Mehrmals wird in diesem Lehrgedicht die Metapher von der Welt als Theater eingesetzt: „Theater ist das Leben, Kulisse, Faschingstanz, ganz närrisch und ganz toll", heißt es in „Inkognito"[3], einer Aufforderung an den Einzelnen,

3 Zit. nach Manfred Mittermayer: „In die entgegengesetzte Richtung". Johannes Freumbichler und Thomas Bernhard – eine literarische Beziehung. In: Franz Gebesmair, Manfred Mittermayer (Hg.): Bernhard-

an diesem Narrenspiel nicht teilzunehmen. Auf ähnliche Weise werden „die Menschen", die das Ich umgeben, in dem Text „Schein und Sein" abgeurteilt: „Es ist an ihnen alles Maske, ihr Reden, Beten, Handeln, Fluchen".[4]

Vergleichbare Formulierungen finden sich in Freumbichlers Notizbüchern aus dieser Zeit, etwa um 1948: „Lüge und Selbsttäuschung ist alles am Menschen. Lüge, List, Verstellung, Komödie, Theater haben das Tier, das Affentier zum Menschen gemacht." Schon 1944 hatte er Bemerkungen notiert, aus denen nicht zuletzt die aufgestaute Frustration der jahrelangen Erfolglosigkeit spricht: „Der Mensch ist im Kern böse und niederträchtig, daher seine Heuchelei, ‚Höflichkeit', kurz, die dichte Maske, die jeder vorhat. Vertrauensseligkeit ist Täuschung, Naivität, Dummheit und Leichtsinn."[5] Auch im zitierten Gedicht „Inkognito" wird zu jenem entlarvenden Blick hinter die Oberfläche der Welt aufgerufen, den Bernhard in der oben wiedergegebenen Stelle aus *Ein Kind* seinem Großvater zuschreibt: „Errate aus den äusseren Zeichen das faule Innere, das gegeben, / Und stelle fest das wahre Antlitz von einem jeden Menschenleben."[6]

In einer der wenigen überlieferten Aussagen, in denen Johannes Freumbichler von seinem Enkel Thomas erzählt, wird dessen spätere Affinität zum Theater ebenfalls angesprochen. Sie findet sich in jenen Briefen des Großvaters an seine Tochter Herta, die Mutter Thomas Bernhards, in denen er das Leben in Seekirchen schildert und dabei auch gelegentlich Nachrichten über das Befinden und gewisse Eigenheiten ihres Sohnes einstreut. So schreibt Freumbichler am 12. September 1935, der „Jähzorn und Eigensinn" des Enkels sei „über alle Massen gross; wenn er etwas durchsetzen will, macht er ein Getümmel, dass das ganze Haus rebellisch wird"; gleichzeitig habe er den Eindruck, Thomas besitze „eine ausserordentliche Intelligenz". Am 9. Juni 1936 schildert er ein Erlebnis, das ihn zu einer bemerkenswerten Einschätzung veranlasst: „Am Vorabend hat er uns, eine papierene Krone auf dem Kopf und einer [sic] Schleppe nach hinten, ein richtiges Theater vorgemacht, was er sehr gerne tut." Dabei sei ihm in den Sinn gekommen, dass er „das Zeugs zu einem Schauspieler in sich hätte", er sei nämlich von einer erstaunlichen „geistigen Beweglichkeit".[7]

Thomas Bernhard löste die Prognose seines Großvaters tatsächlich ein. Am 10. Oktober 1955 absolvierte er die Aufnahmeprüfung für das Schauspielseminar des Mozarteums, nachdem er zuvor an dessen Musikabteilung bereits Gesangsunterricht genommen hatte. Er wurde allerdings zunächst bei Aufführungen des Seminars kaum beschäftigt. Am 30. August 1956 wirkte er in der Uraufführung der „Opera piccola in fünf Bildern" *Die Nachtausgabe* seines Freundes Peter Ronnefeld (1935–1965) mit, der als eine der größten musikalischen Begabungen seiner Generation galt, allerdings früh einer Krebserkrankung erlag; Bernhard übernahm

---

Tage Ohlsdorf 1999. „In die entgegengesetzte Richtung". Thomas Bernhard und sein Großvater Johannes Freumbichler. Materialien. Weitra o.J. [2001], 19–52, hier 27.

4 Zit. nach ebenda, 28.

5 Zit. nach ebenda.

6 Zit. nach Günther G. Bauer: Der Absolvent Thomas Bernhard. Der Schriftsteller besuchte die Akademie „Mozarteum". In: Salzburger Nachrichten, 25.2.1989.

7 Zit. nach Manfred Mittermayer: Thomas Bernhard. Eine Biografie. Wien/Salzburg 2015, 39.

dabei die Sprechrolle des Wachtmeisters. Im Jahr 1957 erhielt er immerhin zwei nennenswerte Rollen in Produktionen des Schauspielseminars: Am 1. Februar 1957 spielte er in einer Aufführung von Gotthold Ephraim Lessings Lustspiel *Der junge Gelehrte* den Chrysander, einen alten Kaufmann. In Jean Anouilhs Tragödie *Antigone*, die am 2. April 1957 aufgeführt wurde, verkörperte er den Sprecher und erntete mediales Lob: Im *Demokratischen Volksblatt*, jener Zeitung, deren Mitarbeiter er bis vor kurzem gewesen war, hieß es, Bernhard habe „als einprägsam-überzeugender Sprecher wohl die bisher beste Leistung seit seinem Eintritt in das Schauspielseminar geboten“.[8]

Am 18. Juni 1957 bestand Thomas Bernhard die Bühnenreifeprüfung des Schauspielseminars. Außerdem wurde ihm die „Eignung zur Regieführung“ zugesprochen. Später betonte er stets, er habe sich nach Abschluss der Prüfung geschworen, er wolle mit dem Metier der Schauspielerei „nichts mehr zu tun haben“ und diesen Beruf in der Folge auf keinen Fall anstreben. Eigentlich habe er das Mozarteum nur besucht, um sich nicht völlig zu isolieren, sondern um den Kontakt mit anderen Menschen zu finden: „Das war reine Flucht zum Menschen.“[9] Allerdings verdeutlichen Briefe an seinen späteren Lektor Hans-Geert Falkenberg vom Verlag S. Fischer, dass er zu Beginn der 1960er Jahre durchaus Versuche unternahm, an einem Theater unterzukommen.[10] Die Lesungen seiner Texte, die Bernhard bis Ende der siebziger Jahre abhielt, zeugten jedenfalls von der Kunst des ausgebildeten Schauspielers. Dabei trug er seine Texte eher monoton vor, ohne besondere dramatische Hervorhebungen, als sei es ihm vor allem darum gegangen, das Mechanisch-Artifizielle seiner Sprache zu betonen und nicht so sehr deren emotionalen Gehalt.

Schauspielkünstler

In mehreren von Bernhards Theaterstücken sind die jeweiligen Protagonisten Schauspieler. Dabei macht der Autor nicht nur die Welt des Theaters zum Thema, sondern er spielt gleichzeitig zentrale Konstellationen seines Gesamtwerks durch. Besonders deutlich weist diese Eigenart sein Stück *Minetti* auf, das am 1. September 1976 im Württembergischen Staatstheater Stuttgart unter der Regie von Claus Peymann uraufgeführt wurde.[11] Es war eine Hommage an Bernhard Minetti, den der Autor vor allem als Hauptdarsteller seiner Komödie *Die Macht der Gewohnheit* (Salzburger Festspiele 1974) schätzen gelernt hatte; im selben Jahr hatte Minetti bereits in der deutschen Erstaufführung des Stücks *Die Jagdgesellschaft* in Berlin mitgewirkt. Als im Jahres-Sonderheft 1975 der Zeitschrift *Theater heute* Bernhard Minetti als einer der

8 Zit. nach ebenda.

9 Zit. nach Kurt Hofmann: Aus Gesprächen mit Thomas Bernhard. München 1991, 49.

10 Etwa als Regieassistent, vgl. Hans-Geert Falkenberg an Thomas Bernhard, 11.3.1961; auch eine Stelle bei einem Münchner Film-Verleih wird kurz erwogen, vgl. Falkenberg an Bernhard, 13.4.1961. Beide Briefe befinden sich in Bernhards Nachlass (B 142/2).

11 Zur Forschungslage vgl. Hilde Haider-Pregler: Minetti. In: Huber/Mittermayer (Hg.), Bernhard-Handbuch (Anm. 1), 223–225.

„Schauspieler der Saison" geehrt werden sollte, wurde auch Thomas Bernhard um einen Beitrag gebeten. Er hielt sein zu diesem Zeitpunkt bereits geplantes Stück zwar noch zurück, ließ seinen Absagebrief an die Zeitschrift jedoch in einen Hymnus auf Minetti münden; er nannte ihn darin den „wahrscheinlich größten spielenden und also lebenden und seinen Beruf und also seinen und also unseren bühnendramatischen Wahnsinn verhexenden Schauspieler", einen „durch und durch elementaren *Geistes*theaterkopf" (22.1/642).

Das Stück *Minetti* enthält eines der eindrücklichsten Beispiele für das in Bernhards Werk immer wieder abgewandelte Szenario von der verweigerten Aufnahme in die menschliche Gesellschaft, von Ausgrenzung und Isolation durch eine feindliche Welt, das auch in seinen etwa zur selben Zeit entstandenen autobiographischen Erzählungen eine zentrale Rolle spielt: Der erste Band *Die Ursache. Eine Andeutung* (1975) behandelt das Thema im Zusammenhang mit der Schulzeit des Autors, im Folgeband *Der Keller. Eine Entziehung* (1976) wird der leidvollen Vereinzelung im bürgerlichen Gymnasium die gelingende Integration in die proletarische Umgebung der Scherzhauserfeldsiedlung entgegengesetzt. In *Die Kälte. Eine Isolation* (1981) schildert Bernhard dann die Folgen einer lebensbedrohlichen Lungentuberkulose, die ihn erneut aus der ‚normalen', ‚gesunden' Menschengesellschaft ausschließt. „Ich war immer abgewiesen, niemals angenommen, aufgenommen worden", heißt es dort. „Meine Forderungen waren niemals akzeptiert worden, meine Ansprüche [...] an das Leben, an die Gesellschaft, an alles" (10/347). Am Beispiel dieses Stücks zeigt sich also auch die Praxis Bernhards, bestimmte Themen und Motive in zeitlicher Nachbarschaft in unterschiedlichen Gattungen, häufig zuerst im fiktionalen, dann im autobiographischen Kontext durchzuspielen.

Im Fall von *Minetti* lohnt sich ein Blick auf die zentralen Begriffe, mit deren Hilfe der Autor die zugrundeliegende Geschehensstruktur markiert. Bernhards Hauptfigur ist ein alter Schauspieler, der sich dem „Unterhaltungsmechanismus" (17/31) der Gesellschaft konsequent verweigert hat. Seine Haltung drückt sich vor allem durch seine Abscheu gegenüber allem „Klassischen" aus, das er mit Realitätsflucht und Konformismus assoziiert: Die Menschheit flüchte sich „in die klassische Literatur", sagt er, dort sei sie „unbehelligt" (17/56). Indem er auf diese Weise den gesellschaftlichen Grundkonsens aufgekündigt habe, sei er jedoch in radikale Vereinsamung geraten. Die gesamte übrige Welt sei ihm nur mehr feindlich gegenübergetreten; seine „Heimatstadt" Lübeck (17/40) habe ihn in einen Prozess verwickelt und ihn „verjagt" (17/59). Der Autor greift damit den in seinem Werk wiederholt formulierten Gedanken auf, dass der persönliche Herkunftsbereich dem Einzelnen stets feindlich gegenüberstehe: „Der Geburtsort ist der Mörder des Menschen" (17/50).

Der alte Schauspieler begründet seinen Aufenthalt in dem Hotel in Oostende, wo das Stück spielt, mit einer Verabredung, die er mit dem Schauspieldirektor von Flensburg getroffen habe: Er solle zur Zweihundertjahrfeier von dessen Theater noch einmal den Lear spielen. Wie bedeutungsvoll dieses Engagement für ihn ist, deutet „Minetti" an, indem er die Schauspielkunst als seinen „Existenzzweck" bezeichnet (17/24). Der Lear ist außerdem jene Rolle, mit der er einst seinen Ruhm begründet, sich also ‚einen Namen gemacht' hat. Als er einem jungen Mädchen nochmals die entscheidenden Momente seines Lebens schildert, zeigt er ihm alte Zeitungsartikel, die seine einstige schauspielerische Leistung beglaubigen, sowie die Maske, die der Künstler James Ensor eigens für seine Verkörperung des Lear entworfen habe; ausdrücklich nennt er sie „die Beweise“ (17/44).

Damit wird das Stück zu einem Modell für die Frage, ob ein Mensch von seiner Umwelt erwünscht, ‚erwartet‘ wird, ob ihm eine dazu autorisierte Instanz einen existenziellen Wert zuspricht – ein Thema, das in Bernhards Werk nicht zuletzt autobiographisch grundiert ist. Das Publikum erfährt am Ende nicht, ob Minettis Hoffnung, im Hotel auf den Theaterdirektor zu treffen, berechtigt ist oder nur seinem Wunschdenken entspringt. Wie sich herausstellt, kann der alte Schauspieler das Dokument nicht vorweisen, das ihm seinen Anspruch bescheinigen würde: Er hat das Telegramm des Schauspieldirektors „verloren“, muss er eingestehen, jenes Stück Papier, das in seiner Ausdrucksweise „das Beweismittel“ gewesen wäre (17/54). Als sich herausstellt, dass niemand kommt, der seiner Existenz neuerlich ihren ‚Zweck‘ verleihen könnte, nimmt sich der alte Mann in der Winterkälte vor dem Hotel das Leben.

Der bekannteste aller Schauspielkünstler in Bernhards Theaterwelt ist Bruscon aus der Komödie *Der Theatermacher*, die am 17. August 1985 als Koproduktion der Salzburger Festspiele und des Schauspielhauses Bochum im Landestheater Salzburg uraufgeführt wurde.[12] Diesmal spielte die Hauptrolle nicht Bernhard Minetti, der zwischenzeitlich als Hauptdarsteller erwogen worden war, sondern Traugott Buhre. Claus Peymann setzte seine Salzburger Inszenierung am 1. September 1986 als erste Premiere seiner Direktionszeit am Burgtheater Wien an – er eröffnete seine Wiener Ära also mit der hintergründigen Frage Bruscons: „Was hier / in dieser muffigen Atmosphäre“ (19/101). Bernhards *Theatermacher* avancierte seit seiner Premiere zum insgesamt erfolgreichsten seiner Dramen; kein anderes Theaterstück dieses Autors wurde in den Jahren nach der Uraufführung häufiger neuinszeniert.

Der Protagonist des Stücks ist der Staatsschauspieler Bruscon, der mit seinen beiden Kindern und seiner Frau in einem Dorfgasthof in Utzbach seine Menschheitskomödie „Das Rad der Geschichte“ aufführen will. Doch die Vorstellung kommt gar nicht zustande: Ein Gewitter verursacht einen Brand im Pfarrhof, die Menschen begaffen lieber das reale Spektakel als die dramatische Kunst. Ähnlich wie bereits in der Komödie *Die Macht der Gewohnheit*, in der ein Zirkusdirektor seit 22 Jahren vergeblich versucht, mit einer Gruppe von Zirkusartisten Schuberts *Forellenquintett* wenigstens einmal in der Manege erfolgreich aufzuführen, geht es auch im *Theatermacher* – neben der Vergeblichkeit aller Bemühungen um die Realisierung vollkommener Schönheit und Kunst – um die Unterdrückung des Einzelnen im Dienste einer unbeirrbar verfolgten Idee. Vergeblich macht Bruscon, der sich darüber beklagt, in einer verständnislosen provinziellen Umgebung auftreten zu müssen, alle Mitglieder seiner Familie zu Marionetten seiner künstlerischen Besessenheit; ohne Erbarmen zwingt er Menschen, die dafür in keiner Weise geeignet sind, das Projekt seiner Inszenierung einer großen „Menschheitskomödie“ auf – und erlebt das völlige Scheitern seines Vorhabens.

Bernhard legt seinem Protagonisten eine Reihe von Kernsätzen zu Funktion und Grenzen der theatralischen Kunst in den Mund. „Wenn wir ehrlich sind / ist das Theater an sich eine Ab-

12 Zur Forschungslage vgl. Stefan Krammer: Der Theatermacher. In: Huber/Mittermayer (Hg.), Bernhard-Handbuch (Anm. 1), 246–250.

surdität“, sagt Bruscon; „aber wenn wir ehrlich sind / können wir kein Theater machen“, fügt er hinzu und betont die lebenserhaltende Bedeutung seiner künstlerischen Tätigkeit:

> wenn wir ehrlich sind
> können wir überhaupt nichts mehr tun
> außer uns umbringen
> da wir uns aber nicht umbringen
> weil wir uns nicht umbringen wollen
> wenigstens bis heute und bis jetzt nicht
> da wir uns also bis heute und bis jetzt nicht umgebracht haben
> versuchen wir es immer wieder mit dem Theater (19/120f.)

Alle Schauspieler würden ständig etwas darstellen, „das sie nicht sein können / und das nur abgeschmackt ist“, meint der „Theatermacher“ (19/121). Bruscon bezeichnet das Theater als „jahrtausendealte Perversität / in die die Menschheit vernarrt ist“, weil sie „in ihre Verlogenheit so tief vernarrt“ sei – „und nirgendwo sonst in dieser Menschheit / ist die Verlogenheit größer und faszinierender / als auf dem Theater“ (19/122). Dabei wird die vermeintliche Theaterschelte gleichzeitig zur Liebeserklärung an die dramatische Kunst. Und die folgende Aussage lässt sich durchaus als Kommentar Bernhards zur eigenen Arbeit lesen:

> Auf die Irritation
> kommt es an
> wir sind nicht dazu da
> den Leuten
> eine Gefälligkeit zu erweisen
> Das Theater
> ist keine Gefälligkeitsanstalt (19/191)

Die letzte große Schauspielerfigur in Bernhards Dramenwerk war wiederum als Rolle für Bernhard Minetti gedacht. Anlässlich des 80. Geburtstags seines Lieblingsdarstellers schrieb der Autor das Stück *Einfach kompliziert*, das am 28. Februar 1986 am Schiller-Theater Berlin uraufgeführt wurde; Regie führte Peymanns früherer Assistent Klaus André.[13] Noch einmal gestaltete Bernhard den Kampf eines alten, kranken Künstlers gegen den Zerfall seiner Existenz – eine Art Fortführung des Stücks *Minetti* also. Auch diesmal lebt der alte Schauspieler nur mehr aus der Erinnerung an eine Shakespeare-Rolle, diesmal an seinen (noch dazu wenig erfolgreichen) Auftritt als Richard der Dritte. Neben einem kleinen Mädchen, das ihn regelmäßig aufsucht, bleibt dem alten Schauspieler lediglich die Selbstbespiegelung als Vergewisserung des eigenen Hierseins: Wie in Becketts *Krapps Last Tape* nimmt kein Gesprächspartner mehr auf, was er spricht, sondern ein Tonbandgerät.

Auch in *Einfach kompliziert* wird eines der zentralen Modelle für Bernhards Literatur durchgespielt. Es geht darin in vielfacher Variation um alte, kranke Menschen, die an der

---

13 Zur Forschungslage vgl. Imelda Rohrbacher: Einfach kompliziert. In: Huber/Mittermayer (Hg.), Bernhard-Handbuch (Anm. 1), 256–258.

Hinfälligkeit ihres Körpers die Grenzen menschlicher Autonomie erfahren müssen, obgleich sie noch immer von der Beherrschung ihres Daseins phantasieren, von der Unabhängigkeit gegenüber ihrer gesellschaftlichen Umgebung. Nach dem Tod seiner Frau hält der alte Schauspieler lediglich über das Mädchen Katharina Kontakt zur Welt; es trägt denselben Namen wie die Verstorbene und ist damit buchstäblich als Ersatz für die verlorene Lebensbegleiterin ausgewiesen. Obwohl er gar keine Milch mag, lässt er sich von Katharina regelmäßig eine Kanne Milch bringen – es ist die einzige Verbindung zum Leben, die er auf diese Weise aufrechterhält

Im Zentrum des Stückes steht der Versuch des alten Schauspielers, sich jene Krone auf den Kopf zu setzen, die ihm zum 70. Geburtstag von der Stadtverwaltung von Duisburg geschenkt wurde – eine geradezu zeremoniell ablaufende Handlung. Die Worte, mit denen er den Vorgang kommentiert, geben über die Motivation für sein privates Ritual Auskunft: „Unter der Krone beruhige ich mich" (20/34). Die Rolle des Königs, mit deren Insignien er sich ausstattet, verleiht ihrem Träger jene mächtige narzisstische Zentralposition, von deren Erringung Bernhards exzentrische Figuren ständig träumen: „Wir existieren nur / wenn wir sozusagen / der Mittelpunkt der Welt sind" (20/33), sagt der Schauspieler, während er seine Selbstkrönung vornimmt. „Wir haben Würde / wenn wir eine Krone aufhaben" (20/42).

Er insistiert jedoch auf dem Unterschied zwischen dem Darsteller und der von ihm gespielten Rolle: „Der Schauspieler hat eine Krone auf dem Kopf / aber er ist kein König". Auch wenn er einen „Krönungsmantel" trage, eine „königliche Sprache" spreche, den Thron besteige – „er ist kein König". Die Wahrheit lautet vielmehr: „Der Schauspieler / der eine Krone auf dem Kopf hat / ist ein armer alter Mann" (20/41f.). Der Schluss der zitierten Passage bringt auf den Punkt, welcher Kontrast zwischen gespielter Bedeutung und tatsächlicher Hilflosigkeit an dieser Stelle in Szene gesetzt wird – eine grundlegende Konstellation in Bernhards Werk. Gleichzeitig spricht sein Protagonist jedoch die Möglichkeiten an, die ihm die Schauspielkunst in seinem realen Elend eröffnet. Denn über die Kunst, über die Welt der Phantasie, kann er sich für Momente eine Existenz zugänglich machen, die ihm im Bereich der Wirklichkeit den Vorwurf des vollkommenen Realitätsverlusts einbringen würde: „Ein Schauspieler kann es sich leisten / eine Krone aufzusetzen / ohne verrückt zu sein", sagt er zu Katharina (20/47) – und ersucht sie im selben Moment, den anderen Menschen nichts von seinen Selbst-Inszenierungen zu erzählen, damit ihn nicht doch jemand für verrückt erklärt.

Trotz allem bietet Bernhards alter Schauspieler, dessen Publikum nur noch in der Erinnerung existiert, ein trauriges Bild der Einsamkeit, wie es für seine dramatischen Hauptfiguren charakteristisch ist. Wie in der eingangs zitierten Rede des Fürsten aus *Verstörung* bezeichnet die Theatermetapher nicht mehr das sinnvolle Spiel der Welt vor den Augen eines göttlichen Regisseurs, wie es etwa das barocke Welttheater unterstellt hat, sondern den zwecklosen Ablauf ein für alle Mal festgelegter Rollenmuster, in deren Gleisen der Einzelne unentrinnbar festsitzt.[14] Auf diese Weise lässt sich Bernhards Theater auch als metaphysischer Kommentar zur Situation einer Welt lesen, in der der Glaube an sinngebende Systeme und deren personale

14 Vgl. dazu Manfred Mittermayer: Die Weltstandpauke: Welttheater und Theaterwelt bei Thomas Bern-

Garanten verloren gegangen ist: „Wenn wir noch einen Direktor hätten / könnten wir ihn zur Rede stellen / aber wir haben keinen Direktor mehr / wir haben nicht einmal mehr einen Direktor" (20/25).

Dramatische Schriftsteller

Es gibt zwei Stücke Thomas Bernhards, in deren Mittelpunkt nicht ausübende Theaterkünstler stehen, sondern Autoren, die fürs Theater schreiben, sogenannte „dramatische Schriftsteller". Das erste von beiden, das am 4. Mai 1974 am Wiener Burgtheater unter der Regie Claus Peymanns uraufgeführte Stück *Die Jagdgesellschaft*, lag Bernhard stets besonders am Herzen; zeitweise schätzte er es sogar als seine beste Theaterarbeit ein.[15] Es handelt vom Besuch eines dramatischen Schriftstellers in einem Jagdhaus mitten im Wald, das einem General und dessen Frau gehört. Wie viele Figuren dieses Autors ist der General durch ein vergangenes Ereignis irreparabel beschädigt: Er hat in der Schlacht von Stalingrad einen Arm verloren. Aber auch sonst umgeben ihn Zeichen von Tod und Verfall: die tödliche Krankheit der Nieren, der Graue Star, die politische Absetzung, die von seinen Ministern in aller Heimlichkeit betrieben wird – und dazu der Borkenkäfer, der den Wald und damit die Lebensgrundlage des Generals vernichtet, indem er „alles hier / alles mit dem Jagdhaus Zusammenhängende / zerstört / zerfrißt" (15/363).

Der Schriftsteller wirkt durch viele seiner Eigenschaften wie Bernhards Alter Ego, nicht nur aufgrund seiner Berufsbezeichnung lässt er sich als Reflexionsfigur des Autors verstehen; in der Uraufführung wurde dies durch die Besetzung durch den Bernhard rein äußerlich ähnelnden Joachim Bißmeier noch betont. Wie Bernhard nimmt auch der „dramatische Schriftsteller" gegenüber seiner Umgebung die Position eines distanzierten Beobachters ein: „Wenn wir beobachten / und nicht in dem Geschehen sind [...] Wir müssen nicht teilnehmen / teil*haben* ja / aber nicht teil*nehmen*" (15/372f.). Und wenn er über den Umgang mit seinen existenziellen Ängsten spricht, formuliert er eine Technik der Selbst-Ironisierung im Medium der Literatur, die Bernhard ebenfalls für sich in Anspruch nimmt, wie wir noch sehen werden: „wir reden nicht darüber / und wenn wir darüber reden / reden wir so darüber / als wäre / über was wir reden / nicht wirklich [...] damit wir es ertragen / aushalten" (15/412).

Die Jagdgesellschaft enthält zahlreiche Sätze, die man als Darstellung der literarischen Vorgangsweise Bernhards (und damit als Selbstkommentare) lesen kann, etwa die folgenden Bemerkungen des Generals:

---

hard. In: Peter Csobádi u.a. (Hg.): „Vom Himmel durch die Welt zur Hölle". Welttheater, Mysterienspiel, rituelles Theater. Anif/Salzburg 1992 (= Wort und Musik 15), 663–674.

15 Vgl. Peter von Becker: Bei Bernhard. Eine Geschichte in 15 Episoden. In: Theater heute (1978), Sonderheft Theater, 80–87, hier 83. – Zur Forschungslage vgl. Bernhard Judex: Die Jagdgesellschaft. In: Huber/Mittermayer (Hg.), Bernhard-Handbuch (Anm. 1), 203–208.

Der Schriftsteller in seinem Wahnsinn
schreibt eine Komödie
mehr eine Operette
und die Schauspieler fallen
auf diese Komödie
Operette
herein (15/369)

Das Theater erscheint als Apparat, in dem der Autor seine eigenen Gedanken, auf unterschiedliche Sprecher verteilt, zum Ausdruck bringt – im Rahmen einer Gattung, die sich den herkömmlichen Einordnungen entzieht:

Der Schriftsteller attackiert die Philosophie
oder eine ganze Menge von Philosophien
und setzt den Schauspielern ganz einfach seinen Kopf auf
und handelt es sich um eine Tragödie
behauptet er
eine Komödie sei es
und ist es eine Komödie
behauptet er
eine Tragödie
wo es doch nichts als Operette ist (15/369)

Hilde Spiel hat in ihrer Uraufführungsrezension die hier verwendete Gattungsbezeichnung der „Operette" mit Witold Gombrowicz in Verbindung gebracht;[16] tatsächlich schätzte Bernhard den polnischen Autor außerordentlich.[17] Im Stück wird die Umwandlung der Wirklichkeit in ein Theaterstück zum Vehikel für die Demontage des gesellschaftlichen Machtträgers durch den Vertreter der dramatischen Kunst: In Form eines kleinen Exposés für ein Theaterstück skizziert der Schriftsteller eine Konstellation, in der sich der General selbst wiederfinden muss. Während ihm seine Frau die Wahrheit über seine Krankheit und den Borkenkäferbefall des Waldes bisher verschwiegen hat, macht ihm der Schriftsteller seine reale Lage bewusst – daraufhin schießt sich der General eine Kugel durch den Kopf.

Der Schriftsteller hingegen überlebt den Repräsentanten der Macht; sein Existenzmodell ist nicht von der Stützung durch die gesellschaftlichen Apparate abhängig, sondern es beinhaltet die absolute Loslösung von Herkunft und sozialer Umgebung:

Herkunft
Ursprung
Abstammung
alles wegwischen
verstehen Sie
alles wegwischen (15/417)

16 Vgl. Hilde Spiel: Wir sind tot, alles ist tot. In: Frankfurter Allgemeine Zeitung, 6.5.1974.
17 Vgl. Mittermayer, Thomas Bernhard (Anm. 7), 235.

Die meisten Menschen „sichern sich ab", ob durch „eine Wissenschaft / eine Partei" oder „eine Kunst"; alle würden sie „aufeinmal Zuflucht" suchen – „plötzlich werden sie katholisch / oder werden wieder katholisch / um nicht verrückt zu werden" (15/417f.). Man müsse sich vielmehr „freimachen", meint der Schriftsteller. Indem er gegenüber der Generalin die Prämissen für die von ihm angestrebte Lebensform formuliert, äußert er auch diejenigen, aus denen die künstlerische Haltung Thomas Bernhards ihre Radikalität bezieht:

> In dem Zustand der Unsicherheit
> der Bodenlosigkeit
> der Zügellosigkeit zu verharren gnädige Frau
> das ist es
> diese unverständliche Sprache sprechen
> diese einzige gültige unverständliche Sprache
> sich gegen Verständlichmachen zur Wehr setzen (15/418)

Das zweite Theaterstück, das von einem „dramatischen Schriftsteller" handelt, war eine Art Comeback-Drama Bernhards bei den Salzburger Festspielen. Nach der Auseinandersetzung wegen der Komödie *Die Berühmten* (1976), deren Uraufführung in Salzburg aufgrund der befürchteten polemischen Anspielungen auf prominente Festspielkünstler, vor allem auf Herbert von Karajan, nicht zustande kam, war die Zusammenarbeit mit den Festspielen zunächst für einige Zeit unterbrochen – obwohl der Kontakt mit dem Bernhard sehr gewogenen Festspielpräsidenten Josef Kaut nicht völlig abgerissen war: „Wir sollten *noch einmal zusammen ein Theater machen!* Es wäre schade darum!", hatte Bernhard am 26. April 1977 an Kaut geschrieben.[18]

Am 18. August 1981 wurde das Stück *Am Ziel* in der Inszenierung von Claus Peymann im Salzburger Landestheater uraufgeführt.[19] Wie in der *Jagdgesellschaft* ist ein Theaterautor Gast in einer bürgerlichen Familie, diesmal bei der Witwe eines Gusswerksbesitzers, der „Mutter", wie sie im Personenverzeichnis heißt, und ihrer „Tochter", die beide – wie viele Bernhard-Figuren – in ihrer nicht aufgearbeiteten Familiengeschichte festsitzen. In einem Rundfunk-Interview, das im Programmbuch des Bochumer Schauspielhauses abgedruckt war, machte der Autor deutlich, dass der Titel seines Stücks ironisch gemeint sei, obwohl der „dramatische Schriftsteller" gerade einen großen Bühnenerfolg hinter sich hat und von der weiblichen Hauptfigur zu hören bekommt: „Sie sind am Ziel mein Herr" (18/362). Man sei bekanntlich „niemals am Ziel", auch die drei Protagonisten seien es „am Ende des Stückes nicht". Und er fügt hinzu: „Es gibt ja kein Ziel, nicht?"[20] Ganz in diesem Sinn bemerkt die weibliche Hauptfigur von *Am Ziel*,

---

18 Zit. nach: Der Briefwechsel zwischen Thomas Bernhard und Josef Kaut. In: Manfred Mittermayer, Sabine Veits-Falk (Hg.): Thomas Bernhard und Salzburg. 22 Annäherungen. Salzburg 2001 (= Monographische Reihe zur Salzburger Kunst 21), 231–241, hier 238.

19 Zur Forschungslage vgl. Bernhard Judex: Am Ziel. In: Huber/Mittermayer (Hg.), Bernhard-Handbuch (Anm. 1), 240–243.

20 Zit. nach Jens Dittmar: Thomas Bernhard. Werkgeschichte. Frankfurt a.M. 1995, 231.

die alljährlich für einige Zeit in ein Haus am Meer übersiedelt: „sind wir am Ziel / ist alles das Verkehrte" (18/312).[21]

Bernhard nützt das Stück als Mittel der ironischen Auseinandersetzung mit der dramatischen Kunst und ihrer sozialen Funktion. Gegen Ende des Stücks lässt er seine Protagonistin dem Schriftsteller das Konzept einer totalen Revolution vortragen: „Aber es genügt nicht daß ein paar junge Leute / ein paar alten den Kopf einschlagen das ist lächerlich / es gehört *alles* weggewischt *alles* über Nacht" (18/366). Ihre Vernichtungsphantasie enthält ein anspruchsvolles künstlerisch-politisches Programm: „ein dramatischer Schriftsteller hat doch / nichts anderes zu denken / wie jage ich die ganze Welt in die Luft / wie mache ich dem ganzen Spuk ein Ende" (18/368). Bernhard legt seiner Figur aber auch Bemerkungen über seine eigene Dramaturgie in den Mund. Wie ein Kommentar zu den zahlreichen machtlosen Nebenfiguren in Bernhards Stücken nimmt sich aus, was die Mutter über ihre bewusst zur Unselbstständigkeit erzogene Tochter sagt:

> Diese furchtbaren stummen Rollen
> diese fortwährend schweigenden Charaktere
> die gibt es ja auch in der Wirklichkeit
> Der eine redet der andere schweigt
> er hätte vielleicht vieles zu sagen
> aber es ist ihm nicht erlaubt (18/337).

Ihr zentraler Satz „Das Theater ist eine von vielen Möglichkeiten / es auszuhalten" (18/329) wurde für Marianne Hoppe, die Hauptdarstellerin der Uraufführung, zu der Bernhard seit ihrer Mitwirkung an der Berliner Inszenierung der *Jagdgesellschaft* (an der Seite von Minetti) eine Freundschaft entwickelt hatte, „zu einem Credo".[22]

Theater als Mittel der Existenzbewältigung

Das Theater ist für Bernhard jener Vorstellungsbereich, den er zur Charakterisierung des in seinen Büchern nachgezeichneten Existenz- und Weltmodells verwendet. Es liefert jedoch auch die strukturelle Grundlage für jene Sprechakte, die wesentlich zum Habitus des Polemikers Thomas Bernhard gehörten. Besonders eindrücklich lässt sich dies am Beispiel des Romans *Holzfällen* (1984) zeigen, an jenem Buch, mit dem er den bis dahin größten öffentlichen Skandal seiner literarischen Laufbahn verursachte. Als der Roman erschien, klagte bekanntlich der frühere Bernhard-Freund Gerhard Lampersberg, der sich in der Figur des trunksüchtigen und künstlerisch gescheiterten Komponisten Auersberger wiedererkannte, und erwirkte vorüber-

---

21 Schon in *Der Ignorant und der Wahnsinnige* heißt es: „Wer am Ziel ist / ist naturgemäß / todunglücklich" (15/307).

22 Birgit Pargner: Marianne Hoppe. „Erst Schönheit, dann Klugheit und dann das helle saubere Herz". Leipzig 2009, 179.

gehend ein Verbot des Buches.[23] Die erzählerische Konstellation dieses Textes, der in seinem Untertitel *Eine Erregung* eine treffende Charakterisierung des sprachlichen Vorgangs anbietet, wird von Bernhard selbst als theatralische beschrieben.

Der Ich-Erzähler des Romans hält sich nämlich über weite Strecken auf einem Ohrensessel im Hintergrund der versammelten Abendgesellschaft auf, die er mit seinen Kommentaren bedenkt. Dabei nimmt er die geschützte Position eines Beobachters abseits des Hauptgeschehens ein, außerhalb des unmittelbaren Einwirkungsbereichs der Objekte seiner Observation – und seiner Angriffe: „Ich sah, auf dem Ohrensessel sitzend, die Leute im Musikzimmer, umgekehrt sahen die Gäste, die sich im Musikzimmer aufhielten, mich nicht" (7/27). Von hier aus kann er alle wesentlichen Dinge wahrnehmen, die er für seine Beurteilung (die zur *Ver*urteilung wird) benötigt: „in diesem Ohrensessel [...] sehe ich alles, höre ich alles, entgeht mir nichts, dachte ich" (7/22). Dabei sieht er die Opfer seiner Vorgangsweise als Bestandteile eines theatralischen Geschehens, indem sie „wie auf einer Bühne agierten" (7/35f.).

Am Ende von *Der Keller* steht eine aufschlussreiche Selbstdarstellung Thomas Bernhards, in der viele seiner Lebensprinzipien niedergelegt sind – und damit zugleich einige der entscheidenden Voraussetzungen seiner künstlerischen Arbeit. Auch dort wird die Position im geschützten Randbereich des Geschehens als rettende bezeichnet: „Der Überlebende muß sich einen günstigen Winkel im Abseits schaffen für seine Eroberungen", schreibt der Erzähler (10/202). Dabei kommt er auf eine spezifische Abwehrstrategie zu sprechen, mit deren Hilfe ihm die Selbst-Bewahrung gegenüber den Gefährdungen der Außenwelt gelungen sei: „Ich darf nicht leugnen, daß ich auch immer zwei Existenzen geführt habe, eine, die der Wahrheit am nächsten kommt und die als Wirklichkeit zu bezeichnen ich tatsächlich ein Recht habe, und eine gespielte, beide zusammen haben mit der Zeit eine mich am Leben haltende Existenz ergeben" (10/203f).

Eine solche Haltung ermöglicht die prinzipielle Distanznahme gegenüber allem, was zur Identifikation verleiten könnte: „Wie gut, daß wir immer eine ironische Betrachtungsweise gehabt haben, so ernst uns immer alles gewesen ist" (10/206). Die komplexe Mechanik der Distanzierung und Ironisierung bei Bernhard darf nicht übersehen werden, will man die spezifische Kommunikationsstruktur erfassen, in die selbst ernsthaft erscheinende Welt- und Werturteile eingebunden sind. Auf diese Weise, schreibt Franz Schuh in einem frühen Beitrag, habe der Autor einen „rhetorischen Panzer entwickelt, hinter dem sein Selbst unverwundbar weilt". Die folgende Bemerkung betrifft in erster Linie die Rede von Bernhards literarischen Protagonisten, aber gewiss auch so manche Äußerungen, für die der Autor selbst einsteht: „Indem er immer, was er selber ist, zugleich auch denunziert, ist er zugleich auch das Denunzierte, ohne es zu sein".[24]

Zu den Verwirrspielen der Erzählstimmen gehört die auffällige Vermischung der theatralischen Gattungen, die sich durch Bernhards Gesamtwerk zieht: „Manchmal behaupten wir, es sei eine Tragödie, manchmal das Gegenteil, und sagen, eine Komödie ist es, und wir können

23 Vgl. dazu den Kommentar zu Bd. 7 der Werkausgabe, 219–240.

24 Franz Schuh: Ist Thomas Bernhard ein Faschist? In: protokolle (1981), H. 4, 19–22, hier 20f.

nicht sagen, jetzt ist es eine Tragödie, jetzt eine Komödie" (10/207). Damit ist nicht nur eine Verschmelzung der beiden traditionellen Grundformen des dramatischen Spiels gemeint, sondern auch die Möglichkeit, den anderen die Kriterien für die Beurteilung der eigenen Weltsicht aus der Hand zu nehmen und dadurch ein weiteres Stück Autonomie zu gewinnen: „Zuerst habe ich hundertprozentig eine Tragödie aufgeführt und dann eine Komödie und dann wieder eine Tragödie, und dann vermischte sich das Theater, es ist nicht mehr erkennbar, ob es eine Tragödie oder eine Komödie ist. Das verwirrt die Zuschauer" (10/207).

Das Oszillieren von Bernhards Texten als „Umspringbildern" (Wendelin Schmidt-Dengler) zwischen Tragödie und Komödie gehört zu den zentralen Wahrnehmungsmustern seines Werks, die er selbst unablässig formuliert hat – nicht nur in der *Jagdgesellschaft*, wie oben zitiert, und anderen Dramen, sondern auch in seinen Erzähltexten; der Titel der frühen Erzählung *Ist es eine Komödie? Ist es eine Tragödie?* (1967) ist in diesem Zusammenhang zur paradigmatischen Formel avanciert. Bernhards letztes Wort zu diesem Themenkomplex steht im Roman *Alte Meister* (1985), den er übrigens im Untertitel „Komödie" nennt: „Was denken wir und was reden wir nicht alles und glauben, wir sind kompetent und sind es doch nicht, *das ist die Komödie*, und wenn wir fragen, wie soll es weitergehn?, *ist es die Tragödie*" (8/191). Die Formulierung erinnert an Gedanken des für Bernhard so wichtigen Philosophen Arthur Schopenhauer:[25]

> Das Leben des Einzelnen ist, wenn man es im Ganzen und Allgemeinen übersieht und nur die bedeutsamsten Züge heraushebt, eigentlich immer ein Trauerspiel; aber im Einzelnen durchgegangen, hat es den Character eines Lustspiels. Denn das Treiben und die Plage des Tages [...] sind lauter Komödienscenen. Aber die nie erfüllten Wünsche, das vereitelte Streben, die vom Schicksal unbarmherzig zertretenen Hoffnungen [...] geben immer ein Trauerspiel.[26]

Konrad in Bernhards Roman *Das Kalkwerk* (1970) wird mit den Worten zitiert, dass der „Versuch der Jahrtausende", die „Komödie", aus der wir nicht herauskommen, „zu einer Tragödie zu machen", gescheitert sei; gleichzeitig sei aber erst „alles erträglich", weil es „so komisch" sei (3/76). Daraus ergibt sich ein rettender Aspekt der hier eingenommenen Perspektive auf die Welt. In der Erzählung *Amras* (1964), die er wiederholt als sein „Lieblingsbuch" bezeichnet hat[27], deutet Bernhard erstmals jene Möglichkeit der Selbst-Distanzierung an, die er im Verlauf seiner späteren Arbeit verfolgen wird. Der Erzähler erinnert sich, wie er plötzlich die Vorgänge, in die er eingebunden war, von sich habe abrücken können: „ich spazierte und täuschte mir einen Spaziergang *vor*". Wie „in einem schlechten Roman" sei er vorgegangen und habe sein „*ganzes Elend*" in die Irrealität versetzt: „denn ein vorgetäuschter Spaziergang ist kein Spaziergang, während er doch ein Spaziergang ist". Aus einer Distanz, die für ihn „die beste" gewesen

25 Zur Bedeutung Schopenhauers für Bernhard vgl. Martin Huber: Thomas Bernhards philosophisches Lachprogramm. Zur Schopenhauer-Aufnahme im Werk Thomas Bernhards. Wien 1992.

26 Arthur Schopenhauer: Werke in 10 Bänden. Die Welt als Wille und Vorstellung. Bd. II. Zürich 1977, 402f.

27 Zit. nach Karin Kathrein: Es ist eh alles positiv. Thomas Bernhard über seine Bücher, seine Feinde und sich selbst. In: Ilse Aichinger, Sepp Dreissinger (Hg.): Thomas Bernhard. Portraits. Bilder und Texte. Weitra 1992, 187–191 (=Publication P No 1. Bibliothek der Provinz), hier 190.

sei, habe er „jede Einzelheit“ an sich beobachtet, sich „mit rücksichtsloser Verstandesschärfe“ kritisiert und dabei „alles lächerlich“ gemacht; „am meisten machte ich aber *mich* lächerlich“ (11/149f.).

Es sei eine spezifische, äußerst wirkungsvolle „Methode, [...] alles zur Karikatur zu machen“ (8/74), lässt Bernhard den Musikschriftsteller Reger sagen, den Protagonisten seines zuletzt geschriebenen Romans *Alte Meister* (1985) – als kommentierte er damit seine eigene Überlebensstrategie. Alles Übermächtige, ein „großes bedeutendes Bild“, eine „sogenannte bedeutende Persönlichkeit“, die „Eltern“, die „Vorgesetzten“, seien nur „auszuhalten“, wenn man sie „zur Karikatur gemacht“ habe (8/74). Reger entwickelt deshalb die Maxime: „Sie haben die ganze Welt aufeinmal zur Karikatur zu machen.“ Die „Kraft, die Welt zur Karikatur zu machen“, nennt er die „Höchstkraft des Geistes“; sie sei die „einzige Überlebenskraft“ (8/76). „Nur was wir am Ende lächerlich finden, beherrschen wir auch“, lautet Regers Devise, „nur wenn wir die Welt und das Leben auf ihr lächerlich finden, kommen wir weiter, es gibt keine andere, keine bessere Methode“ (8/76f.).

In diesem Sinn ist die folgende Bemerkung aus der Erzählung *Ungenach* (1968) ein Kernsatz für die Literatur Thomas Bernhards: „Wem es gelingt, auf dem Totenbett eine Komödie oder ein reines Lustspiel zu schreiben, dem ist alles gelungen“ (12/36).[28]

28 Der vorliegende Beitrag fasst frühere Arbeiten des Verfassers zum Thema zusammen, u.a. Passagen aus dem oben zitierten Band: Thomas Bernhard. Eine Biografie (2015). Dem Residenz Verlag ist für die Genehmigung dafür zu danken.

Harald Gschwandtner

„Meine Sehnsucht ist, das Dramatische mehr zu episieren". Zum Erzählerischen in Peter Handkes Theaterstücken

I.

Werner M. Bauer hat in seinem Beitrag zur Zeman'schen *Literaturgeschichte Österreichs von den Anfängen im Mittelalter bis zur Gegenwart* Peter Handkes Theaterarbeiten der 1960er Jahre als entscheidende „Einschnitte in der weiteren Entwicklung des modernen österreichischen Bühnenspiels" bezeichnet, weil sie „die Abgebrauchtheit der herrschenden Dramaturgien" exemplarisch vorgeführt hätten.[1] Handkes frühe Theatertexte, die unter dem Label ‚Sprechstücke' firmieren, widmen sich in je eigensinnigen Anläufen der Erkundung sowohl des Verhältnisses von Bühne und Zuschauerraum als auch der Beziehung von sprachlichem Ausdruck und repräsentierter Wirklichkeit. Immer wieder aufs Neue beschäftigen sie sich mit der Frage, ob – wie es in der 1966 in Frankfurt uraufgeführten *Publikumsbeschimpfung* heißt – die „Bretter", auf denen die Schauspieler stehen, die „Welt" „bedeuten" – oder doch nur dazu „dienen", „daß wir darauf stehen".[2] Handkes performatives Manifest, das zumal in der ikonischen Inszenierung von Claus Peymann[3] rasch Eingang in den Kanon der deutschsprachigen Dramatik gefunden hat, spielt ostentativ mit Konventionen und Gattungsmustern des Theaters und verhandelt, provokativ und analytisch präzise zugleich, etablierte theoretische Positionen des Theaterbetriebs; nicht zuletzt wird dabei das Verhältnis der vier Sprecher der *Publikumsbeschimpfung* zur Person des Autors in den Blick genommen: „Wir haben keine Rollen. Wir sind wir. Wir sind das Sprachrohr des Autors." Drei Sätze später heißt es dann jedoch: „Unsere Meinung braucht sich nicht mit der des Autors zu decken."[4]

1 Werner M. Bauer: Die deutschsprachige Literatur Österreichs nach 1945. In: Herbert Zeman (Hg.): Literaturgeschichte Österreichs von den Anfängen im Mittelalter bis zur Gegenwart. Graz 1996, 511–563, hier 559f.

2 Peter Handke: Publikumsbeschimpfung. In: Peter Handke: Publikumsbeschimpfung und andere Sprechstücke. Frankfurt a.M. 1966, 5–48, hier 18.

3 Zur Charakteristik von Peymanns Inszenierung vgl. Hanna Klessinger: Postdramatik. Transformationen des epischen Theaters bei Peter Handke, Heiner Müller, Elfriede Jelinek und Rainald Goetz. Berlin/Boston 2015, 154–159, sowie die Dokumentation in Klaus Kastberger, Katharina Pektor (Hg.): Die Arbeit des Zuschauers. Peter Handke und das Theater. Salzburg/Wien 2012, 19–33.

4 Handke, Publikumsbeschimpfung (Anm. 2), 19.

Peter Handke greift in seinem ersten Bühnenstück[5] Ansätze und ästhetische Verfahren aus dem Ideenpool der Wiener Gruppe auf, etwa aus Konrad Bayers Posse *die begabten zuschauer*[6]. Seine genuine Leistung besteht darin, die experimentellen Versuche der österreichischen Neoavantgarde in eine literarische und dramaturgische Form gegossen zu haben, die imstande war, als ‚abendfüllendes Stück' an vielen deutschsprachigen Bühnen ein erstaunlich großes Publikum zu erreichen. In einer programmatischen Notiz hat Handke die Ambition des Stücks folgendermaßen zusammengefasst:

> Die *Publikumsbeschimpfung* ist kein Stück gegen das Theater. Es ist ein Stück gegen das Theater, wie es ist. Es ist nicht einmal ein Stück gegen das Theater, wie es ist, sondern ein Stück für sich. Die *Publikumsbeschimpfung* ist ein Stück gegen das Theater, wie es ist, und ein Stück für das Theater, wie es ist und war. Es ist ein Stück gegen das Theater, wie es ist, nur insofern, als es keine Geschichte zum Vorwand braucht, Theater zu machen. Es braucht nicht die Vermittlung einer Geschichte, damit Theater entsteht, es ist unmittelbares Theater.[7]

Erklärte Handke in poetologischen Essays wie *Ich bin ein Bewohner des Elfenbeinturms* (1967) die „Geschichte" in Prosatexten für obsolet und „unnötig", weil der „Fortschritt in der Literatur in einem allmählichen Entfernen von unnötigen Fiktionen" bestehe[8], richteten sich auch seine frühen theatertheoretischen Reflexionen gegen die Vorstellung, „ein Stück" brauche als „Vorwand" eine „Geschichte" und definiere sich zuallererst über seine Handlungs- und Spannungselemente. Für das ebenfalls 1966 uraufgeführte Sprechstück *Selbstbezichtigung* hat Handke in diesem Sinne festgehalten: „Das ‚Ich' der *Selbstbezichtigung* ist nicht das ‚Ich' einer Erzählung, sondern nur das ‚Ich' der Grammatik. Es ist kein persönliches Ich, sondern ein un-

---

5 Seinem Verleger Siegfried Unseld gegenüber nannte er es am 21. Oktober 1965 nicht nur sein „erstes", sondern auch sein „letztes", das er „mit Ach und Krach" geschrieben habe (Peter Handke, Siegfried Unseld: Der Briefwechsel. Hg. von Raimund Fellinger, Katharina Pektor. Berlin 2012, 17). Im Lauf der Jahre hat Handke wiederholt sein aktuelles Stück als definitiv letzten Versuch auf dem Feld des Theaters angekündigt. Vgl. etwa den Kommentar zum ‚stummen Stück' *Die Stunde da wir nichts voneinander wußten* von 1992: „Ich hab' gedacht, wenn ich mein letztes Stück schreib', dann mach' ich das ohne Worte." (Karin Kathrein: „Ich wär' so gern skrupellos". Bühne-Gespräch mit Peter Handke. In: Bühne [1992], H. 5, 12–17, hier 12) – Lauteten die letzten beiden Sätze des Sprechstücks *Selbstbezichtigung* in der ersten Ausgabe von 1966 noch „Ich habe dieses Stück geschrieben" und, als eigener Absatz, „Ich werde es nie wieder tun" (Peter Handke: Selbstbezichtigung. In: Handke, Publikumsbeschimpfung [Anm. 2], 67–93, hier 93), fiel dieser finale Satz in den folgenden Ausgaben des Textes weg. Vgl. Peter Handke: Selbstbezichtigung. In: Peter Handke: Stücke 1. Frankfurt a.M. 1972, 65–88, hier 88; Peter Handke: Selbstbezichtigung. In: Peter Handke: Die Theaterstücke. Frankfurt a.M. 1992, 57–78, hier 78.

6 Vgl. Klessinger, Postdramatik (Anm. 3), 150. Bereits deutlich früher hat auf diesen intertextuellen Bezug auch Michael Linstead: Outer World and Inner World. Socialisation and Emancipation in the Works of Peter Handke, 1964–1981. Frankfurt a.M. u.a. 1988 (= Europäische Hochschulschriften. Reihe 1. Deutsche Sprache und Literatur 1024), 30, hingewiesen: „Konrad Bayer's *die begabten zuschauer* reverses the roles of audience and actors of the theatre. The audience becomes the play to be watched by the performers. The involvement of the audience – there is surely a clear link here with Handke's *Publikumsbeschimpfung* […]."

7 Peter Handke: Zur *Publikumsbeschimpfung*. In: Handke, Stücke 1 (Anm. 5), 203.

8 Peter Handke: Ich bin ein Bewohner des Elfenbeinturms. In: Peter Handke: Ich bin ein Bewohner des Elfenbeinturms. Frankfurt a.M. 1972, 19–28, hier 24.

persönliches. Die Geschichte der *Selbstbezichtigung* zeigt nicht eine besondere Geschichte."[9] Das Stück setzt sich aus einer Vielzahl von Ich-Sätzen zusammen, beginnt mit „Ich bin auf die Welt gekommen"[10], meint damit aber nicht den Beginn eines individuellen Lebens, dessen Verlauf auf der Bühne dargestellt wird, sondern liefert lediglich das zugrundeliegende Satzmodell. „Ich bin auf die Welt gekommen" markiert nicht den Einstieg einer biographischen Erzählung, sondern bloß *einen* möglichen Satz, der auf einer Bühne gesprochen werden kann.

Stand für Handkes frühe Sprechstücke stets die Frage im Raum, ob es sich dabei nun um ‚Theater' oder um ‚*Anti*-Theater' handle, weil Texte wie *Publikumsbeschimpfung*, *Selbstbezichtigung* oder *Weissagung* die Regularien des Theaterdispositivs ganz grundsätzlich unterminierten, nahm der Autor Anfang der 1970er Jahre von den theorieaffinen, radikal illusionskritischen Arbeiten nach und nach Abstand. Während der Suhrkamp Verlag mit der Herausgabe der beiden Bände *Stücke 1* (1972) und *Stücke 2* (1973) die Kanonisierung von Handkes Frühwerk vorantrieb, wandte sich der junge Autor – parallel zur Neukalibrierung seiner ‚Prosa-Schreibregel'[11] – zusehends anderen, vorderhand weniger radikalen dramatischen Ausdrucksformen zu. Auf welche Weise diese Abkehr von den formalistischen ‚Sprechstücken', der Weg zu den Theaterarbeiten der 1980er und 1990er Jahre, mit der Idee eines alternativen, sich von Bertolt Brecht abgrenzenden epischen Theaters korrespondiert, möchte ich im Folgenden andeuten. Vollständigkeit ist angesichts der Zahl und Heterogenität der Texte, die schon ein Blick auf deren Gattungsbezeichnungen offenbart („Ein Schauspiel", „Ein Königsdrama", „Ein Stationendrama", „Ein Sommerdialog", „Ein Schauspiel in vier Jahreszeiten" etc.), im vorliegenden Zusammenhang nicht zu erreichen.

II.

Als die Erstausgabe von Peter Handkes *Über die Dörfer* Ende August 1981 im Druck erscheint, gibt der Klappentext darüber Auskunft, dass das Stück den Schlussstein einer Tetralogie bildet: „Zuerst die Geschichte von Sonne und Schnee; dann die Geschichte der Namen; dann die Geschichte eines Kindes; jetzt das dramatische Gedicht: alles zusammen soll ‚Langsame Heimkehr' heißen."[12] Nicht nur der Klappentext, sondern auch das Titelblatt kennzeichnet das ein Jahr darauf bei den Salzburger Festspielen unter der Regie von Wim Wenders uraufge-

---

9 Peter Handke: Über das Stück *Selbstbezichtigung*. In: Handke, Stücke 1 (Anm. 5), 205–206, hier 205.

10 Handke, Selbstbezichtigung (Anm. 5), 71.

11 Die 1970 erschienene Erzählung *Die Angst des Tormanns beim Elfmeter* kündigte er Unseld bereits im Mai 1968 als „Prosabuch […] in klassischer ruhiger Prosa, wie Kleist oder Stifter", an und unterstrich die poetologische Differenz zu seinen ersten beiden Roman *Die Hornissen* (1966) und *Der Hausierer* (1967) in einem Brief vom 29.3.1969 noch einmal deutlich: „Es ist eine ganz andre Prosa, ziemlich straight, eine richtige Handlung, eins nach dem andern. Nach den Erfahrungen, die ich bis jetzt mit Sätzen gemacht habe, glaube ich, so durchsichtig schreiben zu können, daß ich auch wieder eine richtige Geschichte schreiben kann und daß man trotzdem merkt, daß das alles Sätze sind." (Handke/Unseld, Der Briefwechsel [Anm. 5], 93 und 111)

12 Peter Handke: Über die Dörfer. Dramatisches Gedicht. Frankfurt a.M. 1981, vorderer Klappentext. Zur

führte Stück als „Dramatisches Gedicht" und stellt es damit in eine (vermeintlich überlebte) Gattungsreihe – eine Reihe, die sich von Lessings *Nathan der Weise* über Schillers *Don Karlos* und *Wallenstein* etwa zu Ibsens *Peer Gynt* nachverfolgen lässt[13], im Kontext der Theaterästhetik der 1980er Jahre aber seltsam unzeitgemäß, aus der Zeit gefallen wirkte; Handkes demonstrative „Selbsteinschreibung in eine Gattungstradition"[14] sorgte zumal bei den professionellen Zuschauern für Irritationen; für zahlreiche Rezensentinnen und Rezensenten bestand, wie Evelyne Polt-Heinzl treffend bemerkt hat, „kein Bedarf" an einer derartigen „Neubesichtigung" des ehrenwerten Genres.[15]

Anlässlich der Salzburger Uraufführung konstatierte Lothar Schmidt-Mühlisch, Theaterkritiker der *Welt*, stellvertretend für viele seiner Kolleginnen und Kollegen, Handkes *Über die Dörfer* falle „so ganz und gar aus dem Rahmen der zeitgenössischen Dramatik" und sei mit der Theaterästhetik der frühen 1980er Jahre nur schwer in Einklang zu bringen.[16] Der feierliche Ton des ‚dramatischen Gedichts' stieß bei vielen auf Ablehnung, sorgte jedenfalls für Verwunderung, konnte mit Blick auf das Œuvre des Autors aber auch als konsequente Realisierung der Sehnsucht des Protagonisten Quitt in Handkes vorherigem Bühnenstück *Die Unvernünftigen sterben aus* (1973) gelten: „Ich möchte so gern pathetisch sein!"[17] Die mitunter hämischen Verrisse von *Über die Dörfer* bestätigten Handke indes in seiner Überzeugung, eine entschiedene Gegenrede zum zeitgenössischen Theaterbetrieb geschrieben und auf die Bühne gebracht zu haben: „Ich glaube, daß sich die Kulturjournalisten durch das Stück in ihrer Scheinexistenz angegriffen fühlen, denn es macht ja einen ganz anderen Existenzvorschlag", so Handke in einem

---

Poetik der Tetralogie *Langsame Heimkehr* im Werkkontext vgl. Karl Wagner: Weiter im Blues. Studien und Texte zu Peter Handke. Bonn 2010, 81–88.

13 Zur Gattungstradition vgl. Helmuth Kiesel: Verklärung und Heilszuversicht. Peter Handkes „Über die Dörfer". In: Jan-Heiner Tück, Andreas Bieringer (Hg.): „Verwandeln allein durch Erzählen". Peter Handke im Spannungsfeld von Theologie und Literaturwissenschaft. Freiburg i.Br. u.a. 2014, 55–68, hier 58: „In diesem Sinn bedeutet das Syntagma ‚dramatisches Gedicht', dass ein dramatischer Vorgang oder Konflikt in der besänftigenden, ausgleichenden und harmonisierenden Form des Gedichts dargestellt und einer Lösung zugeführt wird, die als ‚Gedicht' im idealistischen oder utopischen Sinn zu verstehen ist."

14 Werner Michler: Teilnahme. Epos und Gattungsproblematik bei Peter Handke. In: Klaus Amann, Fabjan Hafner, Karl Wagner (Hg.): Peter Handke. Poesie der Ränder. Wien u.a. 2006 (= Literaturgeschichte in Studien und Quellen 11), 117–134, hier 119.

15 Evelyne Polt-Heinzl: „Alle sind im Recht" oder Wider Tatsachensklaven und Wurzelschnitzer. Peter Handkes *Über die Dörfer*. In: Kastberger/Pektor (Hg.), Die Arbeit des Zuschauers (Anm. 3), 137–146, hier 139.

16 Lothar Schmidt-Mühlisch: Zukunftsrede auf der Friedhofsmauer. Peter Handkes *Über die Dörfer* in Salzburg. In: Die Welt, 10.8.1982.

17 Peter Handke: Die Unvernünftigen sterben aus. Frankfurt a.M. 1973, 53. Das 1974 unter der Regie von Horst Zankl in Zürich uraufgeführte Stück stellt in Handkes Œuvre ein eigenwilliges Dokument des Übergangs dar: Im Gegensatz zu seinen früheren Arbeiten für das Theater folgt *Die Unvernünftigen sterben aus* der Bauform eines traditionellen Bühnenstücks, weist ein Personenregister, kursiv gesetzte Szenenanweisungen und klar einzelnen Figuren zugeordnete Redeanteile auf. Die lange Passage aus Adalbert Stifters Erzählung *Der Hagestolz*, die der Diener Hans dem Unternehmer Quitt gegen Ende des ersten Aktes vorliest (vgl. ebenda, 49–53), verweist indes schon auf die Bedeutung narrativer Elemente in Handkes späteren Theaterstücken. Zur Funktion dieser Leseszene vgl. Norbert Gabriel: Peter Handke und Österreich. Bonn 1983 (= Abhandlungen zur Kunst-, Musik- und Literaturwissenschaft 334), 153f.

Interview im Nachrichtenmagazin *stern*. „Es wendet sich aggressiv gegen den Schwindel dieser Existenz, in der die meisten Kulturjournalisten dahinvegetieren."[18]

In *Über die Dörfer* ergeben sich nur selten Dialoge im Sinne rascher Sprecherwechsel; Handke hat diesbezüglich auf die Nähe seines literarischen Verfahrens zur antiken Dramatik hingewiesen: Weil das „Dialogschreiben" ihm nicht entspreche, habe ihm, so der Autor, „die Lektüre der griechischen Dramatiker" bei der Neuausrichtung seiner Theaterästhetik „geholfen", da auch diese „ganz lange, ausführliche Wechselreden bevorzugen": „Ich habe das nicht nachgeahmt, doch es hat mich bestärkt in meiner Natur."[19] So berichtet Gregor gleich im ersten Akt des Stücks raumgreifend von den Verhältnissen seiner Familie, unterbrochen nur von einem einzigen Satz seines Gegenübers, der ihn zum Weitererzählen auffordert. Später gehen lange Redepassagen einzelner Figuren ineinander über, indem einer, wie es gleich zweimal in einer Regieanweisung heißt, *„den Singsang"* des anderen aufnimmt und ihn weiterführt, bevor sich der Singsang schließlich zu einer *„Art Hymnus"* steigert, *„in den die übrigen dann einfallen"*.[20] „Im dramatischen Gedicht", notiert Handke während der Arbeit an *Über die Dörfer*, „müßten sich die Personen aneinander wenden können, so wie einst die Helden an die Götter: das wäre die natürliche Dramaturgie, ohne die Dialog- und Handlungstricks des eingebürgerten Theaters".[21] Die traditionsreiche Gattungsbezeichnung wird am Ende des Stücks explizit aufgegriffen, wenn Nova ihren Schlussmonolog selbst als ein ‚dramatisches Gedicht' ankündigt: „Doch seid gewiß: aus mir spricht der Geist des neuen Zeitalters, und der sagt euch jetzt folgendes. Ja, es gibt die Gefahr: und nur dadurch kann ich reden, wie ich reden werde: im Widerstand. So hört jetzt mein Dramatisches Gedicht."[22] Ihre Widerrede gegen die Phantasie- und „Illusionslosen", gegen das „Zweitgeschwätz" und das „Geleier von den Nachgeborenen", die auch als Einspruch gegen Theoriebildung und Ästhetik der Postmoderne zu verstehen ist[23],

18 Renate Poßarnig: „Ich möchte nicht verehrt werden". [Gespräch mit Peter Handke.] In: stern, Nr. 40, 30.9.1982.

19 Herbert Gamper: Die Natur bestärken. Gespräch mit Peter Handke über Aischylos, das Übersetzen, das Schreiben. In: Die Presse [Literaricum], 16./17.8.1986. In diesem Sinne notiert Handke im Laufe der Arbeit an *Über die Dörfer*: „Drama: Jeder muß eingehen auf das, was der andere sagt – und darf doch nie direkt, dialoghaft, technisch darauf antworten (noch einmal: Wechselreden statt Dialoge)" (Peter Handke: Die Geschichte des Bleistifts. Salzburg/Wien 1982, 243).

20 Handke, Über die Dörfer (Anm. 12), 44–47.

21 Handke, Die Geschichte des Bleistifts (Anm. 19), 238.

22 Handke, Über die Dörfer (Anm. 12), 96. Vgl. dazu Polt-Heinzl, „Alle sind im Recht" (Anm. 15), 141, die in dieser Ankündigung eine ähnliche Struktur erkennt wie in der Einleitung der einschlägigen Passage gegen Ende der *Publikumsbeschimpfung*: „Zuvor aber werden Sie noch beschimpft werden." (Handke, Publikumsbeschimpfung [Anm. 2], 43)

23 Hans-Thies Lehmann: Postdramatisches Theater. Frankfurt a.M. 1999, 91, schlägt Handkes Sprechstücke zwar der „Genealogie des postdramatischen Theaters" zu, Handke selbst jedoch hat sich wiederholt sowohl gegen die Zuordnung zur Postdramatik verwehrt als auch gegen die Ästhetik der Postmoderne in toto ausgesprochen: „Das [i.e. ‚Postdramatik'] ist ein Modewort. Ich bin ein völlig altmodischer Theaterschreiber, naiv in einer gewissen Weise." (Barbara Petsch: „Ich habe eine Sympathie für die Schmiere!" [Gespräch mit Peter Handke.] In: Die Presse, 23.2.2016) Zuletzt hat Klessinger, Postdramatik (Anm. 3), bes. 26f., Handkes Theaterstücke einer postdramatischen Ästhetik zugerechnet.

endet, indem sie dem Publikum die utopische Heils- und Friedensbotschaft des Stücks zur Nachfolge und Beherzigung anempfiehlt:

> Die Form ist das Gesetz, und das Gesetz ist groß, und es richtet euch auf. Der Himmel ist groß. Das Dorf ist groß. Der ewige Friede ist möglich. Hört die Karawanenmusik. Zieht dem allesdurchdringenden, allesumfassenden, alles würdigenden Schall nach. Richtet euch auf. Abmessend-wissend, seid himmelwärts. Seht den Pulstanz der Sonne und traut euerm kochenden Herz. Das Zittern eurer Lider ist das Zittern der Wahrheit. Laßt die Farben erblühen. Haltet euch an dieses dramatische Gedicht. Geht ewig entgegen. Geht über die Dörfer.[24]

Kurz vor dem Eintrag, der im Journalband *Die Geschichte des Bleistifts* (1982) das „dramatische Gedicht" als „beendet" anzeigt, notiert Handke einen Satz, dessen Pathos zunächst anmaßend wirkt, als Resultat einer künstlerischen Entwicklung aber durchaus folgerichtig ist: „Ich ging wieder an den Stadtrand, sah dort die Kinder und sehnte mich, eine Literatur zu schaffen, die tatsächlich die Nachkommen segnen könnte."[25] Die Emphase des Erzählens, die hier wie auch an anderen Stellen in Handkes Werk Anleihen im Fundus religiösen Sprechens nimmt, hat im Schlussmonolog der Nova, den der Autor selbst rückblickend eine „Predigt" genannt hat[26], seinen exemplarischen Ausdruck gefunden. Die gemeinschafts- und friedensstiftende Funktion des Erzählens sollte Handke auch in Zukunft nicht nur in genuin *narrativen* Genres erproben[27], sondern gerade auch auf der Theaterbühne in Szene setzen.

---

24 Handke, Über die Dörfer (Anm. 12), 105f. In *Die Geschichte des Bleistifts* notiert Handke zum abschließenden Monolog der Nova: „Am Schluß des Dramas wird es zur Apotheose der Kunst kommen (und mit ihr der Menschen); eine Göttin soll erscheinen und den Trost verkünden, so wie einst: ‚Nicht bestimmt ist es, daß dein und mein Geschlecht so ganz vernichtet sei...' – Ja, so aus der Tiefe der Erde und der Meere, wie da Thetis den Peleus am Ende zum Gott erklärt, müßte auch jetzt wieder frisch gesprochen werden: ein Schauspiel für Götter (und arme Menschlein)" (Handke, Die Geschichte des Bleistifts [Anm. 19], 231). Dazu ausführlich Miriam Haller: Das Fest der Zeichen. Schreibweisen des Festes im modernen Drama. Köln u.a. 2002 (= Kölner Germanistische Studien N.F. 3), 223–235.

25 Handke, Die Geschichte des Bleistifts (Anm. 19), 247. Kurz zuvor hatte Handke in seinem Journal festgehalten, er wolle in seinem Schreiben nicht „prophezeien, aber erzählen wie ein Prophet" (ebenda, 236).

26 Volker Hage, Mathias Schreiber: „Gelassen wär' ich gern". Der Schriftsteller Peter Handke über sein neues Werk, über Sprache, Politik und Erotik. In: Der Spiegel, Nr. 49, 5.12.1994, 170–176.

27 Prominent etwa am Ende der *Winterlichen Reise*, wo das Erzählen und das „Poetische" als einzig nachhaltige Chance der Friedensstiftung und als „Versöhnungsmöglichkeit" entworfen und gegen die Sprache des Journalismus in Stellung gebracht werden: „Wie das? Was ich hier aufgeschrieben habe, war neben dem und jenem deutschsprachigen Leser genauso dem und jenem in Slowenien, Kroatien, Serbien zugedacht, aus der Erfahrung, daß gerade auf dem Umweg über das Festhalten bestimmter Nebensachen, jedenfalls weit nachhaltiger als über das Einhämmern der Hauptfakten, jenes gemeinsame Sich-Erinnern, jene zweite, gemeinsame Kindheit wach wird." (Peter Handke: Eine winterliche Reise zu den Flüssen Donau, Save, Morawa und Drina oder Gerechtigkeit für Serbien. Frankfurt a.M. 1996, 133f.)

III.

Ein wichtiges Feld von Handkes Beschäftigung mit der Episierung des Theaters stellen seine ‚stummen Stücke' dar: Es handelt sich dabei um Bühnenarbeiten, die nicht nur die Zuordnung der Redebeiträge zu einzelnen Figuren aufheben – wie das in den ‚Textflächen' Jelineks der Fall ist[28] – oder das Prinzip der Dialogizität verabschieden, sondern wortlose Handlungen auf der Bühne beschreiben. Einen ersten einschlägigen Versuch Handkes stellt das 1968 verfasste und im Januar 1969 unter der Regie von Claus Peymann uraufgeführte Stück *Das Mündel will Vormund sein* dar. Aufgrund des geringen Umfangs erschien der Text nicht als selbstständige Buchpublikation, sondern zunächst in der Zeitschrift *Theater heute* und später in diversen Sammelpublikationen, etwa dem ikonischen ‚Handke-Reader' von 1969 oder im Band *Stücke 2* (1973). Lediglich in einem 1971 im Kleinoffsetdruck hergestellten Heft, das wohl als Textgrundlage für einzelne Aufführungen diente, trägt *Das Mündel will Vormund sein* die Gattungsbezeichnung „Stück ohne Worte" (Abb. 1). Der Beginn des Theatertextes erweckt auf den ersten Blick den Eindruck, es handle sich um eine Regieanweisung im herkömmlichen Sinn:

> Der Vorhang geht auf.
> Es ist ein sonniger Tag.
> Im Hintergrund der Bühne sehen wir, als Hintergrund der Bühne, die Vorderansicht eines Bauernhauses.
> Die Bühne ist nicht tief.
> Die linke Seitenbegrenzung der Bühne, von uns aus gesehen, zeigt die Ansicht eines Maisfeldes.
> Die rechte Seitenbegrenzung der Bühne, von uns aus gesehen, wird durch die Ansicht eines großen Rübenfelds gebildet.
> Über beiden Feldern kreisen Vögel.[29]

Ostentativ vermengt der Text Aussagen, die der Illusion einer Repräsentation außertheatralischer Wirklichkeit auf der Bühne zuarbeiten – „Es ist ein sonniger Tag", „Über beiden Feldern kreisen Vögel" –, mit Sätzen, die diese Illusion unterlaufen und das Bühnengeschehen als ein dezidiert künstliches, inszeniertes ausstellen. Nicht nur durch die Verwendung der ersten Person Plural („sehen wir", „von uns aus gesehen") scheint die Stimme des Textes eine Identifikation mit dem Publikum herzustellen, sondern auch über den demonstrativen Wechsel zwischen Anerkennung und Nicht-Anerkennung der Bühnenillusion. Wie eine Zuschauerin im Parkett zwischen der Einwilligung in den ‚Illusionspakt' des Theaters und dem Bewusstwerden der Künstlichkeit des Spiels schwankt, weil sie die „Vorderansicht eines Bauernhauses" immer

---

28 Über Jelineks Theaterkonzept hat sich Handke wiederholt kritisch geäußert; vgl. etwa seine Vorbehalte gegenüber den „Textflächenhersteller[n]" in Peter Handke, Thomas Oberender: Nebeneingang oder Haupteingang? Gespräche über 50 Jahre Schreiben fürs Theater. Berlin 2014, 32. Vgl. auch Handkes Bemerkungen über die „Mode der sogenannten Textflächen" in: ... und machte mich auf, meinen Namen zu suchen. Peter Handke im Gespräch mit Michael Kerbler. Klagenfurt u.a. 2007, 39.

29 Peter Handke: Das Mündel will Vormund sein. In: Peter Handke: Stücke 2. Frankfurt a.M. 1973, 7–38, hier 9.

wieder als „Hintergrund der Bühne" erkennt, so changiert auch der Stücktext zwischen diesen beiden Sehweisen.[30]

Die Unterminierung der Repräsentation findet hier – anders als in der *Publikumsbeschimpfung* – jedoch lediglich im gedruckten Text, der der Aufführung zugrunde liegt, statt; das Spiel auf der Bühne ist ein stummes, pantomimisches, gestisches, sein dramaturgischer Hintersinn erschließt sich im Grunde nur mit einem Blick in die Textvorlage. Zudem wird durch die Unsicherheit der Beobachtungen, die das ‚Wir' des Textes formuliert, ein Modus des Sprechens eingeführt, der sonst dem Erzählen vorbehalten ist:

> Vor dem Bild des Bauernhauses sehen wir einen eigentümlichen länglichen Gegenstand stehen, von dem wir uns fragen, was er darstellen mag. / Ein Gummimantel, schwarz, bedeckt den Gegenstand einerseits ziemlich, andererseits hat er, obwohl er den Gegenstand bedeckt, sich nicht in allem der Form dieses Gegenstands angepaßt, so daß wir nicht erkennen können, was der Gegenstand auf der Bühne darstellt.[31]

Handke vollzieht in diesem „auktoriale[n] Stück"[32] den Blick einer Person im Zuschauerraum, genauer eines Zuschauerkollektivs, nach: „Jetzt, nachdem wir die anderen Einzelheiten ringsherum kurz aufgenommen haben", heißt es wenig später, „wenden wir uns wieder dieser Gestalt zu, die vor dem Bild des Hauses im Sonnenschein auf einem Schemel sitzt."[33] Kennt das Theater sonst lediglich Figuren, deren Kenntnis des Geschehens sich als eingeschränkt und unvollständig erweist, ist es hier gewissermaßen der ‚Erzähler' des Stücks selbst, der über die Vorgänge und Gegenstände auf der Bühne nicht vollends im Bilde ist und an seinen Wahrnehmungen zweifelt. Das in der Erzählliteratur etablierte, in vielfacher Variation ausgestaltete und in der Literaturwissenschaft eingehend erforschte Phänomen des unzuverlässigen Erzählens[34] wird hier von Handke versuchsweise ins Dispositiv eines Theaterstücks übersetzt und ästhetisch fruchtbar gemacht.

Mitte der 1970er Jahre begann Handke Notizen zu einem neuen stummen Stück anzufertigen. Zunächst unter Titeln wie „Der Staat und der Tod" oder „SCHULFREI" firmierend und in einer ersten Skizze in der Grazer Literaturzeitschrift *manuskripte* publiziert[35], mündeten die Notizen jedoch nicht in ein Theaterstück, bildeten aber die Keimzelle des 1977 im Salzbur-

30 Ursprünglich hatte Handke das Stück als „Der Augenzeuge" angekündigt, war von diesem Titel jedoch in der Folge abgegangen. Vgl. seine Ausführungen in Hans Bertram Bock: Alibi für Intendanten. AZ-Gespräch mit Peter Handke über seine neuen Projekte. In: Abend-Zeitung [München], 26.9.1968.

31 Handke, Das Mündel will Vormund sein (Anm. 29), 9.

32 Petra Meurer: Theatrale Räume. Theaterästhetische Entwürfe in Stücken von Werner Schwab, Elfriede Jelinek und Peter Handke. Berlin 2007 (= Literatur – Theater – Medien 3), 170.

33 Handke, Das Mündel will Vormund sein (Anm. 29), 10. Zur Uraufführung von *Das Mündel will Vormund sein* vgl. Kastberger/Pektor (Hg.), Die Arbeit des Zuschauers (Anm. 3), 79: „Das stumme Stück wurde beim Umbau der Szene wie in Kriminalfilmen von lauten Atemgeräuschen begleitet (als würde ein weiterer, über den Zuschauern stehender Beobachter, den man nicht sieht, aber hört, das Geschehen überblicken)."

34 Vgl. dazu grundlegend Matías Martínez, Michael Scheffel: Einführung in die Erzähltheorie. 7. Aufl. München 2007, 95–107, mit Blick auf Handke jetzt Klessinger, Postdramatik (Anm. 3), 210–213.

35 Vgl. Peter Handke: SCHULFREI oder: Der Staat und der Tod. In: manuskripte (1975), H. 50, 70–72.

ger Residenz Verlag erschienenen Journalbandes *Das Gewicht der Welt.* In der „Vornotiz" des Buches heißt es dazu:

> Diese Aufzeichnungen sind in der Form, wie sie hier erscheinen, nicht von vornherein geplant gewesen. Es wurde mit ihnen in der Absicht begonnen, sie in einen Zusammenhang zu bringen, etwa einer Geschichte oder, wie noch an der häufigen Beschreibung von bloßen Gesten am Anfang zu erkennen, eines (stummen) Theaterstücks.[36]

Hatte Handke die Ambition, ein weiteres stummes Stück zu schreiben, also zunächst zurückgestellt, ließ er den Plan doch nie vollends fallen: „Ich möchte ein ganz stummes Stück schreiben", so der Autor ein knappes Jahrzehnt später im Gespräch mit der Kulturjournalistin Karin Kathrein:

> Ein Stück ohne Sprache, nur durch das Dasein der Menschen, das Erscheinen, Weggehen, durch irgendwelche Handlungen, ohne pantomimisch zu werden. Ich hab' schon den Ehrgeiz, das Theater immer neu zu entdecken und dabei doch die Menschheit zu umfassen. Ich bin leider so zwanghaft. Parsifal zum Beispiel gefällt mir so als Figur. Diese Unfähigkeit zu fragen. Über die Kunst des Fragens ein Stück schreiben, das möcht' ich.[37]

Die zitierte Äußerung verweist zunächst auf den Ehrgeiz Handkes, „das Theater immer neu zu entdecken", immer neue Ausdrucksformen, zumal im Verhältnis von Dramatischem und Epischem, zu finden – ein Anspruch, den der Autor auch in Hinblick auf seine Prosatexte wiederholt formuliert hat. Darüber hinaus stellt Handke im Gespräch mit Kathrein aber auch zwei konkrete Theaterarbeiten in Aussicht: zuerst das Parsifal-Stück *Das Spiel vom Fragen* von 1989, dessen Buchausgabe das Problem der theatralischen Gattungen schon auf dem Umschlag akzentuiert: „Ein Lustspiel? Ein Traumspiel? Ein Singspiel? Ein Expeditionsbericht? Eine Live-Reportage? Eine Hintertreppen-Geschichte? Am Ende doch noch einmal ein Drama?"[38] (Abb. 2) Und drei Jahre später das zweite vollkommen ‚stumme Stück' Handkes, *Die Stunde da wir nichts voneinander wußten*, das im Mai 1992 unter der Regie von Claus Peymann am Theater an der Wien uraufgeführt wurde.

Es habe ihm, so Handke 1992 in einem Interview mit Sigrid Löffler, „lange vorgeschwebt", noch einmal ein Stück zu schreiben, „in dem nix geredet wird"[39], und er hat diese Idee im selben

36 Peter Handke: Das Gewicht der Welt. Ein Journal (November 1975 – März 1977). Salzburg 1977, 5.

37 Karin Kathrein: „Ich erkenne mich lieber im edlen Umriß". Peter Handke zum Schreiben und zur Kunst. In: Die Presse, 5./6.1.1985.

38 Peter Handke: Das Spiel vom Fragen oder Die Reise zum sonoren Land. Frankfurt a.M. 1989, Umschlag, Rückseite. – Eleonora Pascu: Unterwegs zum Ungesagten. Zu Peter Handkes Theaterstücken *Das Spiel vom Fragen* und *Die Stunde, da wir nichts voneinander wußten* mit Blick über die Postmoderne. Frankfurt a.M. u.a. 1998, 51, hat gemutmaßt, dass es sich bei den auf dem Umschlag der Erstausgabe vorgeschlagenen „Etikettierungen" um ein bloßes „Irreführungsmanöver" handelt. „Zugleich" jedoch zeige die „Aufzählung, daß es sehr schwierig ist, die Form des Dramas zu definieren, die ein Konglomerat von Gattungen aufzuweisen hat. Die Textur bewegt sich zwischen den tradierten Formen der Tragödie und Komödie, auf der Suche nach einer neuen Art Theater."

39 Sigrid Löffler: „Durchs Reden zugrunde gerichtet". [Gespräch mit Peter Handke.] In: profil, 4.5.1992, 96–97, hier 96.

Jahr, erneut im Gespräch mit Karin Kathrein, noch einmal bekräftigt und werkgeschichtlich verortet: „Ich hab' ja lang darauf hingedacht und bin schon einmal gescheitert damit. Ich hab' vor fünfzehn Jahren mit einem stummen Stück angefangen, da ging's einfach nicht. Ich hab' die Verknüpfung der Vorgänge nicht geschafft. Das wurde dann symbolisch, was ja sehr gefährlich ist. Aber diesmal, glaube ich, bin ich da um die Ecken herumgekommen."[40] Knapp zehn Jahre zuvor hatte Handke in poetologischen Notaten darüber nachgedacht, ob die „uns heute entsprechende Epik" statt „‚Personen der Handlung'" nicht vielmehr „‚Passanten'" zum Gegenstand haben müsse: „Es gäbe da keine Verwicklungen mehr, nur die Beschreibung einer Mehrzahl von Passanten, und diese Beschreibung stünde für sich und leuchtete?"[41] Während Handke diese Idee, sich literarisch einer „vorbeigehenden Menschheit" zu widmen, zunächst in Prosatexten wie der *Geschichte der Kopfbedeckungen in Skopje* umsetzte[42], ist *Die Stunde da wir nichts voneinander wußten* als Realisierung dieser Idee für das Theater zu verstehen; im Gegensatz zu Samuel Becketts streng durchkomponierter und nachgerade geometrisch gestalteter Performance *Quad* (1981/1984) gehorchen die Bewegungen und Aktionen auf der Bühne viel stärker einem Prinzip freier poetischer Imagination. Schon der Beginn von Handkes „Schauspiel" – so die mehrdeutige Gattungsbezeichnung des Stücks – präsentiert sich als Auftakt einer Choreographie:

> Die Bühne ist ein freier Platz im hellen Licht.
> Es beginnt damit, daß einer schnell über ihn wegläuft.
> Dann aus der anderen Richtung noch einer, ebenso.
> Dann kreuzen zwei einander, ebenso, ein jeder in kurzem, gleichbleibendem Abstand gefolgt von einem dritten und vierten, in der Diagonale.[43]

Im Queren der Bühne ergeben sich zwischen den Schauspielern, die selbst nie sprechen, ja sogar ihrem „Jauchzen und Jubeln" „ohne Worte" Ausdruck verleihen[44], diverse Beziehungen und Konflikte; wie bereits in *Das Mündel will Vormund sein* ist der Text im Grunde die Erzählung einer imaginierten Theateraufführung, eines Bühnengeschehens, das ganz vom Blick-

40 Kathrein/Handke, „Ich wär' so gern skrupellos" (Anm. 5), 12.

41 Peter Handke: Phantasien der Wiederholung. Frankfurt a.M. 1983, 62. Kurz zuvor war Botho Strauß' Prosaband *Paare, Passanten* (1981) im Hanser Verlag erschienen; zur Nähe zwischen Handke und Strauß vgl. Dorothee Fuß: „Bedürfnis nach Heil". Zu den ästhetischen Projekten von Peter Handke und Botho Strauß. Bielefeld 2001, sowie die Erläuterungen in Herwig Gottwald, Andreas Freinschlag: Peter Handke. Wien u.a. 2009, 76f.

42 Peter Handke: Geschichte der Kopfbedeckungen in Skopje. In: Peter Handke: Noch einmal für Thukydides. Salzburg/Wien 1995, 37–39, hier 37. Zunächst wurde der Text 1992 unter dem Titel *Noch einmal für Jugoslawien* in der *taz* sowie im Band *Langsam im Schatten* gedruckt.

43 Peter Handke: Die Stunde da wir nichts voneinander wußten. Ein Schauspiel. Frankfurt a.M. 1992, 7.

44 Ebenda, 57. Vgl. auch ebenda, 56: „Und so wird er gleich zu sprechen anheben, setzt an zum Schwung, zeichnet mit den Händen, welche skandieren, mit Armen, welche himmelauffahren, mit den schnellenden Schultern, mit dem wiegenden Kopf, den sich lautlos einspielenden Lippen, sich blähenden Nasenflügeln, sich wölbenden Brauen, zwischendurch gar einem Hüftwackeln, den Verlauf seiner Rede vor."

punkt, von der Perspektive eines Erzählers abhängig ist[45], der nur an einer einzigen, gleichwohl bezeichnenden Stelle als ‚Ich' auftritt:

> Ebenso dann ein Mann, es könnte der als Japaner von vorhin sein, wie er, einen Bergstock in der Faust, eine Weißhaarige auf seinem Rücken schleppt; ein Jüngling mit einem Palm- oder Farnwedel; zwei, drei, die im Dahingehen aus Feldflaschen trinken; einer als Moses, vom Sinai zurückkehrend mit den Gesetzestafeln; [...] und eine Schönheit wiederum, welche, zunächst nur von hinten sichtbar, sich plötzlich nach mir! umdreht.[46]

Am Ende der geschilderten Aufführung herrscht zunächst ein „allgemeines stetiges Kreuz- und Quergehen", bis sich eine erste Person aus dem Publikum zu dem „Umzug" auf der Bühne „gesellt", jedoch nur „für ein paar Augenblicke, die er auf der Szene herumirrt wie ein Hund oder ein Hase auf einem Fußballfeld, und flüchtet".[47] Kurz darauf „schwingt sich" ein weiterer Zuschauer „auf die Szene und probiert das Mitgehen", bevor ein anderer Zuschauer sich in den „unentwegten Zug" der Schauspieler schon „vollkommen selbstverständlich" einreiht: „Kommen und Gehen, Kommen und Gehen."[48] Hatten die Sprecher von Handkes *Publikumsbeschimpfung* die Einebnung der Grenze zwischen Bühne und Zuschauerraum thesenhaft als Notwendigkeit einer zeitgemäßen Dramatik postuliert, wird diese Grenzüberschreitung in der erzählten Aufführung von *Die Stunde da wir nichts voneinander wußten* am Ende des Textes ganz „selbstverständlich" in Szene gesetzt.

Um ein ‚stummes Stück' handelt es sich indes nur „insofern, als die Figuren auf der Bühne [...] nichts reden und stattdessen nichts anderes tun, als in der einen oder anderen Weise einen öffentlichen Platz zu queren. Die Beglaubigung der Szene aber liegt", so Klaus Kastberger, „in der Erzählung des Autors".[49] Daraus ergibt sich, wie auch bei anderen Theaterarbeiten Handkes, nicht zuletzt die Frage der Inszenierung: Viele Regisseure, so etwa der Choreograph Marco Santi, haben Handkes Text als „perfekte Vorlage" für ein „Tanztheaterstück" verstanden[50], wobei die eminent *erzählerische* Faktur des Buchtextes weitgehend zum Verschwinden gebracht wird.[51] Als Prosaerzählung einer Theateraufführung ist *Die Stunde da wir nichts voneinander*

45 Vgl. dazu die detaillierte Analyse von Meurer, Theatrale Räume (Anm. 32), 174–182.

46 Handke, Die Stunde da wir nichts voneinander wußten (Anm. 43), 33. Vgl. dazu Meurer, Theatrale Räume (Anm. 32), 173: „Das Rufzeichen signalisiert binnenfiktional wie ein Ausruf das freudige Erschrecken des ‚Zuschauers' und auf abstrakter Kommunikationsebene stellt es zudem die Bedeutung dieser Stelle – als Hinweis auf den vermittelnden Beobachter – graphisch heraus." Zu dieser Stelle auch Klessinger, Postdramatik (Anm. 3), 56, 210.

47 Handke, Die Stunde da wir nichts voneinander wußten (Anm. 43), 63.

48 Ebenda, 63f.

49 Klaus Kastberger: Lesen und Schreiben. Peter Handkes Theater als Text. In: Kastberger/Pektor (Hg.), Die Arbeit des Zuschauers (Anm. 3), 35–48, hier 40. Zur Struktur des Stücks vgl. auch Petra Heyer: Von Verklärern und Spielverderbern. Eine vergleichende Untersuchung neuerer Theaterstücke Peter Handkes und Elfriede Jelineks. Frankfurt a.M. u.a. 2001 (= Bochumer Schriften zur deutschen Literatur 59), 111–119.

50 So die Aussage des Regisseurs im Zuge seiner Inszenierung von *Die Stunde da wir nichts voneinander wußten* am Theater St. Gallen (2003); https://www.youtube.com/watch?v=vKB71jXSwJk [Stand: 15.6.2020].

51 Zur Aufführungsgeschichte des Stücks vgl. Meurer, Theatrale Räume (Anm. 32), 185–197; Klessinger, Postdramatik (Anm. 3), 213–215.

wußten ausdrücklich für eine Realisation auf der Bühne geschrieben. Als fortlaufender Text verfasst, der klar einer einzigen Beobachterfigur zuzuordnen ist, welche das Geschehen auf einer fiktiven Bühne beschreibt, stellt Handkes ‚stummes Stück' einen eigenwilligen Grenzfall zwischen literarischem und theatralischem Diskurs dar.[52]

IV.

Er sei, so Peter Handke 2009, „auch als Stückeschreiber episch, also nicht im Sinn von Brecht, sondern ein epischer Dramatiker, im Grunde gibt es da keinen Unterschied".[53] Bereits der Beginn seiner Laufbahn als Theaterautor stand im Zeichen einer polemischen Auseinandersetzung mit Bertolt Brecht[54], nun vollzog sich auch Handkes Wendung zu einer Episierung des Theaters vor der negativen Folie des epischen Theaters Brecht'scher Prägung. Hatte er in den 1960er Jahren dessen literarische Verfahren vehement kritisiert, weil die „Brechtsche Desillusionierung" – so Handkes wiederholter Vorwurf – „zum Desillusionieren immer Illusion nötig" habe[55], interessierte er sich in der Folge zwar zunehmend für die Beziehungen zwischen „Dramatische[r]" und „Epische[r] Form des Theaters" sowie für mögliche Grenzüberschreitungen zwischen den beiden Sphären[56], betonte dabei aber stets seine Vorbehalte gegenüber gängigen, auf Brecht rekurrierenden Konzepten epischer Dramatik. „Die naturalistischen Formen zerdenken, bis sich die didaktischen, zeigenden (Brecht) ergeben; die didaktischen Formen zerdenken, bis sich mythische ergeben (mein Schreiben)"[57], notiert Handke im März 1977 im Journal *Das Gewicht der Welt*, stellt also als Erweiterung und Überwindung der Didaxe[58] des

52 Dazu im Detail Klessinger, Postdramatik (Anm. 3), 197 und 204–208.

53 „Es gibt die Schrift, es gibt das Schreiben." Peter Handke im Gespräch mit Klaus Kastberger und Elisabeth Schwagerle in seinem Haus in Chaville, 1. April 2009. In: Klaus Kastberger (Hg.): Peter Handke. Freiheit des Schreibens – Ordnung der Schrift. Wien 2009 (= Profile 16), 11–30, hier 25.

54 Vgl. dazu jetzt Klessinger, Postdramatik (Anm. 3), 45f.

55 Handke, Ich bin ein Bewohner des Elfenbeinturms (Anm. 8), 27. Dazu auch Harald Gschwandtner: Peter Handkes epitextuelle Werkpolitik. In: Martin Gerstenbräun-Krug, Nadja Reinhard (Hg.): Paratextuelle Politik und Praxis. Interdependenzen von Werk und Autorschaft. Wien 2018, 271–292, bes. 281–284. In einem Fragebogen antwortete Handke auf die Frage nach Gemeinsamkeiten mit Brecht im Gestus eines abgeklärten Provokateurs: „Die gleiche Zahl von Buchstaben im Nachnamen und den Verleger." (Günther Büch: Zwanzig Fragen an Peter Handke. In: Städtische Bühnen Oberhausen. Programmheft Spielzeit 1966/1967, 12) Katrin Kohl: Poetologische Metaphern. Formen und Funktionen in der deutschen Literatur. Berlin/New York 2007, 465, zufolge wurde „[d]ie Auseinandersetzung mit Brechts Dramenpoetik [...] vor allem in den sechziger Jahren zu einem bedeutenden Antrieb für die Reflexion über das Theater als Ort" – eine Diskussion, an der auch Handke intensiv partizipierte.

56 Bertolt Brecht: Das moderne Theater ist das epische Theater. Anmerkungen zur Oper *Aufstieg und Fall der Stadt Mahagonny*. In: Bertolt Brecht: Schriften zum Theater. Über eine nicht-aristotelische Dramatik. Berlin/Frankfurt a.M. 1957, 13–28, hier 19.

57 Handke, Das Gewicht der Welt (Anm. 36), 321.

58 Vgl. in diesem Zusammenhang auch Handkes Vorwurf an Bazon Brock, in seiner Theaterästhetik „zu banal didaktisch" zu agieren (Peter Handke: Der Dramaturgie zweiter Teil. Die „experimenta 3" der Deutschen Akademie der darstellenden Künste in Frankfurt. In: DIE ZEIT, Nr. 24, 13.6.1969, 24).

epischen Theaters eine andere, „mythische" Form desselben in Aussicht: Seine Erforschung eines „neuen epischen Theaters"[59] entwickelte Handke, wie etwa Nicole Perry gezeigt hat, „in opposition to Bertolt Brecht's ideas of epic theatre"[60], und er fand dafür in Claus Peymann einen kongenialen Verbündeten; in einem kurzen Essay würdigte Handke Peymann 2008 als Regisseur eines „[e]pische[n] Theater[s]", das dieser freilich „anders als in dem bekannten, zeigefingerkleinen, dogmatischen Sinn" interpretiert habe.[61]

Die Frage, auf welche Weise sich ein neues ‚episches Theater' realisieren ließe, begann Handke in jenen Jahren, in denen *Über die Dörfer* Form annahm, immer stärker zu beschäftigen: „Gleichmäßig episch bleiben und doch ein Drama schreiben", notiert Handke um 1980 im später unter dem Titel *Die Geschichte des Bleistifts* publizierten Journal.[62] In den Theaterarbeiten der folgenden Jahrzehnte hat Handke versucht, diesem Anspruch gerecht zu werden; in seinen Stücken ist, wie Eleonora Ringler-Pascu bemerkt hat, eine „permanente Akzentverschiebung auf das Erzählerische hin"[63] zu beobachten. Zunehmend treten dabei nicht nur, wie in *Über die Dörfer*, einzelne Figuren als Erzähler und Erzählerinnen auf, sondern die Stücke als Ganze folgen einem erzählerischen Gestus, einer narrativen Organisation der Handlungen und Konflikte. In einem Gespräch mit Peter Hamm hat Handke, mit Blick auf das *Spiel vom Fragen* (dessen Titel in der Taschenbuchausgabe in *Die Kunst des Fragens* geändert wurde), sein ambivalentes Verhältnis zum ‚Dramatischen' folgendermaßen umrissen:

> Ich habe keine Dramaturgie – das stimmt, da haben die großen Kritiker recht –, ... kaum Intrigen, ich erzähle episch mit dramatischen Figuren. Und das gefällt mir, das entspricht mir. [...] Ich finde meine Stücke sind, anders als bei Brecht, episches Theater, aber wirklich episches, nicht so ein dogmatisches episches

---

59 Kastberger, Lesen und Schreiben (Anm. 49), 40.

60 Nicole Perry: „Einmal die Heimat verloren – für immer die Heimat verloren": Peter Handke's *Immer noch Sturm* and the Search for Home and Identity. In: John L. Plews, Diana Spokiene (Hg.): Translation and Translating in German Studies. Waterloo 2016, 203–217, hier 204.

61 Peter Handke: Der Hervorrufer Claus Peymann. In: Peter Handke: Tage und Werke. Berlin 2015, 20–22, hier 21.

62 Handke, Die Geschichte des Bleistifts (Anm. 19), 243. Hans Höller: Peter Handke. Reinbek b. Hamburg 2007, 96, zufolge handelt es sich bei *Über die Dörfer* um „episches Theater, aber episch in einem andren Sinn, mit mehr Platz für die Tradition der großen alten Epen, für andere Rhythmen". Handkes Distanzierung von Brecht charakterisiert Höller als „ein notwendiges, produktives Missverstehen", das Handke dazu gedient habe, „den eigenen künstlerischen Weg zu finden" (ebenda, 95). Im Abstand von drei Jahrzehnten hat Handke *Über die Dörfer* selbst als „[b]reites episches Theater" beschrieben, wobei die folgende Schilderung deutlich macht, dass damit nicht Brechts episches Theater gemeint ist: „Man erzählt das Land, man erzählt Dorfmenschen, man erzählt das Verschwinden eines Dorfes. Man ließ sich Zeit. Man erzählte. Und während des Erzählens ging das Dach der Felsenreitschule auf, und über die Stunden fielen langsam die Herbstblätter herein. Das war schön." (Peter Handke im Gespräch mit Hubert Patterer und Stefan Winkler. Graz 2012, 66) Zum Konzept eines ‚produktiven Missverstehens' vgl. auch Harold Bloom: Eine Topographie des Fehllesens. Frankfurt a.M. 1997.

63 Eleonora Ringler-Pascu: „Was ein Weg ist, weiß nur wer auf dem Weg ist, oder wer ihn träumt". Betrachtungen zu Handkes-Theatertrilogie [sic]. In: Arnulf Knafl, Wendelin Schmidt-Dengler (Hg.): Unter Kanonverdacht. Beispielhaftes zur österreichischen Literatur im 20. Jahrhundert. Wien 2009, 99–119, hier 100.

Theater. Ich bin froh über meine Stücke. Eine Zeitlang habe ich gedacht, Theater entspreche mir nicht; stimmt schon, das habe ich von mir gegeben. Aber inzwischen freue ich mich an allen meinen Stücken.[64]

Bis heute kommt Handke in poetologischen Kommentaren ein ums andere Mal auf die Herausforderung zu sprechen, eine „andere Möglichkeit" zu finden, um „eine Geschichte im Theater" nicht nur dramaturgisch zu entwerfen, sondern „zu erzählen";[65] er sei, so Handkes wiederholt formulierter Anspruch, auf der Suche nach einem neuen Zugang zur Episierung der Dramatik: „Ich möchte auch ein episches Theater, aber ein anderes als Brecht."[66]

Ähnlich wie *Die Stunde da wir nichts voneinander wußten* erweckt auch *Spuren der Verirrten*, 2006 erschienen und 2007 vom Berliner Ensemble uraufgeführt, zunächst den Eindruck einer ausgreifenden, weit ausschwingenden Szenenanweisung. Diese wird – noch expliziter als im ‚stummen Stück' – von einer Erzählerfigur gesprochen, die ihre Subjektivität, ihr Nicht-Verfügen über das auf der Bühne ablaufende Geschehen beständig thematisiert. Gleich eingangs gibt sie sich als bloßer Zuschauer der Bühnenhandlung zu erkennen; im ersten Abschnitt, der durch die Konjunktion „Und" unmittelbar an frühere Texte anzuschließen scheint, erläutert sie ihre „Rolle" folgendermaßen:

Und wieder die Gehenden, jeweils zu zweit, als eine Art Paar, jedesmal ein verschiedenes. Von Zeit zu Zeit ist dann auch ein Dritter mit ihnen. Und wieder die auf der einen Seite Auftretenden, auf der anderen Seite Abgehenden […]. Und wieder habe auch ich meinen Platz eingenommen, als Zuschauer. Seit jeher habe ich nichts getan als zuschauen. Und inzwischen ist das meine Rolle geworden.[67]

Wie im ‚stummen Stück' von 1992 sind auch hier die Aktionen auf der Bühne vom Auftreten, vom Passieren und zeitweiligen Interagieren namenlos bleibender Passanten geprägt, die nun jedoch auch verbal miteinander kommunizieren. Die Erzählung des Zuschauers gibt die Vorgänge nicht, wie etwa eine Regieanweisung, objektiv und in chronologischer Ordnung wieder, sondern trägt zuvor Unterschlagenes nach, ist von der Gleichzeitigkeit der Geschehnisse auf der Bühne überfordert und streicht die Subjektivität der geschilderten Wahrnehmung wiederholt hervor:

Und gleich wieder die beiden, oder andere zwei. Ich habe im übrigen vergessen, zu erwähnen, daß sie ab einer bestimmten Szene – welcher, ist mir entfallen – nicht mehr allein dahingegangen sind, sondern mit

64 Peter Handke, Peter Hamm: Es leben die Illusionen. Gespräche in Chaville und anderswo. Göttingen 2006, 150f.

65 Peter von Becker: „Ich mag die Menschen nicht anfassen beim Schreiben …". In: Theater 1992. Das Jahrbuch der Zeitschrift *Theater heute* (1992), 11–21, hier 21: „Ich frage mich, ob es nicht andere Möglichkeiten gibt, eine Geschichte im Theater zu erzählen. Schreibend, von heute her." Dazu auch Heyer, Von Verklärern und Spielverderbern (Anm. 49), 135. In *Das Spiel vom Fragen* lässt Handke die Figur der Schauspielerin darüber klagen, „[d]aß all jene Wörter, mit denen die großen alten Geschichten erzählt wurden, und ohne die es keine Geschichten gibt, […] für uns Heutige Fremdwörter geworden sind […]."

66 Andres Müry, Stephan Sattler: „In den Rätseln bleiben!" Gespräch mit Peter Handke. In: Focus, Nr. 7, 12.2.2007.

67 Peter Handke: Spuren der Verirrten. Frankfurt a.M. 2006, 7.

mehreren anderen, fast einer Menge, einer eher alltäglichen, die nichts tat und tut, als stumm, ohne große Auffälligkeiten, ohne Verlangsamung und Beschleunigung, [...] an mir vorbeizuziehen [...].[68]

Der Großteil des Textes, der im Buch abgedruckt ist, wird auf der Bühne nie gesprochen; die direkten Reden der Figuren markiert der berichtende Zuschauer – deutliches Kennzeichen epischer Vermittlung – durch Inquit-Formeln, die die Dialoge strukturieren und in der Architektur des Stücks verorten:

> Dazu wiederholt der erste in einem fort: ‚Es tut mir leid', und zwischendurch auch: ‚Ich war ein Feigling', und auch: ‚Es soll nicht wieder vorkommen', und zuletzt: ‚Beim nächsten Mal ...', worauf der oder die Blutende im Abgehen innehält und antwortet: ‚Ein nächstes Mal wird es nicht geben. Nicht mit dir. Nicht mit mir. [...] Du da: nie wieder. Auszeit. Ausgespielt. Brüderlein fein, einmal muß geschieden sein.'[69]

Der zuletzt zitierte Satz verweist exemplarisch auf die Tradition des Wiener Volkstheaters, die für Handke von Beginn seines Schreibens an von zentraler Bedeutung ist.[70] Sie reicht von seiner frühen Beschäftigung mit Ödön von Horváth, dessen *Geschichten aus dem Wiener Wald* er 1970 für die Bibliothek Suhrkamp mit einem Nachwort versah[71], über seine Auseinandersetzung mit Johann Nepomuk Nestroy und Ferdinand Raimund bis hin zu Ludwig Anzengruber. Im Gespräch mit Michael Kerbler hat Handke diesen Zusammenhang auch über das Einzelzitat hinaus bekräftigt:

> Ich komme aus, wenn ich Stücke schreib, ich komme aus der – weniger Grillparzer, das ist mir zu hoch, obwohl ich den wirklich verehre – das Wort *verehren* sagt man zu oft, aber Grillparzer ist eine verehrungswürdige Gestalt –, ich komm erst, mehr noch als von Nestroy komm ich von Raimund her, also aus den ‚Zaubermärchen'; das ist ja im Grunde auch ein Zaubermärchen, die ‚Spuren der Verirrten'.[72]

Das *Spiel vom Fragen* hatte Handke schon Ende der 1980er Jahre neben Anton Tschechow und dem amerikanischen Regisseur John Ford auch Ferdinand Raimund gewidmet und die Figur des Mauerschauers an die historische Person des österreichischen Dramatikers angelehnt.[73]

---

68 Ebenda, 25f.

69 Ebenda, 12f.

70 Er stammt, obschon nicht wörtlich, aus Ferdinand Raimunds ‚Original-Zaubermärchen' *Das Mädchen aus der Feenwelt oder Der Bauer als Millionär*, aus dem Duett der allegorischen Jugend mit Fortunatus Wurzel: „Brüderlein fein, Brüderlein fein, / Zärtlich muß geschieden sein." (Ferdinand Raimund: Das Mädchen aus der Feenwelt oder Der Bauer als Millionär. Romantisches Original-Zaubermärchen mit Gesang in drei Aufzügen. Nachwort von Wilhelm Zentner. Stuttgart 1952, 45) Bereits in die Doppelconference von Mauerschauer und Spielverderber in *Das Spiel vom Fragen* von 1989 hatte Handke dieses Zitat aus Raimunds Stück eingearbeitet. Vgl. Handke, Das Spiel vom Fragen (Anm. 38), 148.

71 Vgl. Peter Handke: Totenstille beim Heurigen. In: Ödön von Horváth: Geschichten aus dem Wiener Wald. Volksstück in drei Teilen mit einer Nacherzählung von Peter Handke. Frankfurt a.M. 1970, 123–137.

72 Kerbler/Handke, ... und machte mich auf, meinen Namen zu suchen (Anm. 28), 42.

73 Vgl. Handke, Das Spiel vom Fragen (Anm. 38), [5].

V.

Lässt sich bereits *Die Stunde da wir nichts voneinander wußten* als „Erzählung einer imaginierten Aufführung“[74] verstehen, hat dieser Aspekt in Handkes Arbeiten für das Theater in den folgenden Dezennien nicht an Bedeutung eingebüßt; sein bekanntestes Theaterstück der letzten Jahre, *Immer noch Sturm* (2010), etwa hat Klaus Amann treffend als „Erzählung eines imaginierten Stücks“ beschrieben[75] – eine Charakterisierung, die, wie ich versucht habe zu zeigen, auch für andere Bühnentexte Handkes naheliegt, ja eine Grundkonstellation seiner Theaterarbeiten bezeichnet. Der Erzähler des Stücks – in der Salzburger Uraufführung verkörpert durch Jens Harzer – lässt als Alter Ego des Autors die Geschichte seiner Familie als „Traumspiel“ auferstehen und legt den Prozess der erzählerischen Imagination, die auch eine Form der ‚Verklärung‘ ist[76], deutlich offen; als flüchtiger Beleg sollen erneut die ersten Zeilen eines Stücks genügen:

> Eine Heide, eine Steppe, eine Heidesteppe, oder wo. Jetzt, im Mittelalter, oder wann. Was ist da zu sehen? Eine Sitzbank, eine eher zeitlose, im Mittelgrund, und daneben oder dahinter oder sonst wo ein Apfelbaum, behängt mit etwa 99 Äpfeln, Frühäpfeln, fast weißen, oder Spätäpfeln, dunkelroten. Sanft abschüssig erscheint diese Heide, heimelig. Wem erscheint sie so? Mir hier, im Augenblick. Ich habe sie vorzeiten, in einer anderen Zeit, gesehen, und sehe sie jetzt wieder, samt der Sitzbank, auf der ich einst mit meiner Mutter gesessen bin, an einem warmen stillen Sommer- oder Herbstnachmittag, glaube ich, fern vom Dorf, und zugleich in der Heimatgegend.[77]

Die Vorstufen von *Immer noch Sturm*, die im Literaturarchiv Salzburg aufbewahrt werden, zeigen, dass Handke sich bei der Ausarbeitung des Stücks von den äußeren, paratextuellen Markierungen eines Dramen-Textes verabschiedet hat: Die Gattungsbezeichnung „Tragödie in fünf Akten“ fiel dabei ebenso weg wie die Benennung der fünf Abschnitte des Buches als ‚Akte‘: „[S]o habe ich das Stück ursprünglich geschrieben: *Immer noch Sturm. Tragödie in fünf Akten*, ‚Erster Akt …‘. Und dann habe ich gedacht, das schüchtert so ein, und das ist ja auch ein bißchen ranzig, wenn man das so schreibt, nicht? Und dann habe ich alles weggetan, nur 1, 2,

---

74 Klessinger, Postdramatik (Anm. 3), 213.

75 Klaus Amann: „Ein Traum von Geschichte“. Zu einigen Voraussetzungen von Peter Handkes *Immer noch Sturm*. In: Anna Estermann, Hans Höller (Hg.): Schreiben als Weltentdeckung. Neue Perspektiven der Handke-Forschung. Wien 2014 (= Passagen Literaturtheorie), 17–46, hier 20. Vgl. Andrea Leskovec: Peter Handkes *Immer noch Sturm* oder zur Hintergehbarkeit der Festschreibung. In: Zagreber Germanistische Beiträge 22 (2013), 31–51, hier 31: „ein Text, der als erzähltes Drama oder als dramatische Erzählung bezeichnet werden könnte, vereint er doch sowohl dramatische als auch epische Gattungsmerkmale“. Dazu auch Harald Gschwandtner: „Fontane hat das vielleicht noch gekonnt“. Familiennarrativ und Gattungspolemik bei Peter Handke. In: Goran Lovrić, Marijana Jeleč (Hg.): Familie und Identität in der Gegenwartsliteratur. Frankfurt a.M. u.a. 2016, 199–218, bes. 211–214.

76 Zur „Kraft“ der „Verklärung“ in Handkes poetologischem Selbstverständnis vgl. Peter Handke: Aber ich lebe nur von den Zwischenräumen. Ein Gespräch, geführt von Herbert Gamper. Zürich 1987, 248, sowie bereits Handke, Über die Dörfer (Anm. 12), 59.

77 Peter Handke: Immer noch Sturm. Berlin 2010, 7. Vgl. Kastberger, Lesen und Schreiben (Anm. 49), 44, demzufolge der „Handlungsort des Stückes“ als ein „Ort der puren Erzählung“ zu verstehen ist. Zum Beginn des Stücktextes vgl. auch Leskovec, Peter Handkes *Immer noch Sturm* (Anm. 75), 35f.

3, 4, 5 steht da. Und ‚Tragödie' habe ich weggetan."[78] Auch der Klappentext der – wie alle anderen Theatertexte Handkes – im Suhrkamp Verlag erschienenen Erstausgabe weist *Immer noch Sturm* als Mischform aus „Prosa und Drama" aus, in der sich „Theatralisches und Poetisches" durchdringen und in der eine Vielzahl an „Spiel- und Redeformen" in Szene gesetzt wird.[79] Der in die Kapitel „EINS" bis „FÜNF" unterteilte Text lässt die im Personenverzeichnis als „Ich" apostrophierte Figur, die am Beginn jedes Abschnitts allein auf seiner Bank im Kärntner Jaunfeld sitzt, ein ums andere Mal „ins Erzählen" kommen[80], und erst dieses Erzählen ruft die anderen Protagonisten des Stücks hervor und lässt sie zu Akteuren eines Bühnengeschehens werden. Im Grenzbereich zwischen Prosa und Drama angesiedelt, entwirft *Immer noch Sturm* das Problem erzählerischer Selbst-Vergewisserung *als* dramatische Situation auf einer Theaterbühne. Die fortwährende „Meditation des Narrativen"[81], die Handkes Poetik seit Jahrzehnten in vielfältiger Form auszeichnet und prägt, greift hier wie auch in anderen Stücken des Autors auf das Feld des Theaters über, wobei die Trennlinie zwischen literarischem Erzählen und theatralischem In-Szene-Setzen zusehends unscharf wird.

Er habe, so Handke schon 1991 in einem Gespräch mit Ulrich Kurtz und Brigitte Espenlaub, grundsätzlich den „Impuls des Erzählens" in sich: „Und sogar in den Stücken, wenn ich ein Stück schreibe, versuche ich immer wieder, eine Erzählung hineinzubringen, als ob das Stück selber eine Erzählung sei."[82] Diese Priorisierung des Erzählerischen führt Handke auf sein Unvermögen auf dem Gebiet dramatischen Schreibens zurück. Er fühle sich „nicht fähig, ein Drama zu schreiben", weil dieses im traditionellen Verständnis „zu sehr aus Krieg, Intrige, Gewalt, Eifersucht, Verwicklung, Konflikt" bestehe:

> Da möchte ich lieber meine Finger davon lassen. Und trotzdem möchte man natürlich auch Dramen schreiben, so wie das ähnlich ist, daß man eine Erzählung schreiben möchte, ohne daß Konflikte stattfinden, ohne daß ... Verwicklungen ... Hochzeiten, Tod – alles Plötzliche wäre lästig, sträubt sich gegen das Schreiben. Das könnte ich mir jedenfalls vorstellen. Also in dem Sinne, sagen wir, ist ein Theaterstück und eine Erzählung für mich das gleiche.[83]

Sein bislang letztes Theaterstück, *Die Unschuldigen, ich und die Unbekannte am Rand der Landstraße*, weist im Verzeichnis der *dramatis personae* ein „Ich" aus, das im Verlauf der Bühnenhandlung zwischen der Rolle eines dramatischen und eines erzählerischen „Ich" changiert, wobei, wie es gleich eingangs heißt, die beiden *„nicht immer unterschieden"* sind, ja *„zeitweise"* in einer Figur verschmelzen (Abb. 3).[84] Das Stück – im Februar 2016 am Burgtheater, erneut

78 Handke/Oberender, Nebeneingang oder Haupteingang? (Anm. 28), 33.

79 Handke, Immer noch Sturm (Anm. 77), vorderer Klappentext.

80 Ebenda, 71.

81 Michler, Teilnahme (Anm. 14), 121.

82 Ulrich Kurtz, Brigitte Espenlaub: Im Rhythmus von Ruhe zu Ruhe. Aus einem Gespräch mit Peter Handke. In: Das Goetheanum. Wochenschrift für Anthroposophie, Nr. 40, 6.10.1991, Literatur-Beilage, 3–4, hier 4.

83 Ebenda.

84 Peter Handke: Die Unschuldigen, ich und die Unbekannte am Rand der Landstraße. Ein Schauspiel in vier Jahreszeiten. Berlin 2015, [6].

unter der Regie von Claus Peymann, uraufgeführt – stellt Handkes aktuellsten Versuch dar, literarisch die Schnittstelle von Epischem und Dramatischem zu erkunden und seine Arbeiten für das Theater im Übergangsbereich der etablierten Großgattungen zu verorten.[85] Zwischen poetologischer Selbstreflexion und offener Selbstparodie („Die Geschichte kommt mir bekannt vor", „X-mal erzählt"[86] etc.) oszillierend, entwirft das Stück die Prinzipien erzählerischen wie dramatischen Schreibens als widerstrebende Dimensionen in der Werkgeschichte des Autors Handke:

> Falsches Ende! Ende falsch, alles falsch. Wahr: Im Erzählen hast du bisher deinen Lebtag lang ein Ende gefunden, und wenn auch ein trauriges, so doch immer ein gutes – einen Ausklang. Aber das hier ist keine Geschichte, sondern ein Drama. Und noch nie, kein einziges Mal im Leben, ist mir, im Phantasieren eines Dramas, ein Ende geglückt. Und indem du dich hier ins Erzählen flüchtest, wird dieses Ende jetzt falscher denn je eins. Falscher Ausklang! Da wäre ein sang- und klangloses Ende noch besser, unserem Drama gerechter.[87]

Erproben Stücke wie *Das Mündel will Vormund sein* oder *Über die Dörfer*, im Rahmen ganz unterschiedlicher ästhetischer Verfahren, die Funktion erzählerischer Strukturen *im* Dramatischen, lässt sich spätestens an *Die Stunde da wir nichts voneinander wußten* eine entschiedene Hinwendung zur Episierung des Theaters ausmachen: eine Episierung, die – anders als bei Brecht – ausdrücklich *nicht* die analytische Durchdringung des Bühnengeschehens und die Anwendung der gewonnenen Erkenntnisse auf die gesellschaftliche Wirklichkeit im Blick hat, sondern viel stärker der Theaterästhetik eines Ferdinand Raimund, dem Spielerisch-Phantastischen und betont Poetischen, verpflichtet ist. Peter Handkes „Sehnsucht [...], das Dramatische mehr zu episieren"[88], geht dabei mit einem grundsätzlichen „Mißtrauen gegenüber den literarischen Gattungen"[89] bzw. gegenüber den mit ihnen verbundenen Beschränkungen und Erwartungshaltungen einher. Seinem Anfang der 1980er Jahre formulierten „Ideal", ein „[l]yrischer Epiker mit dramatischen Wendungen" zu sein[90], hat der Autor gerade in seinen Arbeiten für das Theater in immer neuen Anläufen gerecht zu werden versucht, und seine eigenwillige Neudefinition des ‚epischen Theaters' ist, wie ich versucht habe zu zeigen, ein essentieller Teil dieser literarischen Recherche.

---

85 Geht man nach Antonia Egel: Freiträumen. Über Peter Handkes Schauspiel *Die Unschuldigen, ich und die Unbekannte am Rand der Landstraße* mit Abstechern zu Wim Wenders' *pina. Ein Film für Pina Bausch*. In: Tobias Keiling, Robert Krause, Heidi Liedke (Hg.): Muße und Moderne. Tübingen 2018, 245–265, hier 251f., dann inszeniert Handkes neuestes Stück „[d]as Drama als Gattung des Streites", „um den inneren Streit zwischen Erzähler und Dramatiker in dem sich hier zur Aufführung bringenden Ich auszutragen"; vgl. auch ebenda, 247.

86 Handke, Die Unschuldigen (Anm. 84), 37.

87 Ebenda, 170f.

88 Barbara Petsch: „Ich bin eher ein Ahnungsspezialist als ein Wissensheini". [Gespräch mit Peter Handke.] In: Die Presse, 13.9.2014.

89 Michler, Teilnahme (Anm. 14), 117.

90 Handke, Phantasien der Wiederholung (Anm. 41), 47.

Abb. 1: Peter Handke: Das Mündel will Vormund sein. Frankfurt a.M. 1969 [Kleinoffsetdruck Walter Ruppert, Juli 1971].

Abb. 2: Peter Handke: Das Spiel vom Fragen oder Die Reise zum sonoren Land. Frankfurt a.M. 1989.

Personen

»Ich«, *im Wechsel zwischen »Ich, Erzähler« und*
»Ich, der Dramatische«
(nicht immer unterschieden; zeitweise beide in einem)
Die Unschuldigen
(nicht wenige, unter ihnen mein Doppelgänger*)*
Der Wortführer der Unschuldigen oder:
Häuptling/Capo
Die Wortführerin der Unschuldigen oder:
Häuptlingsfrau/Häuptlingin/Frau
Die Unbekannte von der Landstraße

Abb. 3: Peter Handke: Die Unschuldigen, ich und die Unbekannte am Rand der Landstraße. Ein Schauspiel in vier Jahreszeiten. Berlin 2015, [6].

Uta Degner

‚Postfiktionales' Theater. Elfriede Jelinek und die Provokation des Dokumentartheaters, am Beispiel ihres Stückes *Burgtheater*

Den unübersehbaren, gegenwärtigen Trend zu ‚neuen Realismen' – nicht nur, aber maßgeblich auch im Theater[1] – hat Hans-Thies Lehmann bereits 1999 in seiner Studie zum postdramatischen Theater als „Einbruch des Realen"[2] betitelt. Doch gerade Lehmanns These, „daß im postdramatischen Theater des Realen nicht die Behauptung des Realen an sich die Pointe darstellt [...], sondern die Verunsicherung durch die *Unentscheidbarkeit*, ob man es mit Realität oder Fiktion zu tun hat"[3], hat einer Verengung der Perspektive Vorschub geleistet. Dem folgenden Beitrag geht es darum, die „Behauptung des Realen an sich" im Theater doch als eine grundlegende, bislang jedoch noch nicht genügend reflektierte ästhetische „Pointe" zu verstehen, wenn auch in anderer Hinsicht als dies Lehmann konzipiert. Grundlegend ist für die folgenden Überlegungen das Verhältnis von Fiktionalität und Faktualität. Während Lehmann die „Erfahrung des Realen" als Gegenpart zur „fiktive[n] Illusionierung[]"[4] versteht und damit auf den Gegensatz von *real* und *fiktiv* abhebt, von echt und erfunden, ist dies meiner Meinung nach nicht der springende Punkt an dem aktuellen „Wirklichkeitshunger" des Theaters, ja der Künste generell[5], auch nicht in einer Wendung der „*Unentscheidbarkeit*"[6]. Wie Lehmann selbst betont, begegnet uns im Zeitalter der *Fake news* die Realität mehr und mehr

---

1 Vgl. z.B. Søren Fauth, Rolf Parr (Hg.): Neue Realismen in der Gegenwartsliteratur. Paderborn 2016 (= Szenen/Schnittstellen 1); Magdalena Marszałek, Dieter Mersch (Hg.): Seien wir realistisch: Neue Realismen und Dokumentarismen in Philosophie und Kunst. Zürich/Berlin 2016 (= Denkt Kunst), darin v.a. den Beitrag von Magdalena Marszałek: Neuer Realismus im Theater: Milo Rau. 369–273. Carena Schlewitt und Boris Nikitin konstatieren eine „Fülle neuer theatralisierter Wirklichkeitsformen auf den Bühnen". Carena Schlewitt, Boris Nikitin: Vorwort. In: Boris Nikitin, Carena Schlewitt, Tobias Brenk (Hg.): Dokument, Fälschung, Wirklichkeit. Materialband zum zeitgenössischen Dokumentarischen Theater. Berlin 2014 (= Theater der Zeit. Recherchen 110), 7–11, hier 9; vgl. in diesem Band auch den Beitrag von Barbara Gronau: Das Versprechen des Realen. Vorstellungen von Wirklichkeit im Theater des 20. Jahrhunderts. 126–134; ferner Franziska Schößler: Die Sehnsucht nach „Wirklichkeit" und ihre ästhetische Form. (Dokumentar-)Dramen und Anlassstücke nach 1989. In: Norbert Otto Eke, Stefan Elit (Hg.): Deutschsprachige Literatur(en) seit 1989. Berlin 2012 (= Zeitschrift für deutsche Philologie. Sonderheft 131), 79–94.

2 Hans-Thies Lehmann: Postdramatisches Theater. 6. Aufl. Frankfurt a.M. 2015, 170 und 170ff.

3 Ebenda, 173.

4 Ebenda, 172.

5 Vgl. hierzu Juliane Rebentisch: Realismus heute. Kunst, Politik und die Kritik der Repräsentation. In: Cornelia Klinger (Hg.): Blindheit und Hellsichtigkeit. Künstlerkritik an Politik und Gesellschaft der Gegenwart. Berlin 2014 (= Wiener Reihe 16), 245–262.

6 Lehmann, Postdramatisches Theater (Anm. 2), 173.

als eine immer schon ‚fingierte', so dass ein Begehren nach einer Habhaftwerdung einer nicht mit Fiktion durchmischten Realität als naive Illusion erscheint. Die Künste der Gegenwart widmen sich daher nicht zuletzt intensiv den Erscheinungsformen solcher Mischformen. In dem *Insistieren* auf Darstellung gegenwärtiger Realität aber (und sei sie noch so fingiert) – so, wie sie tatsächlich existiert und nicht nur sein könnte – liegt die Pointe des ‚neuen Realismus', dem es im Gegensatz zu dem poetischen Realismus des 19. Jahrhunderts nicht darauf ankommt, die ‚eigentliche' Idee der Wirklichkeit herauszuarbeiten und auch nicht, oberflächliche ‚Realitätseffekte'[7] zu produzieren, sondern in oft als gänzlich ‚unrealistisch' empfundenen Formen und Stilen einen *Anspruch* auf ‚wahre' Wirklichkeitsdarstellung zu erheben. Dieser Anspruch kollidiert mit der literarischen Basiskategorie der Fiktionalität, erklärt doch diese gerade die Frage nach dem Wirklichkeitscharakter des Dargestellten als nicht pertinent. Heinz Schlaffer definiert Fiktionalität als Prädikat von „Vorstellungen [...], die auf den Anspruch, wahr zu sein, verzichtet haben und mit ihm, ohne täuschen zu wollen, nur spielen".[8] Nicht die Frage nach der ‚Ontologie' der dargestellten Inhalte also entscheidet über ihre Klassifizierung als *fiktional* oder *faktual*, sondern der Modus ihrer Präsentation, der einen impliziten Anspruch auf Wirklichkeit formuliert (= faktual), oder diesen Anspruch nicht erhebt (= fiktional – was aber eben nicht heißt, dass die dargestellten Gegenstände deshalb fiktiv sind). Seit Aristoteles gilt Fiktionalität als Fundamentalqualität von Literatur. Wenn er in der *Poetik* den Unterschied von Fiktionalität und Faktualität an der Differenz von Historiograph und Schriftsteller erläutert – „[d]enn der Geschichtsschreiber und der Dichter unterscheiden sich nicht dadurch voneinander, daß sich der eine in Versen und der andere in Prosa mitteilt [...]; sie unterscheiden sich vielmehr dadurch, dass der eine das wirklich Geschehene mitteilt, der andere, was geschehen könnte"[9] –, so ist in dem „könnte" nicht impliziert, dass etwas *nicht* geschehen ist – es signalisiert vielmehr, dass die Frage nach der ‚Tatsächlichkeit' des Dargestellten grundsätzlich ungeklärt bleiben kann. Fiktionalität ist damit also keine primäre Eigenschaft eines Textes, sondern eine gesellschaftliche Übereinkunft zu bestimmten, als Literatur klassifizierten Texten, in Bezug auf welche das Nachverfolgen möglicher Realitätsbezüge, auch von den Texten selbst, als nicht lohnend eingestuft wird.[10] Im fiktionalen Modus macht es keinen Unterschied, ob die dargestellten Sachverhalte ‚wirklich' wahr sind oder nicht; die Frage nach dem Realitätsgehalt

---

7 Vgl. hierzu den berühmten Aufsatz von Roland Barthes: Der Wirklichkeitseffekt. In: Roland Barthes: Das Rauschen der Sprache. Kritische Essays IV. Frankfurt a.M. 2006 (= es 1695), 164–172. Bei Barthes ist mit dem Wirklichkeitseffekt die Funktion kontingenter Details der Erzählung bezeichnet. Da sie keine erzähllogische Motivierung besitzen, spiegelt sich in ihnen die Struktur unserer Wirklichkeitserfahrung, die mit solchen insignifikanten, kontingenten Realitätspartikeln einhergeht.

8 Heinz Schlaffer: Poesie und Wissen. Die Entstehung des ästhetischen Bewußtseins und der philologischen Erkenntnis. Frankfurt a.M. 1990 (= stw 1779), 145. Schlaffer benutzt hier das Adjektiv „wahr", meint damit aber ‚wirklich'.

9 Aristoteles: Poetik. Griechisch / Deutsch. Übersetzt und hg. von Manfred Fuhrmann. Stuttgart 1982, 29.

10 Vgl. Christian Klein, Matías Martínez: Wirklichkeitserzählungen. Felder, Formen und Funktionen nicht-literarischen Erzählens. In: Christian Klein, Matías Martínez (Hg.): Wirklichkeitserzählungen. Felder, Formen und Funktionen nicht-literarischen Erzählens. Stuttgart 2009, 1–13. Klein und Martínez sprechen nur von Erzählliteratur, ihre Rekapitulation der Unterscheidung von ‚fiktional' und ‚faktual' ist aber auch auf Dramentexte anwendbar.

wird für uninteressant erklärt und jeder Wirklichkeitsanspruch von vorneherein suspendiert. Fiktionalität und Faktualität werden nach Konventionen geregelt: Lesen wir auf einem Buchdeckel „Roman", so lesen wir den Text als fiktional und stellen uns für gewöhnlich nicht die Frage, ob die geschilderten Personen und Ereignisse wirklich oder fiktiv sind oder waren. Die Charakterisierung als ‚fiktional' oder ‚faktual' wird also zentral durch kontextuelle und paratextuelle Parameter mitbeeinflusst. Im Prosatext stellt die Instanz eines Erzählers einen solchen Fiktionalitätsmarker dar, der bedingt, dass nicht der Autor „für den Wahrheitsgehalt der in seinem Text aufgestellten Aussagen verantwortlich gemacht werden [kann], weil er diese zwar produziert, aber nicht behauptet – vielmehr ist es der imaginäre Erzähler, der diese Sätze mit Wahrheitsanspruch behauptet"[11] – ein Wahrheitsanspruch, der sich aber allein auf die fiktionale Welt erstreckt. Im Fall des Theaters fungiert die Bühne als Fiktionalitätssignal.

Die gegenwärtig im Medium Literatur zu beobachtende Aberkennung des fiktionalen Verzichts auf Wirklichkeitsrelevanz wird besonders anschaulich in der Konjunktur des Dokumentartheaters, das nach verschiedenen Haussen im 20. Jahrhundert im Augenblick in einer Vielfalt von Formen auf den Bühnen zu erleben ist. Wie Andreas Tobler argumentiert, zeichnet es sich grundsätzlich durch einen „bestimmten Gestus" aus, „mit dem auf die Wirklichkeit zugegriffen wird".[12] Eine zentrale Rolle spielen hierbei die verwendeten Dokumente: als faktuale Zeugnisse verbürgen sie gleichsam den „Wahrheitsanspruch" dieser Theaterform, die sich nicht auf die fiktionale Welt beschränkt, sondern auf die wirkliche ausgreift. Elfriede Jelineks Theatertexte werden gemeinhin nicht als Dokumentartheater verstanden, doch auch in vielen von ihnen spielen Dokumente eine bedeutende Rolle und es gibt auch in ihnen wiederholt einen merkbaren Anspruch auf Wirklichkeitsdarstellung. In einem Gespräch mit Peter von Becker, das 1992 in der Zeitschrift *Theater heute* abgedruckt wurde, antwortet Jelinek auf die Frage, was sie am Theater interessiere: „Ich bin fasziniert von der Idee des Ortes, wo man Sprache und Figuren öffentlich ausstellen kann. [...] Nur das Theater wäre der Ort der allergrößten Wirklichkeit und der allergrößten Künstlichkeit."[13] Wie bereits die Rede von der „Idee" und mehr noch der Konjunktiv des zweiten Satzes deutlich macht, handelte es sich dabei nicht um eine Beschreibung des Status quo gegenwärtiger Theaterpraxis, sondern um eine noch weitgehend unrealisierte Potentialität: „Das ist es bloß zu selten."[14] Wenn Jelinek im Anschluss betont, „ich beschäftige mich lieber mit der äußersten Möglichkeit als mit der üblichen Praxis"[15], macht sie deutlich, dass diese „Idee" mit der „üblichen Praxis" nur schwer in Einklang zu bringen ist. Die superlativische Formulierung „allergrößte[] Wirklichkeit" bringt dabei zum Ausdruck, dass es um mehr als ein mimetisches Wirklichkeitsverhältnis geht. Wohingegen Jelineks „allergrößte[]

---

11 Ebenda, 2. Die metafiktionalen ‚Einbrüche' der Autorinnenstimme in Jelineks Prosa können als ein Verfahren der Entfiktionalisierung verstanden werden.

12 Andreas Tobler: Kontingente Evidenzen. Über Möglichkeiten dokumentarischen Theaters. In: Nikitin/Schlewitt/Brenk, Dokument, Fälschung, Wirklichkeit (Anm. 1), 147–161, hier 148.

13 Peter von Becker: „Wir leben auf einem Berg von Leichen und Schmerz". In: Theater heute 9 (1992), 1–8, hier 2.

14 Ebenda.

15 Ebenda.

Künstlichkeit" seitens der Forschung gebührende Aufmerksamkeit erfahren hat, ist die ästhetische Provokationskraft ihres Wirklichkeitsanspruchs bislang zu kurz gekommen.[16] Dem vorliegenden Beitrag geht es darum, den Anteil und die Avantgarde-Funktion von Jelineks Theater an der Konstituierung eines neuen, gegenwärtigen Theaterverständnisses offenzulegen, für das Fiktionalität keine Doktrin mehr ist. Auch Jelineks gegenwärtige Stücke sind in zentraler Weise *Anlassstücke*: Sie erhalten ihren polemischen Impuls aus der Wirklichkeit und arbeiten mit faktualem Material, so das Stück zur Flüchtlingskrise *Die Schutzbefohlenen*, der Text zu Donald Trump *Am Königsweg* oder zuletzt zum Ibiza-Skandal das Stück *Schwarzwasser*. Solche Stücke als rein fiktionale Werke zu rezipieren, wäre zwar möglich, ginge aber an der *intentio operis* dieser Werke vorbei.

„allergrößte Wirklichkeit" auf der Bühne: ‚Postfiktionalität' als Provokation

Die „allergrößte Wirklichkeit" im Theater findet sich Mitte der sechziger Jahre, zu einer Zeit, in der Jelinek in Wien Theaterwissenschaften studiert, in den Stücken des Dokumentartheaters von Heinar Kipphardt, Rolf Hochhuth und Peter Weiss. Als die Autorin 1994 den Peter-Weiss-Preis der Stadt Bochum erhält, hält die Jury fest, Jelineks „literarisches Werk" und ihre „politisch-biographische Position" weise „vielfältige Affinitäten mit dem Namensgeber des Preises – Peter Weiss – auf[]":[17]

> Elfriede Jelineks Ästhetik ist geprägt von hochbewußten und innovativen Sprachstrategien, die – ählich [sic] dem frühen Peter Weiss – gesellschaftspolitisch brisante Themen in experimentell avancierte literarische Formen überführen; ihre künstlerische Haltung speist sich aus dem Widerstand, vor allem gegen männlich geprägte Machtstrukturen, sowie aus der Auseinandersetzung mit faschistischem Gedanken- und Sprachgut. Ihre Theaterstücke sind Affronts gegen den herrschenden Theaterbetrieb, ihre Prosa

16 Die bisherige Forschung zu Jelineks Theatertexten konzentriert sich sehr auf die Auflösung der theatralen Figur und die ‚Sprachfläche' – wobei sich diese Formmerkmale bereits im Theater der sechziger Jahre finden, also keine genuine ‚Erfindung' Jelineks darstellen. Andrzej Wirth: Vom Dialog zum Diskurs. Versuch einer Synthese der nachbrechtschen Theaterkonzepte. In: Theater heute 1 (1980), 16–19 und Hanna Klessinger: Postdramatik. Transformationen des epischen Theaters bei Peter Handke, Heiner Müller, Elfriede Jelinek und Rainald Goetz. Berlin 2015. Für einen Überblick über die Forschung zu Jelineks Theatertexten vgl. den Forschungsüberblick von Christa Gürtler: Forschung. In: Pia Janke (Hg.): Jelinek-Handbuch. Stuttgart/Weimar 2013, 356–366, bes. 357–362. Jelinek verwendet den Begriff „Sprachflächen" zuerst in: Anke Roeder: Ich will kein Theater. Ich will ein anderes Theater. Gespräch mit Elfriede Jelinek. In: Anke Roeder (Hg.): Autorinnen: Herausforderungen an das Theater. Frankfurt a.M. 1989, 141–160, hier 153. Vgl. auch Jelineks Essay *Textflächen* von 2013. https://www.elfriedejelinek.com/ftextf.htm [Stand: 15.6.2020]. Die wichtigsten Forschungsbeiträge zur Theaterästhetik Jelineks: Corina Caduff: Ich gedeihe inmitten von Seuchen. Elfriede Jelinek – Theatertexte. Bern u.a. 1991 (= Zürcher Germanistische Studien 25); Evelyn Annuß: Elfriede Jelinek – Theater des Nachlebens. 2. Aufl. München 2007; Inge Arteel, Heidy Margrit Müller (Hg.): Elfriede Jelinek – Stücke für oder gegen das Theater? 9.–10. November 2006. Brüssel 2008.

17 Zit. nach Johannes Volker Wagner: Vorbemerkung [Verleihung des Peter-Weiss-Preises der Stadt Bochum 1994 an die Schriftstellerin Elfriede Jelinek]. In: Peter Weiss Jahrbuch 4 (1995), 31f.

> bringt – in kunstvollem Spiel mit Jargons, Floskeln und Klischees – das falsche Bewußtsein in der Sprache selbst zum Vorschein.
> Indem Elfriede Jelinek eine prekäre Außenseiterposition – als Frau, als politisch engagierte Schriftstellerin, als Emigrantin im eigenen Land – behauptet, beglaubigt sie aufs neue Widerstandshaltungen, die Peter Weiss vorgelebt hat.[18]

Jelinek bestätigte in ihren Dankesworten diese Einschätzung einer Affinität zu Peter Weiss, auch hinsichtlich des „Engagement[s]": „Ich sehe mich auch selbst in dieser literarischen Tradition."[19] Für Jelineks Theater ist dabei, so die These, insbesondere ein ganz bestimmter „Affront[] gegen den herrschenden Theaterbetrieb" von Bedeutung. Dieser wird bereits 1983 in einem in der Theaterzeitschrift *Theater heute* erschienenen kurzen poetologischen Essay explizit:

> Ich will nicht spielen und auch nicht anderen dabei zuschauen. Ich will auch nicht andere dazu bringen zu spielen. Ich will kein Theater. [...] Theater darf es nicht mehr geben. [...] Die Schauspieler bedeuten sich selbst und werden durch sich definiert. Und ich sage: Weg mit ihnen! Sie sind nicht echt. Echt sind nur wir. [...] Richten wir die Blicke nur noch auf uns! Wir sind unsere eigenen Darsteller.[20]

Man hat diesen Text als Absage an den mimetischen Schein des traditionellen Theaters verstanden. Stefan Krammer meint, Jelinek wende sich damit „gegen das Theater als Repräsentation der Realität" – dies stimmt aber nur, wenn man „Realität" auf den Begriff einer „urbildhaften Wirklichkeit" einschränkt, wie Krammer das tut.[21] Jelineks komprimierter Programmtext formuliert mit der Verweigerung gegenüber dem Spiel zuallererst eine deutliche Polemik gegen das Konzept der Fiktionalität als ein Spiel mit Als-ob-Charakter: Fiktionalität wird hier als eine Konvention präsentiert, die es abzuschaffen gilt. Die Blickrichtung wird deshalb konsequenterweise von der Bühne der Kunst direkt auf die Wirklichkeit und „das Echte" umgelenkt. Nicht Repräsentation per se will Jelinek abschaffen, sondern die im Zeichen der Autonomie der Kunst eingebürgerte Lesart vom Als-ob-Charakter des Spiels, das gerade *keine wirkliche* Repräsentationsfunktion beansprucht.

Es wäre Unsinn zu behaupten, dass Jelineks Theatertexte gänzlich faktual seien. Doch gibt es im Medium des Fiktionalen eine Tendenz zur Entfiktionalisierung und zwar in dem Anspruch, ‚allergrößte Wirklichkeit', nicht nur eine Als-ob-Wirklichkeit auf die Bühne zu bringen. Damit nehmen die Texte eine Provokation des Dokumentartheaters auf: nämlich, in Schlaffers Worten, einen dezidierten Anspruch darauf zu stellen, ‚wahr' zu sein. Weiß und berücksichtigt man als Zuschauer von Peter Weiss' *Die Ermittlung* nicht, dass der Text aus Originalzitaten besteht, wie sie im Rahmen des ersten Frankfurter Auschwitz-Prozesses von

---

18 Ebenda, 32.

19 Elfriede Jelinek: Dankesworte [Verleihung des Peter-Weiss-Preises der Stadt Bochum 1994 an die Schriftstellerin Elfriede Jelinek]. In: Peter Weiss Jahrbuch 4 (1995), 32f.

20 Elfriede Jelinek: „Ich möchte seicht sein." In: Theater heute Jahrbuch (1983), 102.

21 Stefan Krammer: „Ich will ein anderes Theater" – Jelineks Theatertexte zwischen Tradition und Innovation. In: Sabine Müller, Cathrine Theodorsen (Hg.): Elfriede Jelinek: Tradition, Politik und Zitat. Ergebnisse der Internationalen Elfriede Jelinek-Tagung 1.–3. Juni 2006 in Tromsø. Wien 2008 (= Diskurse. Kontexte.Impulse 2), 109–121, hier 110.

Zeugen und Angeklagten tatsächlich geäußert wurden, und betrachtet das Stück als fiktionales Werk im klassischen Sinne, verliert es nicht nur seinen besonderen Anspruch auf Gegenwartsrelevanz, sondern man verkennt auch seine literarhistorisch revolutionäre Leistung: nämlich das Prinzip ‚Fiktionalität' als illegitim zu erklären und abzuerkennen. Daran wird Jelinek anschließen.

Die Wirklichkeit des Dokumentartheaters. Peter Weiss' *Notizen zum dokumentarischen Theater* (1968)

Die besondere Provokation von Peter Weiss' *Die Ermittlung. Oratorium in elf Gesängen* von 1965 bestand darin, eine Wirklichkeit auf die Bühne zu bringen, welche die Öffentlichkeit bereits seit Ende 1963 über die Medien präsentiert bekommen hatte: Das Stück besteht fast vollständig aus (bearbeiteten) Aussagen, die Beteiligte im Rahmen der Frankfurter Auschwitz-Prozesse (20. Dezember 1963 – 19. August 1965) äußerten. Als *Die Ermittlung* im August 1965 als vollständiger Vorabdruck in Form eines Sonderhefts der Zeitschrift *Theater heute* erschien, war das Urteil noch nicht verkündet; die Uraufführung des Stücks fand am 19. Oktober 1965 als Ring-Uraufführung an fünfzehn west- und ostdeutschen Theatern sowie der Royal Shakespeare Company (London) statt und fand ein äußerst kontroversielles Medienecho.[22]

Weiss hatte dem Prozess in Frankfurt selbst einige Tage als Zuschauer beigewohnt, den Großteil des Materials für sein Stück aber aus den Protokollen Bernd Naumanns für die *Frankfurter Allgemeine Zeitung* entnommen.[23] Was *Die Ermittlung* als „Wirklichkeit" präsentiert, sind also mediale – bei Weiss rein sprachliche – Repräsentationen von Wirklichkeit, nicht eine primäre Wirklichkeit ‚an sich'. Dies ist von zentraler Bedeutung und nimmt jeder Kritik am Dokumentartheater als ‚naives' Weltverhältnis den Wind aus den Segeln, denn der Wirklichkeitsbegriff des Dokumentartheaters ist bereits ein erweiterter, wie er auch für Jelineks Werk konstitutiv ist: Die dargestellte Wirklichkeit ist immer bereits „die Wirklichkeit der Repräsentation".[24] Wie Weiss in seinen 1968 entstandenen *Notizen zum dokumentarischen Theater* festhält, speist sich der *Stoff* des Dokumentartheaters aus faktualen Quellen:[25]

> Protokolle, Akten, Briefe, statistische Tabellen, Börsenmeldungen, Abschlußberichte von Bankunternehmen und Industriegesellschaften, Regierungserklärungen, Ansprachen, Interviews, Äußerungen bekann-

---

22 Vgl. die Dokumentation in Christoph Weiß: Auschwitz in der geteilten Welt. Peter Weiss und die *Ermittlung* im Kalten Krieg. 2 Bde. Sankt Ingbert 2000.

23 Bernd Naumann: Auschwitz: Bericht über die Strafsache gegen Mulka und andere vor dem Schwurgericht Frankfurt. Frankfurt a.M./Bonn 1968.

24 Rebentisch, Realismus heute (Anm. 5), 257.

25 Hier zeigt sich eine Differenz zu Jelinek, die schon sehr früh auch den Anteil fiktionaler Medien an der Wirklichkeitsbildung unterstreicht und ein medial verursachtes fehlendes Fiktionalitätsbewusstsein konstatiert; einschlägig ist hierfür insbesondere ihr Roman *Michael. Ein Jugendbuch für die Infantilgesellschaft* von 1972.

> ter Persönlichkeiten, Zeitungs- und Rundfunkreportagen, Fotos, Journalfilme und andere Zeugnisse der Gegenwart, bilden die Grundlage der Aufführung.[26]

Das Dokumentartheater ist daher „ein Theater der Berichterstattung" (N, 91). Es übernimmt solche Texte als „authentisches Material und gibt dies, im Inhalt unverändert, in der Form bearbeitet, von der Bühne aus wieder" (N, 91f.). Was Juliane Rebentisch als Paradigma der „Kunst heute" generell konstatiert, wird vom Dokumentartheater vorgeprägt:

> Während die sozialen Bewegungen [...] daran arbeiten, den hegemonialen Repräsentationen andere entgegenzuhalten, die Marginalisierten sich selbst repräsentieren und sprechen zu lassen, kurz: sie als politische Subjekte zur Erscheinung zu bringen, artikuliert sich die Kritik der Repräsentation in der Kunst auf eine grundsätzlich andere Weise. Denn der Umbruch im ästhetischen Denken schlägt sich auch dort nieder, wo sich die Kunst dem Problem der Repräsentation von Welt zuwendet und damit vorderhand noch im Paradigma des alten Realismus operiert: Kunst heute enthält sich der Suche nach dem wahren Bild. Es geht nicht mehr darum, die opaken Oberflächen der Welt zu durchstoßen, um eine hinter ihnen liegende Bedeutung, Gesetzmäßigkeit oder Wahrheit freizulegen; vielmehr setzt sie bei einer bereits durch Repräsentationen erschlossenen Welt an.[27]

Wie sich Weiss' Dokumentartheater selbst jeder Art von „Erfindung" enthält (N, 91), verzichtet es auch auf jegliche explizite Kommentierung, Korrektur oder Transzendierung dieses Materials. Dies bedeutet aber nicht, dass der Umgang mit den Dokumenten affirmativ zu verstehen ist; Peter Weiss formuliert in den *Notizen* offen seine Skepsis gegenüber der Aufklärungsfunktion der modernen Medien:

> Obgleich die Kommunikationsmittel ein Höchstmaß von Ausbreitung erreicht haben und uns Neuigkeiten aus allen Teilen der Welt zukommen lassen, bleiben uns doch die wichtigsten Ereignisse, die unsere Gegenwart und Zukunft prägen, in ihren Anlässen und Zusammenhängen verborgen. (N, 93)

Diese Prämisse eines „künstlichen Dunkel[s]", mit „dem die Machthaber ihre Manipulationen verheimlichen" (N, 94), und der „ungeordnete Charakter des Nachrichtenmaterials, das täglich von allen Seiten auf uns eindringt" (N, 92), lassen den Status des Textmaterials prekär werden. Seine Präsentation auf der Bühne ist deshalb nicht affirmativ zu verstehen, es wird vielmehr zum Untersuchungsgegenstand, zum Gegenstand der „Kritik verschiedener Grade", wie Weiss in einem ausführlichen Fragekatalog ausführt:

> a. Kritik an der Verschleierung. Werden die Meldungen in Presse, Rundfunk und Fernsehen nach Gesichtspunkten dominierender Interessegruppen gelenkt? Was wird uns vorenthalten? Wem dienen die Ausschließungen? Welchen Kreisen gelangt es zum Vorteil, wenn bestimmte soziale Erscheinungen vertuscht, modifiziert, idealisiert werden?
> b. Kritik an Wirklichkeitsfälschungen. Warum wird eine historische Person, eine Periode oder Epoche aus dem Bewußtsein gestrichen? Wer stärkt seine eigene Position durch die Eliminierung historischer

26 Peter Weiss: Notizen zum dokumentarischen Theater. In: Peter Weiss: Rapporte 2. Frankfurt a.M. 1971 (= es 444), 91–104, hier 91. In Hinkunft zit. als N, Seitenzahl. [Erstdruck unter dem Titel: Das Material und die Modelle. Notizen zum dokumentarischen Theater. In: Theater heute 3 (1968), 32–34.]

27 Rebentisch, Realismus heute (Anm. 5), 257.

Fakten? Wer zieht Gewinn aus einer bewußten Verunstaltung einschneidender und bedeutungsvoller Vorgänge? Welchen Schichten in der Gesellschaft ist am Verbergen der Vergangenheit gelegen? Wie äußern sich die Fälschungen, die betrieben werden? Wie werden sie aufgenommen?

c. Kritik an Lügen. Welches sind die Auswirkungen eines geschichtlichen Betrugs? Wie zeigt sich eine gegenwärtige Situation, die auf Lügen aufgebaut ist? Mit welchen Schwierigkeiten muß bei der Wahrheitsfindung gerechnet werden? Welche einflußreichen Organe, welche Machtgruppen werden alles tun, um die Kenntnis der Wahrheit zu verhindern? (N, 92f.)

Die Fülle an Fragen macht deutlich, worum es dem Dokumentartheater Weiss'schen Zuschnitts geht: nämlich um eine kritische Perspektivierung dessen, was als Wirklichkeit präsentiert wird. Die Dringlichkeit gewinnt diese Intention aus dem besonderen Gegenwartsbezug seines Stoffes. Dieser wird in den Schlussworten der *Ermittlung* explizit mit dem Verweis auf „Heute" kenntlich gemacht:

Wir alle
das möchte ich nochmals betonen
haben nichts als unsere Schuldigkeit getan
selbst wenn es uns oft schwer fiel
und wenn wir daran verzweifeln wollten
Heute
da unsere Nation sich wieder
zu einer führenden Stellung
emporgearbeitet hat
sollten wir uns mit anderen Dingen befassen
als mit Vorwürfen
die längst als verjährt
angesehen werden müßten.[28]

Die geleugnete Bedeutung des angeblich Verjährten wird von Weiss' *Ermittlung* auf die Bühne geholt und damit ihre Relevanz für eine Anamnese des „Heute" behauptet, das in einer separierten Zeile besonders hervorgehoben ist. Eine solche analytische Kritik bildet die Intention seines dokumentarischen Theaters. Jelineks *Burgtheater* (1982/UA 1985) findet in diesem Sachverhalt eine gewichtige inhaltliche Parallele: Auch ihr Personal artikuliert gegen Ende seine intentionale Blindheit: „Alle: Davon wissen mir nix! Des sengan mir gor net. Wos mir net sengan, des gibts net!"[29] In beiden Stücken bleibt die Kritik an dieser verschleiernden Haltung implizit, sie wird gleichwohl in einem Modus der Fragwürdigkeit exponiert. Dafür ist Weiss zufolge die Arbeit mit realen Dokumenten nötig, die als „Ausschnitte der Realität" bereits auf

28 Peter Weiss: Die Ermittlung. In: Peter Weiss: Werke in sechs Bänden. Hg. vom Suhrkamp-Verlag in Zusammenarbeit mit Gunilla Palmstierna-Weiss. Bd. 5: Dramen 2: Die Ermittlung. Lusitanischer Popanz. Viet Nam Diskurs. Frankfurt a.M. 1991, 7–199, hier 198f.

29 Elfriede Jelinek: Burgtheater. In: Elfriede Jelinek: Theaterstücke. 8. Aufl. Reinbek b. Hamburg 2008, 129–189, hier 188. In Hinkunft zit. als B, Seitenzahl. Erstpublikation – noch ohne das allegorische Zwischenspiel – in: manuskripte 76 (1982), 49–69. Wichtige Sekundärliteratur zu *Burgtheater* ist versammelt in dem Band Pia Janke, Teresa Kovacs, Christian Schenkermayr (Hg.): Elfriede Jelineks *Burgtheater* – Eine Herausforderung. Wien 2018 (= Diskurse.Kontexte.Impulse 18).

einer kritischen Auswahl basieren, „[i]m Unterschied zum ungeordneten Charakter des Nachrichtenmaterials, das täglich von allen Seiten auf uns eindringt“ (N, 92). Das Herausschälen aus einem ‚normalisierenden‘, auch disziplinären Diskurs, die Konzentration auf ein Thema und eine bestimmte Montagetechnik[30] ermöglichen dem Publikum eine kritische Analyse der Dokumente.

Obwohl Weiss wiederholt deutlich macht, dass er das Dokumentartheater als Protest gegen die herrschenden Verhältnisse versteht (die es durch die konzentrierte Darstellung auf der Bühne intelligibel macht), betont er die Differenz zur „direkte[n] Wirksamkeit“ (N, 94) politischer Aktionen wie beispielsweise Demonstrationen:

> Das dokumentarische Theater, das eine Zusammenfassung des latenten [!] Zeitstoffes wiedergibt, versucht, die Aktualität in seiner Ausdrucksform beizubehalten. Doch schon beim Komponieren des Materials zu einer geschlossenen Aufführung, festgesetzt auf einen bestimmten Zeitpunkt und auf einen begrenzten Raum mit Agierenden und Zuschauern, werden dem dokumentarischen Theater andere Bedingungen gestellt als die, die für das unmittelbare politische Eingreifen gelten. Die Bühne des dokumentarischen Theaters zeigt nicht mehr augenblickliche Wirklichkeit, sondern das Abbild von einem Stück Wirklichkeit, herausgerissen aus der lebendigen Kontinuität. (N, 95)

Das dokumentarische Theater „kann sich nicht messen mit dem Wirklichkeitsgehalt einer authentischen politischen Manifestation. Es reicht nie an die dynamischen Meinungsäußerungen heran, die sich auf der Bühne der Öffentlichkeit abspielen“ (N, 95). Es ist und bleibt ein „Kunstprodukt“ – ja „es muß“, so Weiss, zum Kunstprodukt werden, wenn es „Berechtigung haben will“ (N, 96).

Diese Prämisse zu überlesen hat dazu geführt, das dokumentarische Theater als „politisches Theater“ misszuverstehen. Es ist aber nur dann „politisches Theater“, wenn man diesen Begriff so weit fasst, wie es Brigitte Marschalls Studie tut: „Politisches Theater behandelt gesellschaftliche Phänomene, historische Ereignisse und aktuelle politische Konflikte.“[31] In diesem thematischen Sinne kann man der *Ermittlung* fraglos das Adjektiv ‚politisch‘ zuerkennen. Schon der folgende Satz Marschalls trifft auf Weiss’ *Ermittlung* nicht mehr zu: „Zum Selbstverständnis dieses Theaters gehört eine spezifische Ästhetik, die den Zuschauer zur Reflexion seiner politischen Position zwingt.“[32] Weiss’ Theater ist nicht politisch in dem Sinne, dass es eine konkrete politische Agenda hätte, auch nicht eine rezeptionsästhetisch-politische. Als Beleg führt Marschall selbst Peter Weiss’ Feststellung an: „Das dokumentarische Theater ist parteilich.“ (N,

---

30 Wie bereits Weiss’ *Notizen* hervorheben, werden die Dokumente aufbereitet. Von zentraler Bedeutung ist hierbei vor allem die Montage; als „Schnittechnik“ schafft sie eine „Konfrontation gegensätzlicher Details“, die „auf einen bestehenden Konflikt“ aufmerksam macht (N, 97). Wie Christian Rakow an der *Ermittlung* gezeigt hat, lässt sich deren spezifische Ästhetik auf die Formel einer „Entautomatisierung“ bringen: „die Leistung der *Ermittlung* besteht nicht nur darin, jargonmäßige Redeweisen zu exponieren. Sie durchbricht die Routine zugleich, das heißt, im Sinne der russischen Formalisten, sie *entautomatisiert* den Jargon.“ Christian Rakow: Fragmente des Realen. Zur Transformation des Dokuments in Peter Weiss „Die Ermittlung“. In: Weimarer Beiträge 50 (2004), H. 2, 266–279, hier 274.

31 Brigitte Marschall: Politisches Theater nach 1950. Wien u.a. 2010, 17.

32 Ebenda.

99) Zwischen „politisch" und „parteilich", zwischen Kritik und Politik unterscheidet Weiss aber gerade in den *Notizen* penibel, „[d]enn ein dokumentarisches Theater, das in erster Hand politisches Forum sein will, [...] stellt sich selbst in Frage. In einem solchen Fall wäre die praktische politische Handlung in der Außenwelt effektiver" (N, 96). Die Arbeit des Dokumentartheaters ist weniger eine agitatorische als eine „sondierende, kontrollierende, kritisierende", mithin eine analytische: „Das dokumentarische Theater legt Fakten zur Begutachtung vor." (N, 97) Wie in dieser Formulierung wiederum deutlich wird, gibt sich das dokumentarische Theater selbst eine Präliminarfunktion gegenüber der (nicht nur politischen) Urteilsbildung, die erst auf der Seite des Lesers, respektive Zuschauers stattfindet – auch wenn es von seiner Intention her dem Leser und Zuschauer als „Instrument" (N, 96) Material an die Hand geben möchte, mit dem er selbst dann politisch wirksam werden kann: als Kritik an der realexistierenden (medialen) Wirklichkeit: „[E]s [= das Theater] kann zur Erkenntnis eines Komplexes beitragen oder eine widerstrebende Haltung aufs äußerste *provozieren*." (N, 101)[33] In seiner ausführlichen Besprechung zweier Inszenierungen der *Ermittlung* kommt Ernst Wendt dann auch bereits 1965 zu dem Schluss, „[d]er Text" sei „offen": „Er gestattet extreme, auseinanderklaffende Interpretationen auf dem Theater."[34]

Diesen „Abstand" (N, 100) des Theaters zum unmittelbaren politischen Leben ermöglicht einen Distanzgewinn, den Weiss für das Dokumentartheater nutzt: Das Material wird aus seinem alltäglichen Kontext herausgelöst und durch den neuen „Rahmen" (N, 96) der Bühne neu komponiert. So wird paradoxerweise gerade die Transformation des „Wirklichkeitsstoff[s] zum künstlerischen Mittel" zur Bedingung für eine *andere*, analytische „Auseinandersetzung mit der Realität" (N, 96): „Was bei der offenen Improvisation, beim politisch gefärbten Happening, zur diffusen Spannung, zur emotionalen Anteilnahme und zur Illusion eines Engagements führt, wird im dokumentarischen Theater aufmerksam, bewußt und reflektierend behandelt." (N, 97) Dieser Einstellungswechsel ist entscheidend. Objektivität ist nur das Mittel, nicht der Zweck des dokumentarischen Theaters, das „die Form eines Tribunals annehmen" (N, 100) kann, also dem Material gegenüber als kritisch-reflektierende Untersuchungs- und Urteilsinstanz auftritt.[35]

Der Frage nach der Fiktionalität des Dokumentartheaters und seines Wirklichkeitsbezugs wird nur eine zweiteilige Antwort gerecht: Fiktionalität hilft dem Theater als *Konvention*, denn der forcierte Wirklichkeitscharakter der Dokumente wird durch ihre Präsentation *auf der Bühne* dekontextualisiert und damit ihrer Selbstverständlichkeit entkleidet. Sie wird, wie Weiss schreibt, von neuen „Gesichtspunkten her" (N, 100) und damit, wie die Rede vom „latenten Zeitstoff[]" (N, 95) suggeriert, vielleicht überhaupt erst wahrnehmbar. In der Exponierung der Dokumente initiiert das Dokumentartheater eine „reflexive Konfrontation nicht nur mit den politischen Implikationen kulturell und sozial fabrizierter Weltbilder, sondern auch mit un-

33 Hervorh. d. Verf.

34 Ernst Wendt: Was wird ermittelt? Peter Weiss' „Ermittlung": Bogers Auschwitz oder unser Auschwitz? – gefragt am Beispiel von zwei Aufführungen. In: Theater heute 12 (1965), 14–18, hier 18.

35 Vgl. N, 99: „Viele seiner Themen können zu nichts anderem als zu einer Verurteilung geführt werden."

seren eigenen kulturellen und sozialen Vorurteilen, mit denen wir der Welt und ihren Bildern entgegentreten".[36]

Zugleich aber führt das ‚innerfiktionale' Insistieren auf der Authentizität, dem Wirklichkeitscharakter des Materials – nicht der Bühnensituation[37] – als Ausdrucksform, die „sich von herkömmlichen Kunstbegriffen unterscheide[t]" (N, 96), zu einer Irritation, die sich im Falle der *Ermittlung* als Ablehnung äußerte, sie überhaupt als Theater anzuerkennen; der *Ermittlung* fehle es an der „Sphäre des Spiels", sie handele von „Faktenwahrheit", nicht von „Kunstwahrheit", so zum Beispiel Joachim Kaiser[38], der damit bündig die Provokationskraft des Dokumentartheaters als Verzicht auf „Spiel" formulierte. Eine solche „Entgrenzung der Kunst und der Künste"[39] wurde für die folgenden Jahrzehnte bedeutungsvoll und betrifft nicht nur das Theater, sondern das ganze System der Kunst: „Tatsächlich wendet sich gerade die avancierte Kunst heute dezidiert gegen den Versuch, sie auf eine gegenüber der Realität ebenso utopische wie unüberbrückbar jenseitige Position festzulegen."[40] Wie Juliane Rebentisch darlegt, „destabilisiert" die innere ‚Entgrenzung' „die Grenze zwischen Kunst und Nichtkunst, künstlerischer Repräsentation und empirischer Realität".[41] Das „Ästhetische" kann daher „nicht länger als das objektivierbar Andere des Nichtästhetischen verstanden werden".[42] Die neuaufgeflammte, in vielen Kunstsparten geführte Debatte um einen Neuen Realismus muss, so Juliane Rebentisch, verstanden werden als ein Symptom dieser grundlegenden Verschiebung. Es gehe dabei „nicht bloß um einen ‚Ismus', der sich in einer Stilgeschichte der Kunst gleichberechtigt neben anderen ‚Ismen' einordnen lässt".[43] Vielmehr fordere das System der Kunst als Ganzes momentan eine Neubestimmung des Wesens und der Aufgaben von Kunst sowie eine Klärung ihres Verhältnisses zur Wirklichkeit:[44] „Die Realismus-Diskussion stellt die Frage ‚Wozu Kunst?' mit allem Nachdruck in den Mittelpunkt."[45]

Im Augenblick diskutieren vor allem postdramatische[46] Ästhetiken ein neues, ‚postfiktionales' Verhältnis zur Wirklichkeit, für das, so die These, Jelineks produktive Rezeption des Dokumentartheaters wegweisend war. Ihre Stücke, von denen hier beispielhaft *Burgtheater* näher betrachtet wird, nahmen die Provokation des Dokumentartheaters der sechziger Jahre auf und überführten sie in ästhetische Formen, die sich von dessen Purismus weit entfernten.

---

36 Rebentisch, Realismus heute (Anm. 5), 261.
37 Vgl. N, 100; das Dokumentartheater verlangt also keinen ‚Realismus' im stilistischen Sinne.
38 Zit. nach N. N.: Weiss „Die Ermittlung". In: Theater heute 12 (1966), 114.
39 Rebentisch, Realismus heute (Anm. 5), 247.
40 Ebenda, 254.
41 Ebenda, 251.
42 Ebenda.
43 Ebenda, 248.
44 Vgl. hierzu ebenda, insbes. 247.
45 Ebenda, 248.
46 Zur postdramatischen Ästhetik vgl. Lehmann, Postdramatisches Theater (Anm. 2) (Lehmann geht es jedoch vornehmlich um die Aufführungspraxis); Gerda Poschmann: Der nicht mehr dramatische Theatertext. Aktuelle Bühnenstücke und ihre dramaturgische Analyse. Tübingen 1997 (= Theatron 22); Klessinger, Postdramatik (Anm. 16); Pia Janke, Teresa Kovac (Hg.): „Postdramatik". Reflexion und Revision. Wien 2015 (= Diskurse.Kontexte.Impulse 11).

Sie haben in ihrer Kombination von postfiktionalem Impetus und postmoderner Offenheit Modellcharakter für die heutige Theaterästhetik.

Die polemische Kraft von *Burgtheater*

Bereits Jelineks erstes Stück *Was geschah, nachdem Nora ihren Mann verlassen hatte oder Stützen der Gesellschaften* von 1979 inszeniert die Kollision von Theater und Wirklichkeit, indem „Nora aus dem gleichnamigen Stück von Ibsen"[47] in eine Welt versetzt wird, die aus Zitaten faktualer Textquellen gebildet ist.[48] Die literarische Figur übersteht ihre Realitätsprüfung nicht: Noras Emanzipationswunsch wird sich schnell als ‚unrealistisch' erweisen – am Ende kehrt sie zurück in ihre literarische Ursprungswelt. *Burgtheater* hingegen nimmt seine *dramatis personae* nicht aus der Fiktion, sondern aus der Wirklichkeit. Das Stück über eine Schauspieler-Familie während des Zweiten Weltkriegs, „Burgschauspieler" und „Filmschauspieler" (B, 130), das bei seiner Uraufführung 1985 in Bonn zu Jelineks erstem Theater-Skandal avancierte, nennt bereits im Titel einen real existierenden Eigennamen und situiert sich damit in einer identifizierbaren Realität.[49] Ohne das nötige ‚Wirklichkeitswissen' ist *Burgtheater* eine satirische Posse über das Wendehals-Verhalten von Schauspielern; versteht man die Realitätsreferenzen, wird das Stück zu einer Polemik gegen ganz konkrete Schauspieler des Wiener Burgtheaters, nämlich Paula Wessely, ihren Mann Attila Hörbiger, deren drei Töchter Christiane Hörbiger, Elisabeth Orth und Maresa Hörbiger sowie Attila Hörbigers Bruder Paul. Zwar werden sie im Stück nicht beim Namen genannt, sie sind als fiktionale Personen aber so realitätsgesättigt, dass sie von Lesern und Zusehern mit etwas Kontextwissen mühelos identifiziert werden können. Ein Brief an Otto Breicha, dem Jelinek den Text zunächst für die Zeitschrift *protokolle* anbot, belegt, dass ihr der Realitätsgehalt des Stücks durchaus wichtig war: „Sie werden sicher merken, wer mit den Personen gemeint ist: die heilige Kuh des Wessely/Hörbiger-Clans. Alles ist genaustens recherchiert, aber man riskiert natürlich etwas damit."[50] Jelineks Recherche-Material sind diverse (Auto-)Biographien, Programmhefte und andere Selbst- und Fremddarstellungen der Schauspielerfamilie, aber ebenso deren Film-Produktionen, wie der berüchtigte Film

---

47 Elfriede Jelinek: Was geschah, nachdem Nora ihren Mann verlassen hatte oder Stützen der Gesellschaften. In: Jelinek, Theaterstücke (Anm. 29), 7–78, hier 9.

48 Vgl. hierzu Jelineks Selbstauskunft im Essay *Ich schlage sozusagen mit der Axt drein*. In: TheaterZeitSchrift 7 (1984), 14f.: „Für *Was geschah, nachdem Nora ihren Mann verlassen hatte oder: Stützen der Gesellschaft* [sic] habe ich zahlreiche Nummern von Unternehmer- und Anlageberater-Zeitschriften durchgelesen, um meinen Konsul Weygang, die Hauptfigur [...] alles das sagen zu lassen, was ein Kapitalist zwar weiß und denkt, aber nicht öffentlich sagen würde. [...] Was die Arbeiterinnen in der Fabrik betrifft [...] so habe ich Dokumentationen über das Los der Arbeiterinnen speziell in den zwanziger Jahren benutzt, also zur Zeit, in der das Stück spielt."

49 Zum Kontext vgl. die Darstellung von Sylvia Paulischin-Hovdar: Der Opfermythos bei Elfriede Jelinek. Eine historiografische Untersuchung. Wien u.a. 2017 (= Literatur und Leben. N.F. 88), 108–173.

50 Verena Mayer, Roland Koberg: Elfriede Jelinek. Ein Portrait. Reinbek b. Hamburg 2006, 135.

Heimkehr, in dem Paula Wessely die Hauptrolle spielte, Jelinek zufolge „der schlimmste Propagandaspielfilm der Nazis überhaupt".[51]

Was Jelinek damit „riskierte", konnte sie am Schicksal jenes Romans sehen, der ihr laut ihren Biographen Verena Mayer und Roland Koberg die Idee zu *Burgtheater* gegeben hatte: Klaus Manns *Mephisto. Roman einer Karriere*.[52] Der oft als Schlüsselroman zu Gustaf Gründgens gelesene Roman über den Schauspieler Hendrik Höfgen, der sich während der Zeit des Nationalsozialismus mit den Machthabern arrangiert und als Opportunist eine große Karriere macht, war 1981 mit Klaus Maria Brandauer in der Hauptrolle verfilmt worden. Auch die Buchausgabe erschien gerade wieder zum ersten Mal, nachdem Gustaf Gründgens' Alleinerbe gegen die Nymphenburger Verlagshandlung geklagt und 1971 ein Publikationsverbot erwirkt hatte, da der Roman ein „grob ehrverletzendes Persönlichkeitsbild von Gründgens"[53] zeichne. Breicha riet Jelinek denn auch, man müsse den Text so verschleiern, dass nicht nachzuweisen sei, wer gemeint ist, damit „man sich, wenn es drauf ankommt, blöd stellen kann".[54]

Mit dem polemischen Bezug auf realexistierende Personen ist Jelineks Stück allerdings nicht mehr als rein fiktionaler Text zu verstehen. Der Angriff auf die ‚heilige Kuh' des Wessely-Hörbiger-Clans ist zugleich ein Angriff auf die Fiktionalität, denn Polemik basiert auf einem „pragmatischen Realitätsbezug":

> Die Grundbedeutung von *Polemik* ist die *aggressive*, auf Bloßstellung und moralische oder intellektuelle Vernichtung abzielende Kritik der Gegner in einem Streit. Polemiken gibt es in allen Bereichen des öffentlichen Lebens; sie stehen in einem *pragmatischen Realitätsbezug* und sind meist in einem publizistischen Umfeld verankert, selbst wenn sie literarisch stilisiert sind (was bei den meisten Polemiken nicht der Fall ist).[55]

Fiktionalen Texten fehlt ein solcher „pragmatischer Realitätsbezug" – selbst wenn sie ‚wahre' Sachverhalte darstellen. Eine *literarische Polemik*, also Polemik im Medium der Literatur, scheint in gewisser Weise ein Selbstwiderspruch zu sein; dies erklärt vielleicht auch, warum ein Lemma ‚Polemik' in vielen einschlägigen literaturwissenschaftlichen Wörterbüchern ganz fehlt. Denn fiktionalisierte Polemik hört auf, Polemik zu sein und wird zu Satire – dem entspricht die von Walther Dieckmann vorgenommene Klassifizierung:

---

51 Elfriede Jelinek: Paula Wessely [aus einem Telefoninterview mit dem Magazin *FORMAT* (erschienen am 15.5.2000)]. https://www.elfriedejelinek.com/fwessely.htm [Stand: 15.6.2020].

52 Vgl. Mayer/Koberg, Elfriede Jelinek (Anm. 50), 131. Jelinek erwähnt den Roman selbst in ihrem Essay *Ich schlage sozusagen mit der Axt drein* (Anm. 48), 14–16, hier 16. Vgl. auch: Elfriede Jelinek im Gespräch mit Pia Janke: Hinter dem Lachen stecken die Brutalität und die Grausamkeit. In: Janke/Kovacs/Schenkermayr (Hg.), Elfriede Jelineks *Burgtheater* (Anm. 29), 19–25, hier 20 und 24.

53 Philipp Möhring: Verfassungsgerichtliche Wertentscheidungen. In: Dimensionen des Rechts. Gedächtnisschrift für René Marcic. Hg. von Michael Fischer u.a. Bd. 1. Berlin 1974, 575–590, hier 583.

54 Mayer/Koberg, Elfriede Jelinek (Anm. 50), 135.

55 Sigurd Paul Scheichl: Polemik. In: Reallexikon der deutschen Literaturwissenschaft. Neubearbeitung des Reallexikons der deutschen Literaturgeschichte. Bd. 3: P–Z. Hg. von Jan-Dirk Müller. 3. Aufl. Berlin/New York 2003, 117–120, hier 117; letzte Hervorh. d. Verf.

> Die Satire ist [...] eine künstlerisch-literarische Gattung [!], die vor dem Richterstuhl der Ästhetik beurteilt wird. Polemiken können sich zwar auch durch sprachliche Virtuosität, durch stilistische und kompositorische Raffinesse auszeichnen, doch sind solche Mittel im Rahmen der pragmatischen Gattung, die sich vor dem Richterstuhl der Moral zu rechtfertigen hat, rhetorisch-taktisch und nicht künstlerisch motiviert.[56]

Jürgen Brummack meint, in der Satire müsse der Angegriffene „in irgendeiner Weise als Repräsentant, Teil oder Symptom eines Übels hingestellt werden, das der Allgemeinheit droht (wichtigstes Mittel dazu ist die Fiktionalisierung). Wo das nicht geschieht, ist die Grenze zur Polemik oder zur Invektive überschritten".[57] In Übereinstimmung damit argumentiert auch Kurt Krolop, „Stoff der Polemik" sei „ein gegebenes Objekt, ein konkreter Sachverhalt", „Stoff der Satire" hingegen sei „nicht die Wirklichkeit, sondern die Möglichkeit".[58] Fiktionalität fungiert also als eine Art Polemik-Puffer. Erst im pragmatischen Realitätsbezug, wie er paradigmatisch in der Publizistik vorausgesetzt wird, kann die Polemik sich entfalten und es ist daher kein Zufall, dass das wichtigste *role model* literarischer Polemik in Österreich, Karl Kraus, seine Polemiken vor allem in der – nicht-fiktionalen – Zeitschrift *Die Fackel* publizierte.[59]

Da der Unterschied von Fiktionalität und Faktualität aber – wie Schlaffer betont – eine Bewusstseinskategorie darstellt, also letztlich eine rezeptionsästhetische Einstellung, ist die Differenz von ‚fiktional' und ‚faktual' keine unverrückbare Eigenschaft eines Textes, sondern immer auch Einschätzungssache. Dass z.B. literarische Texte von Thomas Bernhard von bestimmten Menschen als polemisch empfunden werden, lässt sich mit dem Umstand erklären, dass sie in diesen Fällen nicht als fiktionale Romane, Erzählungen oder Dramen rezipiert werden, sondern als faktuale Schlüsseltexte, die ihre Fiktionalität nur als taktisch motivierten Vorwand oder besser: als Lizenz verstehen, um brüskierende, entlarvende Details über bestimmte

---

56 Walther Dieckmann: Streiten über das Streiten. Normative Grundlagen polemischer Metakommunikation. Tübingen 2005 (= Konzepte der Sprach- und Literaturwissenschaft 65), 28.

57 Jürgen Brummack: Satire. In: Reallexikon der deutschen Literaturgeschichte. Bd. 3. Berlin/New York 1975, 601–614, hier 604. Zit. nach Dieckmann, Streiten über das Streiten (Anm. 56), 28.

58 Kurt Krolop: Sprachsatire als Zeitsatire bei Karl Kraus. Neun Studien. Berlin 1987, 61. Zit. nach Dieckmann, Streiten über das Streiten (Anm. 56), 28f.

59 Gerade Kraus scheint nun aber der Meinung zu sein, dass Polemik kunstfähig sei, ja nur *als Kunst* zur vollen Entfaltung kommen kann. Er scheibt 1912 in der Fackel: „Polemik ist eine unbefugte Handlung, die ausnahmsweise durch Kunst zum Gebot wird. [...] Ich halte Polemik, die nicht Kunst ist, für eine Angelegenheit des schlechten gesellschaftlichen Tons, die dem schlechten Objekt Sympathien wirbt." Karl Kraus: Notizen. In: Die Fackel Nr. 151–153, 47–54, hier 53. An dieser Bemerkung von Kraus ist jedoch zweierlei festzuhalten: Erstens besagt sie, dass Polemik im Regelfall nicht Kunst ist, sondern „nur ausnahmsweise". Dass Polemik künstlerisch ist, ist selbst nach Kraus die Ausnahme – im Regelfall ist Polemik, so muss man aus seinem knappen Kommentar schließen, der Kunst geradezu entgegengesetzt, eine Nicht-Kunst. Zugleich aber zielt Kraus' Rede von Polemik als Kunst auf den polemischen Stil ab und nicht auf Fiktionalität. Eine künstlerische Polemik ist in diesem Sinne eine rhetorisch-literarisch stilisierte, was noch nichts darüber aussagt, in welchem pragmatischen Rahmen die Polemik stattfindet. – Zu Parallelen zwischen Karl Kraus und Elfriede Jelinek vgl. Elisabeth Kargl, Marc Lacheny: „Wahrheitssucher in sprachlichen Angelegenheiten". Elfriede Jelinek et Karl Kraus. In: Andrée Lerousseau (Hg.): Des femmes en dialogue avec le siècle. Lille 2010 (= Germanica 46), 125–146. https://journals.openedition.org/germanica/1055 [Stand 15.6.2020].

Personen der österreichischen Gesellschaft offenzulegen. Umgekehrt verpufft das polemische Potential der Texte, wenn man sie als fiktionale Literatur liest; übrig bleibt dann nur mehr eine satirische Tendenz. Es scheint ein Spezifikum von manchen Texten Bernhards zu sein, eine ‚doppelte' Lektüre zuzulassen: als fiktionale Satire oder als faktuale Polemik. Bereits Kraus schützte seine Polemiken wiederholt gegenüber dem Vorwurf der Verleumdung und Ehrverletzung durch den Vorwand, es handele sich um fiktionale Satire, die letztlich auf ein Allgemeines ziele und nicht gegen eine konkrete Person gerichtet sei.[60]

Einen solchen rezeptiven Einstellungswechsel kann man auch bei Jelineks *Burgtheater* ausmachen: Das Stück regte das Publikum bei seiner Uraufführung in Bonn zunächst ganz und gar nicht auf.[61] Als Polemik wurde es erst in dem Moment empfunden, als es in der Presse als Stück über die österreichischen Schauspieler Paula Wessely, Attila und Paul Hörbiger decouvriert wurde. Mit dem Vorwurf der Ehrverletzung konfrontiert, wendete Jelinek dieselbe Strategie an, die schon Karl Kraus benutzt hatte: Es gehe ihr eigentlich gar nicht um die Personen selbst, diese seien nur Symptome, ja letztlich prangere sie nur eine verkitschende Sprache an.[62]

Die Destruktion der Fiktionalität

Die Kategorie der Fiktionalität wird in *Burgtheater* auch von den Figuren ad absurdum geführt. Für diese besteht nämlich keinerlei Unterschied zwischen echt und nicht-echt, sie fallen auch im privaten Bereich immer wieder in ihre Rollen und „spielen". Käthe wird im zweiten Teil des Stücks ihre Rolle aus *Heimkehr* nicht mehr los, noch im – fiktional ‚echten' – Sterben wird sie von ihr beherrscht, obwohl sie nun politisch nicht mehr opportun ist: „Denn gleich werde ich wieder zu deutscher Erde" (B, 184); „[s]chaut nur – der zitternde Zweig des Haselnußstrauchs!" (B, 195)[63] – „Eine Krume für die Enkerln loßts mich retten bitte." (B, 187) – „Mir wird's gar wunderlich ums Herz. Der Feldstein! Hier, sehen wir ihn uns an. Gewachsen ist er aus Millionen Herzen von uns allen." (B, 188)[64] Die saubere Trennung von fiktionaler

60 Vgl. Dieckmann, Streiten über das Streiten (Anm. 56), 30f.

61 Vgl. Mayer/Koberg, Elfriede Jelinek (Anm. 50), 137.

62 Harald Friedl, Hermann Peseckas: Elfriede Jelinek. In: Harald Friedl (Hg.): Die Tiefe der Tinte. Wolfgang Bauer, Elfriede Jelinek u.a. im Gespräch. Salzburg 1990, 27–51, hier 44.

63 Frühere Anspielungen auf *Heimkehr* in *Burgtheater*: „SCHORSCH: A daitsches Madl in Polen wirst jetzt spün. In der Wojwodschaft Luzk." (B, 140); „SCHORSCH: Die Kinder miassen in dem Füm a wenig gresser sein, miassen holt sagen kenne, was der slawische Mensch ihnen antut." (B, 156); „SCHORSCH: Der Schnitter messert. Helfen Sie einer daitschen Mutter bitte!" (B, 157); „ISTVAN: Kusch! Speibn! Die Furze Ackers! Der Lehm. Das Mickergras. Gewachsen aus Millionen Herzen. [...] Brüte, alte, schwarme Erde Deutschlands!" (B, 164).

64 Jelinek macht den entsprechenden Ausschnitt aus *Heimkehr*, auf den diese Zitate rekurrieren, auf ihrer Homepage zugänglich: Jelinek, Paula Wessely (Anm. 51). Diese Äußerungen Käthes sind umso aufschlussreicher, als sie hier schon *„ersterbend"* (B 188) nur mehr halb bei Bewusstsein ist; innerhalb der Stückfiktion kommt ihr opportunes „Spiel" erst mit ihrem Tod an seine Grenze und es ist bezeichnend für Jelineks Wirklichkeitsverständnis, dass Käthes ‚realer' Faschismus sich in Worten ihrer *Heimkehr*-Rolle äußert.

und realer Welt entpuppt sich in dem Stück als Kunstideologie: als Fiktion, der gegenüber die Kontinuität und starke Verwobenheit von Unterhaltungsindustrie und Politik sichtbar wird.[65] Jelinek lässt ihre Figuren diesen Befund unter anderem in dem kunstvollen Doppelsinn des ‚Spielens' artikulieren:

> SCHORSCH: *gutmütig, brav* Was i dir neilich scho sagen wollt, Kathi, mir missen unsane Rollen jetztn, vastehst, itzo a weng... ändern. Anpassn den veränderten Zeitläuften. Dem Verlangen vom Hoamatl... staatspolitisch besonders wertvoll!
> [...]
> ISTVAN: Tua schön zuhörn, Käthe, tuast halt zuhörn und machst es nach, gö ja. Der Schorschi weiß schon, was gut is, fier uns und fier die ondaren. Der hot seine Beziehungen zu Berlin, die was er spielen laßt, damits eahm spün lossn.
> [...]
> KÄTHE: Spielen, spielen ist ja mein Leben! (B, 132)

Die Mär vom unpolitischen Schauspieler wird in dem Stück durchgehend als Mythos entlarvt, indem die Schauspieler auch als Privatpersonen ‚ihre Beziehungen spielen lassen'. Diese Unterschiedslosigkeit auf der Ebene der Darstellung steht nun Modell für Jelineks Ästhetik, die diese Differenz auch für *Burgtheater* nicht gelten lässt: Ob fiktionale oder faktuale Quelle: beides wird in *Burgtheater* unterschiedslos als ein Dokument behandelt. Wie bei Weiss sind diese ‚Dokumente' zugleich wirklichkeitsverstellend wie wirklichkeitserhellend: Sie sind manipulierend und sind Ergebnis einer Manipulation, doch indem sie in dieser Doppelgesichtigkeit auf die Bühne gebracht werden, wird es möglich, gerade darin ihren paradigmatischen Wirklichkeitscharakter zu erkennen.

Unwirkliche Wirklichkeit

Im Gegensatz zur *Ermittlung* von Peter Weiss, dessen Eingriffe in das Dokument gering sind und der es für sich sprechen lässt, ist Jelineks *Burgtheater* in einem hochgradig künstlichen Stil geschrieben, der das manipulierende Material selbst nochmals manipuliert.[66] Dies ist aber nicht ein Gegenmittel gegen die ‚postfiktionale' Beschaffenheit des Stücks, sondern unterstützt vielmehr Jelineks Ziel, die Unwirklichkeit der Wirklichkeit offenzulegen. Bereits die Hinweise zur Sprache zeigen die intrikate Mixtur aus Realität und Künstlichkeit: „Sehr wichtig ist die Behandlung der Sprache, sie ist als eine Art Kunstsprache zu verstehen. Nur Anklänge an den echten Wiener Dialekt!" (B, 130) Der „echte[] Wiener Dialekt" wird durch seine künstliche Einkleidung als ein per se künstlicher wahrnehmbar. Er hat nichts Natürliches mehr, sondern zeigt seine *falsche* Echtheit. Dies gilt auch für die anderen ‚unrealistischen' Verfremdungs-

65 Vgl. auch Jelineks späterer Kommentar: „Meine Haltung hat sich seit damals nicht geändert. Ich betrachte den Film als Kriegsverbrechen und alle Beteiligten als (nie bestrafte, sondern vielmehr auch später noch verehrte) Kriegsverbrecher. Die [...] Unterhaltungsindustrie des Dritten Reichs [...] ist Kriegstreiberei gewesen, nichts anderes." Jelinek/Janke: Hinter dem Lachen (Anm. 52), 21.

66 Vgl. Jelineks Aussagen dazu in *Ich schlage sozusagen mit der Axt drein* (Anm. 48), 16.

effekte: Sie entkleiden die Wirklichkeit ihrer Natürlichkeit.[67] Handke hatte seine Absage an die mimetische Repräsentation in der *Publikumsbeschimpfung* mit der Entstehung einer „unwirkliche[n] Wirklichkeit“[68] begründet: „Mit der unwirklichen Zeit spielte sich eine unwirkliche Wirklichkeit ab“:[69]

> Sie [= die Spiele] waren nicht das, was sie waren. Sie waren nicht das, was sie schienen. Es war bei Ihnen etwas dahinter. Die Dinge und die Handlungen schienen zu sein, aber sie waren nicht. Sie schienen so zu sein, wie sie schienen, aber sie waren anders. Sie schienen nicht zu scheinen wie in einem reinen Spiel, sie schienen zu s e i n . Sie schienen Wirklichkeit zu sein.[70]

Handke verwirft diese Option – aber Jelinek nutzt sie als Potential der Literatur, die Unwirklichkeit der Wirklichkeit zu zeigen. In ihrer Dankesrede zur Verleihung des Peter-Weiss-Preises der Stadt Bochum 1994 stellt sie diese Intention ins Zentrum ihres literarischen „Engagement[s]“:

> Ich versuche, mich dort einzuordnen, indem ich *dieses Unwirkliche*, das in meinem Land, Österreich, haust, immer wieder aus seiner Gemütlichkeit herausreiße. Wenn es sich gerade am wohligsten in seinen Mehlspeisen räkelt, dann gehe ich ihm ans Eingemachte, das ja auch ein Gemachtes ist. Und so haben wir in Österreich uns auch unsere Geschichte sozusagen selbst gemacht, hausgemacht. Es ist uns zu rasch erlaubt worden, je schon Unschuldige gewesen zu sein. Vielleicht ist dieses Engagement meiner Literatur ein Hindurchgehen durch das Erscheinen unserer Dinge, die wir, vorzugsweise vor zahlenden Gästen, Touristen, immer wieder auf unsre Tische hinwerfen. [...] Es ist nicht nur das Wirkliche wirklich, es ist auch das Gewirkte, es sind auch unsre Wirkwaren, die wir selber gestrickt, gewirkt haben, wirklich. [...] So wird von uns verhüllt, was sich ereignet hat, es verwandelt sich in bloße Ereignisse, die wir einander zuschreiben, um dann von ihnen lesen zu können. Damit die Wahrheit uns nicht verläßt, kann ich sie nicht sein lassen, was sie ist, nämlich die Unwahrheit.[71]

Wirklichkeit und Künstlichkeit durchdringen sich dieser Sicht zufolge dialektisch. Indem auf der Bühne die Wirklichkeit *als* Künstlichkeit gezeigt wird, wird sie hinterfragbar:

> Weil auch ich die Wahrheit nicht gepachtet habe, versuche ich, möglichst oft eine Unbefugte zu sein, die diesen schwankenden Boden betritt, jedenfalls oft genug, daß die Besitzer der Wahrheit sich schon beschweren, weil die Fugen zwar verschmiert, aber noch nicht ganz trocken sind. Ich bin bereit, den Boden immer wieder aufs neue kaputtzumachen, um nachzuschauen, was drunter ist, auch wenn ich selber darauf stehe.[72]

---

67 Vgl. auch Deutsch-Schreiners Feststellung, „dass Jelineks Schreibweisen [...] nie vom Inhaltlichen und von ihren politischen Absichten zu trennen sind. Nie schreibt sie bloß Sprachspiele. Stets ist jedes Wort, jedes künstlerische Vorgehen inhaltlich rückgebunden an ihr Thema“. Evelyn Deutsch-Schreiner: „ein Matsch, der nach dem Krieg nie richtig trockengelegt worden ist“. Jelineks *Burgtheater* – Politik und Ästhetik. In: Janke/Kovacs/Schenkermayr (Hg.), Elfriede Jelineks *Burgtheater* (Anm. 29), 74–86, hier 74f.

68 Peter Handke: Publikumsbeschimpfung. In: Peter Handke: Publikumsbeschimpfung und andere Sprechstücke. Frankfurt a.M. 1996 (= es 3312), 5–48, hier 38.

69 Ebenda.

70 Ebenda. Der Ausdruck „unwirkliche Zeit“ wird auf Seite 37 zweimal wiederholt.

71 Jelinek, Dankesworte (Anm. 19), 32f., Hervorh. d. Verf.

72 Ebenda, 33.

Wenn Jelinek gerade zur Zeit von *Burgtheater* betont, „an das Theater als ein politisches Medium" zu glauben[73], zehrt dieser Optimismus von dem vom Dokumentartheater initiierten Anspruch auf Wirklichkeitsrelevanz. Im Vergleich zu Peter Weiss ‚verschärft' Jelinek dieses Potential, indem sie es mit austriazistischer Wut auflädt. In seiner Monographie zum Dokumentartheater klassifiziert Brian Barton Karl Kraus' Stück *Die letzten Tage der Menschheit* als untypisches Beispiel eines Dokumentartheaters. Es könne, so Barton, „mit anderen Dokumentarstücken kaum verglichen werden. [...] Die Wut und Empörung, die der Autor dieser Gesellschaft entgegenbringt, wird zum entscheidenden Prinzip bei der Auswahl und Interpretation des Stoffes".[74] Auch die inhärente Polemik von *Burgtheater* ist von Empörung getragen.

Burgtheater begeht ein doppeltes Sakrileg: Nicht nur einen Tabubruch in Hinblick auf die Exponierung des prototypischen Opportunistentums der Wessely-Hörbiger-Familie; das Stück überschreitet zugleich die ästhetischen Grenzen, die dem fiktionalen Rahmen gesetzt sind. Das Stück habe sie, so Jelinek, ihren

> guten Ruf als Autorin gekostet. Diese Unterstellungen haben damals begonnen, denn man sagt nicht, ich hätte die Wahrheit gesagt oder versucht über diese Wahrheit jetzt zu sprechen, sondern man sagt, ich hätte etwas gesagt, was man besser nicht hätte sagen dürfen, was man besser hätte ruhen lassen.[75]

In diesem Zusammenhang sollte es nicht überraschen, dass Jelinek auf „Wahrheit" pocht, wie sie überhaupt immer wieder betont, „[g]erade sie habe doch immer die Wahrheit hinter dem Schein hervorholen wollen".[76] Die Suspendierung von Fiktionalität ermöglicht allererst ein solches Wahrheitsbegehren.

Jelineks höchst eigenwilliger, sprachspielerischer und artifizieller Stil hat dazu beigetragen, dass die basale Erodierung von Fiktionalität – die allerdings nicht für alle ihre Texte gleichermaßen gilt – kaum wahrgenommen wird, da mit ‚Realismus' gemeinhin ein schmuckloser, transparenter Stil einhergeht. Wie sehr dieser Realitätsanspruch innerhalb der Literaturwissenschaft irritiert, zeigen die bislang vorliegenden Forschungsbeiträge zu *Burgtheater*. Obwohl die österreichische Presse unmittelbar auf die Wirklichkeitsbezüge ansprang und die daraus resultierende Kontroverse von Pia Janke in dem Buch *Die Nestbeschmutzerin* ausführlich dokumentiert wird[77], spielen weite Teile der Literaturwissenschaft den polemischen Realitätsbezug des Stückes herunter. So schreibt Hanna Klessinger z.B.: „*Burgtheater* ist kein vordergründiges Schlüsseldrama."[78] Ablesbar wird in diesen Urteilen die unterstellte Dichotomie von einem

---

73 Jelinek: Ich schlage sozusagen mit der Axt drein (Anm. 48), 16.

74 Brian Barton: Das Dokumentartheater. Stuttgart 1987, 34.

75 Jelinek in der TV-Dokumentation *Wer hat Angst vor Elfriede J.*? Zit. nach Paulischin-Hovdar, Der Opfermythos bei Elfriede Jelinek (Anm. 49), 156.

76 Zit. nach ebenda, 57. Noch in Jelineks Nobelpreisrede *Im Abseits* von 2004 ist „Wirklichkeit" die Zentralkategorie ihrer Überlegungen. Elfriede Jelinek: Im Abseits. In: Literaturnobelpreis Elfriede Jelinek. Hg. von Pia Janke. Unter Mitarbeit von Peter Clar u.a. Wien 2005 (= Diskurse.Kontexte.Impulse 1), 227–238, hier 227.

77 Pia Janke (Hg.): Die Nestbeschmutzerin. Jelinek & Österreich. Salzburg/Wien 2002, 171–182.

78 Klessinger, Postdramatik (Anm. 16), 180.

wertlosen, weil plakativen und *direkten* Realitätsbezug auf der einen und einem indirekten, ‚hintergründigen' Gehalt auf der anderen Seite. Eine solche Trennung aber wird von Jelineks Texten unterlaufen. Natürlich ist *Burgtheater* nicht nur ein Schlüsselstück, aber eben auch. Die Forschung kann sich freilich auf Jelinek selbst berufen, die wiederholt betont hat, *Burgtheater* sei „nicht ein Stück über Personen, als das es [von der Presse] immer mißverstanden wurde".[79] Beate Hochholdinger-Reiterer wiederholt dieses Argument und leitet daraus ab:

> Die österreichische Rezeption von *Burgtheater* ist geradezu das Paradebeispiel für ein aus prinzipieller Verweigerungshaltung resultierendes Missverständnis. Ein ästhetisch wie inhaltlich in höchstem Maße artifizielles Drama wurde damals [von der Presse und der Öffentlichkeit] nahezu ausschließlich über den Umweg medialer Berichterstattung als quasi-biografisches Schlüsselstück wahrgenommen.[80]

Man mag ihr recht geben, was die Einseitigkeit angeht; doch die unterstellte prinzipielle Unvereinbarkeit von stilistischer Artifizialität und Anspruch auf polemische Aufdeckung des Wirklichen geht an der Pointe von Jelineks Poetik vorbei, in der beides zusammengebracht wird. Eine Vereindeutigung in eine der beiden Richtungen verkennt gerade den innovatorischen Charakter des Stücks, diese Dichotomie zu unterminieren. Jelineks Behauptung, es gehe in *Burgtheater* gar nicht um die wirklichen Personen, muss als eine rein rhetorische Schutzbehauptung verstanden werden, dem Rat von Breicha folgend ‚sich dumm zu stellen'. Das Argument, die Personen seien ‚repräsentativ' für bestimmte gesellschaftliche Verhältnisse[81], mindert nicht das polemische Potential des Stücks, denn natürlich hat dies einen gesellschaftskritischen Zweck: Es fördert wie bei Weiss den „latenten Zeitstoff[]" (N, 95) zutage. Dass dieser aber als akutes Phänomen der eigenen Gegenwart transparent wird, dazu braucht es den „Schock" der unmittelbaren Realitätsreferenz.[82] Als eine ästhetische Form für (polemisches) Engagement ist *Burgtheater* ein Modell für Jelineks Theater, das seitdem in vielen ‚Anlassstücken' Verwendung findet. Noch 2000, anlässlich des Todes von Paula Wessely, polemisiert Jelinek ad personam gegen die Schauspielerin:

> Ihre Mitwirkung sowohl an ablenkenden Filmen als auch an diesem Propagandaspielfilm wird bis heute unterschätzt. Das Dritte Reich war das erste Regime, das sich mit Hilfe einer gigantischen Ablenkungs-

---

79 Friedl/Peseckas, Elfriede Jelinek (Anm. 62), 51.

80 Beate Hochholdinger-Reiterer: „Zeit 1941. Alles äußerst heiter!" Zur Komik in Elfriede Jelineks „Burgtheater. Posse mit Gesang". In: Hilde Haider-Pregler (Hg.): Komik. Ästhetik, Theorien, Strategien. Wien u.a. 2006 (= Maske und Kothurn 51,4), 447–456, hier 456.

81 Vgl. Jelinek, Ich schlage sozusagen mit der Axt drein (Anm. 48), 16.

82 „Aber in meinem Fall kann man sehen, daß dieser Schock des ‚Burgtheater'-Stückes eigentlich etwas bewirkt hat: es ist selten so viel diskutiert worden, allgemein über die Vergangenheit von unseren großen Heroen aus der Welt der Kunst oder der Politik, wie z.B. Waldheim [den Jelinek 1987 mit ihrem Stück *Präsident Abendwind* zum Thema macht]. Ich meine, daß das schon ein Akt der Bewußtmachung ist, daß Dinge nicht einfach vergeben und vergessen sind, sondern daß man auch, wenn man nicht Leute wegen ihrer Vergangenheit heute verurteilen soll, die Unverbesserlichen aufzeigen müßte. Das ist ja bisher nicht geschehen, und ich glaube, daß es legitim ist, daß man das tut." Elfriede Jelinek in: N.N.: „Unpolitischer Pazifismus ist nicht möglich...". In: Stimmen zur Zeit 107 (1986), H. 107, 18–19, hier 19. Zit. nach Janke/Kovacs/Schenkermayr (Hg.), Elfriede Jelineks *Burgtheater* (Anm. 29), 27.

> und Propagandaindustrie an der Macht hielt. Und Wesselys Mitwirkung daran ohne Not und an einer dermaßen exponierten Stelle würde ich mit Kriegsverbrechen gleichsetzen. Nicht gezwungen und ohne Not ist das durch nichts zu rechtfertigen. Man darf nicht vergessen, daß Paula Wessely der höchstbezahlte weibliche Star der Nazizeit war. Das Argument einer ‚unpolitischen Frau', wie man sie im günstigsten Fall nennen könnte, kann ich nicht akzeptieren. Denn wenn sie in ‚Heimkehr' sagt, ‚Wir kaufen nichts bei Juden', hätte sie als erwachsener Mensch wissen müssen, was sie da sagt. Und hätte versuchen müssen, das zu verweigern.[83]

Wenn man dem zugehörigen Dramentext diesen referentiellen Stachel zieht, bringt man ihn um sein polemisches „Schock"-Potential und wiederholt letztlich die Haltung der Schauspieler selbst, die alles zum Spiel erklären, frei nach Schorsch: „Bin nur ein Komödiant!" (B, 132)

83 Jelinek, Paula Wessely (Anm. 51).

Allyson Fiddler

„In das Drama zurückgeworfen". Zu politischen und stilistischen Fragen bei Marlene Streeruwitz[1]

Die österreichische Autorin Marlene Streeruwitz ist heutzutage eher als Prosaschriftstellerin bekannt und für ihre Romane schon mehrfach preisgekrönt.[2] Die Autorin kann aber auch ein beachtliches Verzeichnis von Bühnenstücken vorweisen, wovon der Hauptteil in den 1990er Jahren verfasst und uraufgeführt wurde. Bei einer 1999 vom Fischer Verlag herausgegebenen Anthologie von zehn Stücken[3] waren acht schon als einzelne Stücke oder in einer „Zwei Stücke"-Ausgabe in der Edition Suhrkamp erschienen. 1992 wurde Streeruwitz sogar von *Theater heute* als „beste Nachwuchsdramatikerin" gewählt und zählte in den frühen 1990ern, zusammen mit den Dramatikern Peter Handke, Botho Strauß, Elfriede Jelinek, Peter Turrini, Heiner Müller und Rolf Hochhuth, zu den „Vielgespielten, Oftgenannten".[4] Zwanzig Jahre nach der Jahrtausendwende kann allerdings nicht mehr behauptet werden, dass Marlene Streeruwitz auf deutschsprachigen Bühnen viel gespielt wird. Seit geraumer Zeit widmet sie sich nämlich bewusst eher der Prosa und scheut die Gattung Drama, eine Tatsache, die in der Sekundärliteratur hervorgehoben und auf die in Interviews mit der Autorin immer wieder eingegangen wird. Trotzdem listet die Homepage der Autorin unter der Rubrik ‚Drama' allein seit 2000 circa fünfundzwanzig Werke auf: Es sind Hörspiele, Minidramen, Bühnenstücke, darunter auch Bühnenfassungen von Prosawerken. Bei einigen steht die zusätzliche Information „Unveröffentlicht. Oder abgelehnt.", wobei nicht klar ist, ob die Autorin das Aufführungsangebot abgelehnt hat oder ob ein Werk vom Theater zurückgewiesen wurde. Der vorliegende Beitrag zeigt, dass Marlene Streeruwitz sehr wohl noch Stücke schreibt, und es wird dementsprechend der Frage nachgegangen, was diese Stücke von ihren alten exotisch klingenden frühen Stücken unterscheiden könnte. Im Folgenden handelt es sich hauptsächlich um das im Sep-

1 Ich möchte an dieser Stelle meinen herzlichen Dank an Prof. Dr. Sieglinde Klettenhammer, die Organisatorin unseres Symposiums zu „Entwicklungen der Dramatik und Formen des Theaters in Österreich seit den 1960er Jahren" ausdrücken. Mein Dank gilt auch Prof. Dr. Ulrike Tanzer, Leiterin des Forschungsinstituts Brenner-Archiv und zu guter Letzt auch Prof. Dr. Wolfgang Hackl, der uns den Anlass gab, Gespräche über Formen des Theaters in Österreich zu führen. Meiner Kollegin Dr. Simone Schroth sei für ihre Unterstützung bei der Korrektur der deutschen Fassung auch herzlich gedankt.

2 Streeruwitz bekam 1996 den Mara-Cassens-Preis für ihren ersten Roman *Verführungen*; 2001 den Hermann-Hesse-Preis für *Nachwelt* (1999); 2015 war sie auf der Longlist beim Deutschen Buchpreis mit *Nachkommen* (2014). Zu den Auszeichnungen gehören viele andere renommierte Preise für ihr literarisches Schaffen im Allgemeinen.

3 Marlene Streeruwitz: Waikiki-Beach. Und andere Orte. Die Theaterstücke. Frankfurt a.M. 1999.

4 Franz Wille: Farewell, my lovely? An den Grenzen der Aufklärung. Über die neuen Stücke von Elfriede Jelinek u.a. In: Theater heute. Jahrbuch (1993), 30–49, hier 30.

tember 2017 auf der Homepage der Autorin publizierte Wahlkampfdrama *Die letzten Tage der Zweiten Republik.* und das für das Berliner Ensemble in Auftrag gegebene *Mar-a-Lago. oder. Neuschwanstein.*[5], welches im Oktober 2018 uraufgeführt wurde.[6] Zu diesem Zweck werden im ersten Teil dieser Analyse einige Charakteristika der früheren Dramatik als Vergleichsbasis notiert. Danach konzentriert sich die Diskussion auf die zwei erwähnten neuen Stücke.

In einem 2004 veröffentlichten Email-Interview mit Ulrike Haß kritisierte Streeruwitz die Selbstbefriedigung des Theaters, das immer noch innerhalb eines Zeitrasters der Herrschaftsgeschichte Geschichten erzählen würde. Streeruwitz' feministische Analyse sieht im Theater einen fest verankerten Modus, der mit patriarchalen Sichtweisen und Theaterpraktiken nicht brechen kann oder will: „Wenn es nur die herrschaftsgeschichte als zeitraster gibt, dann kann es nur die klassiker geben. [...] das theater hat sich sicher gemacht im kalkül von immer irgendwie gelingender selbstbefriedigung. unterhaltung halt."[7] Über zehn Jahre später in einem Zeitungsartikel zum Anlass ihres fünfundsechzigsten Geburtstags (2015) ergänzt die Autorin ihre Kritik der Theaterpraktiken mit einer allgemeinen Beschwerde, dass die Bühnen nicht in der Lage seien, ihre Theatertexte zu inszenieren, da ihre Stücke auf einer konsequenten Ausrichtung an der Unantastbarkeit des Textes basierten: „Dass sie in den vergangenen Jahren hauptsächlich Prosa veröffentlicht hat, liegt laut Streeruwitz auch an ihren Theaterstücken, die sich ‚gegen das Postregie-Regietheater' richten und eine ‚korrekte Übernahme des Texts' verlangen [...]. Dies entspreche derzeit einfach nicht der aktuellen Mode, wie sie etwa auch in Wien herrsche", berichtet *Der Standard*.[8]

Die unanfechtbare Gültigkeit und Integrität des dramatischen Textes ist Streeruwitz' erstes Anliegen. Man kann sich kaum vorstellen, dass sie in ihren Regieanweisungen die Jelinek'sche Provokation „Machen Sie was Sie wollen"[9] schreiben würde, obwohl Elfriede Jelinek ihre Stücke bekanntlich oft nur bestimmten RegisseurInnen überlässt, denen sie im Hinblick auf ihren Theatertext und dessen Inszenierung vertraut. Streeruwitz stemmt sich auch prinzipi-

---

5 Beide Stücke sind bis jetzt nur auf der Homepage von Marlene Streeruwitz verfügbar. Für *Die letzten Tage der Zweiten Republik.* gibt es keinen Text zum Downloaden. In Hinkunft zit. als DLT mit Angabe des jeweiligen Aktes. Für Mar-a-Lago. steht ein vollständiger Text zum Download zur Verfügung. In Hinkunft zit. als M-a-L, Seitenangabe gemäß Downloadfassung.

6 Unter dem gekürzten Titel *Mar-a-Lago.* wurde das Stück in einer Doppelpremière mit der deutschen Übersetzung Alice Birchs *Revolt. She said. Revolt Again.* am Berliner Ensemble uraufgeführt. In der vorliegenden Analyse berufe ich mich zum Teil auf meine frühere Publikation zu den Wien-Stücken *New York. New York.* (1993) und *Tolmezzo.* (1994). Allyson Fiddler: Modernist or Postmodernist? The Absurd Question in Marlene Streeruwitz. In: Frank Finlay, R. Jeutter (Hg.): Centre Stage. Contemporary Drama in Austria. Amsterdam 1999 (= Amsterdamer Publikationen zur Sprache und Literatur 137), 57–72.

7 Ulrike Haß, Marlene Streeruwitz: „die leerstellen zu sehen. das wäre es." Ein Gespräch über das Theater. In: Heinz Ludwig Arnold (Hg.): Marlene Streeruwitz. München 2004 (= Text + Kritik 164), 59–65, hier 65.

8 Marlene Streeruwitz: Zwischenruferin mit Sinn für Ironie. In: Der Standard, 27.6.2015. https://derstandard.at/2000017885537/Marlene-Streeruwitz-Zwischenruferin-mit-Sinn-fuer-Ironie [Stand: 15.6.2020].

9 So lautet der zweite Satz der Bühnenanweisungen in Elfriede Jelinek: Ein Sportstück. Reinbek b. Hamburg. 1998, 7.

ell gegen das Theater als Institution und als traditionsbeladenes Medium. Diese Kritik am althergebrachten Theater – allen voran am Wiener Burgtheater – war treibender Faktor in den Bühnenstücken, welche Streeruwitz in den 1990er Jahren bei Suhrkamp publizierte. Es sollten fünf mit englischen Titeln und fünf mit italienischen Titeln sein (veröffentlicht wurden in letzterer Kategorie nur vier). Dieser Plan wurde nicht zur Gänze realisiert, obwohl das 2000 uraufgeführte *Sapporo. Eine Revue.* möglicherweise italienisch klingt.[10] Dieses mit japanischem Ortsnamen versehene Stück ähnelt meines Erachtens eher den Stücken, welche Streeruwitz in den letzten Jahren verfasste, und hat mit den Anthologie-Stücken wenig gemeinsam.

Eine Kritik des Burgtheaters, des österreichischen Wertzeichens des hohen Theaters und Establishment-Symbols, ist beileibe nichts Neues. In dieser Hinsicht hat Streeruwitz viele Vorgänger – im Kontext des vorliegenden Bandes käme man auf Thomas Bernhard, Ernst Jandl, Elfriede Jelinek und viele andere mehr. Für regierungskritische SchriftstellerInnen, die etwas auf sich halten, ist es fast ein Muss, möchte man meinen, das Burgtheater als Objekt der Satire zu nehmen oder ein Gegenmodell entwerfen zu wollen. Marlene Streeruwitz' kalkuliert provokanter Vorschlag hieß, dass Arnold Schwarzenegger Claus Peymann als Burgtheater-Intendant hätte nachfolgen sollen und dass das Theater zu einem Fitness-Studio und Kino umgebaut werden könnte. Das würde, so Streeruwitz, einen ehrlicheren Gebrauch des Gebäudes ermöglichen, in einer Stadt, „die das Theater immer mehr zur Beruhigung hatte als für das Drama".[11] Die Abneigung der Autorin gilt dem vom Burgtheater angeblich bevorzugten Repertoire der Klassiker, die laut Streeruwitz einen phallozentrischen und überholten dramatischen Modus repräsentieren. Diese kritischen Bemerkungen zielen sowohl auf altgriechisches, Shakespearsches und Schillersches Theater als auch auf Modelle des neunzehnten und zwanzigsten Jahrhunderts ab. Diese bezichtigt Streeruwitz der Sentimentalität und des Versuchs eines psychologischen Realismus. Sie seien ferner der Wirklichkeit des späten zwanzigsten Jahrhunderts entrückt. Dieser Ansatz, der Wirklichkeit nahezukommen, darf natürlich nicht mit einem Streben nach ästhetischem Realismus verwechselt werden, denn das wäre für Streeruwitz auch unerwünscht. Shakespeare dient Streeruwitz als Paradebeispiel und erscheint zwecks ironischer Gefühlsintensivierung oder metatheatralischer Betonung oft in ganzen Zitatblöcken in ihren Stücken. In einem angemessen respektlos betitelten Interview – *Shakespeare ist ein echter Langeweiler* – wunderte sie sich, warum Shakespeare heutzutage noch aufgeführt wird, da sein Werk „absolut realitätsfern in unserer entfremdeten Welt" sei. „Was hat eine so konstruierte Frauenrolle [wie Julia] noch mit einer Frau von heute gemeinsam?", fragt sie sich rhetorisch.[12] Das Theater, auf das sie reagiert, beschreibt sie als phallisch, da es sich um die Taten und Entscheidungen eines üblicherweise männlichen Einzelnen dreht. Dieser Meinung sind auch viele feministi-

10 Marlene Streeruwitz: Sapporo. In: Barbara Engelhardt, Theres Hönigk, Bettina Masuch (Hg.): TheaterFrauenTheater. Berlin 2002, 156–181. In Hinkunft zit. als Sap, Seitenangabe.

11 Marlene Streeruwitz: „Helb auer Mischon!". Schwarzenegger for Burgtheater. In: Frankfurter Rundschau, 29.2.1992.

12 Stephan Dedalus: „Shakespeare ist ein echter Langeweiler." Gespräch mit Marlene Streeruwitz – Ihr neues Stück *Elysian Park.* wird heute in Berlin uraufgeführt. In: Die Welt, 17.6.1993. Streeruwitz erforschte allerdings nicht, ob Julia mit den Frauen im Zeitalter Shakespeares etwas gemeinsam hatte.

sche KritikerInnen, wie Sue-Ellen Case erläutert. Insbesondere die Gattung Tragödie ist von FeministInnen als phallisch bezeichnet worden, weil sie aus „Vorspiel, Erregung und Ejakulation (Katharse)" besteht, und „die breitere Organisation der Handlung – Komplikation, Krise und Resolution – ist auch an diesem phallischen Erlebnis gebunden".[13] Nach Streeruwitz widerspiegele dieses klassische Modell nicht die „Zerrissenheit des modernen Menschen"[14], das fragmentarische Subjekt also, das spätestens seit dem Strukturalismus das einheitliche Subjekt des liberalen Humanismus ersetzt hat. „Es handelt sich im klassischen Theater [...] immer um Augenblicke der Entscheidung. Es gruppiert sich immer um den Augenblick, in dem der Held, heute auch Heldinnen, entscheiden. Es geht immer um dieses phallische Durchsetzungsprinzip der Männerwelt, den Entscheidungsaugenblick. Ich denke hingegen, daß das Leben ja auch für die Männer dazwischen stattfindet."[15] Paradoxerweise plädiert Streeruwitz also für einen gesellschaftlich „realistischeren" Modus, einen, der der condition postmoderne angemessener ist. Ihre offenen und fragmentierten Texte sollen ein Erzeugnis der Ungewissheit, des Bruchs sein, und einer Zeit entsprechen, in der totalisierende Systeme fehlen, die die Welt rational erklären könnten. Eben dieser Zustand wird von den sich verändernden Figuren und von der brutalen Logik ihrer Stücke der 1990er Jahre heraufbeschwört. In dem neuen Drama, *Die letzten Tage der Zweiten Republik.* von Marlene Streeruwitz, tragen die drei Akte ironische Titel, welche das klassische Modell und das klassische Verständnis von zwischenmenschlichen Beziehungen bespötteln; sie heißen: 1. „Der Entschluß", 2. „Die Durchführung", und 3. „Das Ergebnis".

Die frühen Stücke weisen keine großen Handlungen auf, obwohl doch in allen immerhin Ereignisse passieren und meistens eine gewisse Schlussentwicklung vorhanden ist. Sie bauen tatsächlich auf Rollen, und die Figuren führen auch Dialoge. In den frühen Stücken gibt es auch Chöre oder Figurentrios oder -gruppen. Es wird manchmal im Chor gesprochen oder gesungen, zum Beispiel gibt es in *New York. New York.* „die 3 Stripperinnen" oder sogar „die Drei von der Maturafeier", die sich aber „in 60jährige verwandeln".[16] Dass die Figuren sich oft verwandeln, manchmal physisch, manchmal durch eine Änderung in ihrem Charakter oder in ihrer Sprechweise, muss als eine Strategie gesehen werden, die Subjektivität zu untergraben, die Idee des dekonstruierten postmodernen Ichs darzustellen oder durchzusetzen. In allen Stücken der 1990er Jahre gibt es Mehrfachfiguren – wie z.B. „vier Barbie Puppen" [sic] und „vier Ken Puppen" in *Tolmezzo.* Von der Klofrau, „Frau Horvath", in deren Arbeitsstelle „Herren-WC der Stadtbahnhaltestelle Burggasse" die Handlung spielt, heißt es, dass sie „die einzige Person [ist], die eine eindeutige Identität durchhält" (NY, 8).

Sowohl in *Tolmezzo.* als auch in *New York. New York.* werden große philosophische Fragen persifliert oder es wird mit diesen Fragen so umgegangen, dass man spürt, diese Stücke wollen keine Antworten bringen, sie wollen ja auch keinen Sinn ergeben, oder zumindest keinen, der

13 Sue-Ellen Case: Feminism and Theatre. Basingstoke 1988, 129. Übersetzung Allyson Fiddler.

14 Wolfgang Huber-Lang: Balanceakt ohne Netz. In: Wochenpresse, 11.2.1993, 63.

15 Marlene Streeruwitz, zit. in Ulrich Fischer: Ein verheißungsvolles Debüt. Autorin Marlene Streeruwitz. In: Neue Zeit, 9.8.1992, 34.

16 Marlene Streeruwitz: New York. New York. In: Marlene Streeruwitz: New York. New York. Elysian Park. Zwei Stücke. Frankfurt a.M. 1993, 7–86, hier 8–9. In Hinkunft zit. als NY, Seitenangabe.

dem Publikum aufoktroyiert wird oder ihm allzu durchsichtig erscheint. In *New York. New York.* sieht man eine witzige allegorische Darstellung vom Untergang des Abendlandes. Frau Horvath lässt nach Vereinbarung mit Herrn Sellner, einem Fremdenführer, immer wieder Gruppen von manisch fotografierenden japanischen Touristen in die „ehemalige k. k. Piß- und Bedürfnisanstalt" hinein, wo sie die Originaltafel – die Toiletten sind seit der Kaiserzeit unrenoviert – und einen Doppeladler in Schwarz-Gold knipsen dürfen. „Beim zweiten Auftritt", steht in den Anweisungen, „sind die Japaner vollständig in Tracht. Einige tragen Dirndl. Zwei tragen die Tangas der Stripperinnen à la Samurai als Stirnbänder. Jeder Japaner ist zumindest mit einem Fotoapparat ausgerüstet" (NY, 9).

Absurder Humor und zufällige oder nüchtern präsentierte Gewaltszenen sind Merkmale der Streeruwitzschen Performance des untergehenden humanistischen Subjekts. Die Figur von Professor Chrobath – ein *intra*-textueller Referent bei Streeruwitz, denn ein Professor Chrobath kommt in verschiedenen Streeruwitz-Stücken vor – taucht in *New York. New York.* in der fünfzehnten Szene auf, wo er „in guter alter Indianer-Spiel-Manier" in seinem Jogging-Anzug die Bühne betritt. Chrobaths selbst erkorene Aufgabe ist es, den Untergang des Abendlandes zu beschleunigen. Seine Methode ist allerdings etwas ungewöhnlich. Es ist nämlich sein Bestreben, alle öffentlichen Toiletten zu zertrümmern. Die Toilette – ein angemessen ironisches Symbol für den Westen, ist natürlich etwas, auf dessen Weiterbestehen Frau Horvath besonders erpicht ist, denn ihr Lebensunterhalt hängt schließlich davon ab:

> Schauen Sie. Frau Horvath. Ich weiß schon. Sie können das alles nicht verstehen. Aber ich sage Ihnen, es muß sein. Ich habe fast alle schon. Und jetzt ist die Burggasse an der Reihe. [...] Sie wissen gar nicht, wie das Nichts im Kopf weh tut. [...] Sie können es nicht wissen. (NY, 59–60)

Nicht nur die Handlung, sondern auch die Nebeneinanderstellung verschiedener Ausdrucksweisen und Konzepte (Toilette und Okzident) erzeugen den Witz, da Frau Horvath offenbar mit philosophischen Anliegen nichts anfangen kann: „Nein. Kann ich nicht. Aber mir ist das Abendland ja auch gleich", erwidert sie. „Ich will mein Häusl in Ordnung. Und die Leute, die hierherkommen, wollen es auch" (NY, 60).

Chrobath ist zugleich als „Herr Prometheus" apostrophiert, als Symbol der gefolterten Menschheit, und wird von Frau Horvath in einem Hinterraum geschützt und gepflegt. Horvath bringt seine Urinflaschen von Zeit zu Zeit zum Leeren heraus. Herr Sellner verhandelt mit Frau Horvath und zahlt ihr eine erhebliche Summe dafür, dass die Japaner den Prometheus auch fotographieren dürfen. Nachdem das versammelte Toilettenpublikum drei Fragen des Prometheus richtig beantwortet hat, wird im grellen Blitzlicht der Kameras ein bluttriefender Pferdekadaver enthüllt. Dann heißt es: *„Schluß. Währenddessen: Die Horvath hat wieder zu stricken begonnen"* (NY, 86).

Absurde Ereignisse, die entweder keine Reaktion der Figuren auf der Bühne auslösen oder eine nicht erwartete Gegenwirkung hervorrufen, kommen bei Streeruwitz häufig vor und folgen einer Traum- oder Alptraumlogik und keiner realistischen Handlungslogik. David Barnett verweist auf das Paradigma des Traums als „formal means of suspending the thematic flow of time“ im postdramatischen Theater. Ferner, „the epistemological uncertainty of the dream seeks to infect the theatrical event in postdramatic theatre and so rob the stage of its ability to make material meaningful in itself. Instead, language and images are presented and passed over to the audience to experience and only perhaps to interpret itself“.[17] Das ist auch genau das Vorhaben, das Streeruwitz hervorheben möchte. Für sie wäre das Ideal, wenn sich der autonome Theatertext auflösen würde in einen *partizipativen* Text. Man kann diesen Wunsch mit Barthes als Wunsch lesen, einen „schreibbaren“ Text zu schaffen, welcher den Leser dazu auffordert, den Sinn des Textes/des Dramas mitzugestalten. Streeruwitz scheint es offenbar aber auch darum zu gehen, dass sich der Theatertext im Akt der Übertragung auf die Bühne offen legt und alle an der Aufführung Mitwirkenden zur Teilnahme einlädt. Der Text soll eben nicht nur in der Macht eines Regisseurs oder Theaterintendanten liegen. Im jüngsten Stück *Mar-a-Lago. oder. Neuschwanstein.* äußert sie diesen Wunsch mit besonderem Nachdruck.

Der geschriebene Theatertext muss allerdings als Ganzes übernommen und so inszeniert werden, wie es die Autorin in ihren Anweisungen anführt. Der aus Bühnenanweisungen, Deutungshinweisen und Erklärungen bestehende Nebentext stellt bei Streeruwitz eine ernstzunehmende Größe dar. Hans-Peter Bayerdörfer, der *New York. New York.* als ein „Schlüsselwerk für die Dramen- und Theaterentwicklung zu Beginn der neunziger Jahre“ beschreibt, weist darauf hin, dass bei Streeruwitz „neben der Kontinuitätsbildung [...] das Ineinander von Haupt- und Nebentext eine dezidierte Mehrschichtigkeit von Bedeutung und Sinnebenen [leistet]. Diese ist nun aber nicht ohne weiteres zwischen Lese- und Bühnenebene konvertibel“.[18] Trotz dieser Schwierigkeit bleibt es für die Autorin unabdingbar, dass die Inszenierung dem Text treu bleibt. „It is extremely important that the written text be staged with the most painstaking precision [...]“, beharrt Marlene Streeruwitz. Selektiv mit ihrem Text vorzugehen, könnte ihr Werk der Gefahr von Missdeutung oder Manipulierung aussetzen: „If I would offer up my texts for dismemberment and fragmentation, I would consider this a disastrous move from a political perspective. Because then a text could be utilized for any means whatsoever, and would be open to any misunderstanding [...]. To my view, that would entail a total depolitization, a descent into an arbitrarily authoritarian use of language“ [sic].[19]

Wenn es Streeruwitz am Herzen liegt, dass ihr Schreiben nicht entpolitisiert wird, oder dass das Politische durch eine Fehlinszenierung nicht verloren geht, ist es dennoch weder leicht zu entziffern, ob eine klare politische „Botschaft“ in einem Werk vermittelt wird, noch ist es überhaupt erwünscht, dass das Publikum (oder die Leserschaft) mit klaren Antworten oder Lösungen das Theater verlässt. In ihren *Tübinger Poetikvorlesungen* (1997) beschreibt Streeruwitz den „Pakt Publikum/Bühne“ und listet die Variationen in der Geschichte dieser Beziehung auf, welche in jeder Epoche nämlich immer einen Mechanismus der Publikums-

---

17 David Barnett: When is a Play not a Drama? Two Examples of Postdramatic Theatre Texts. In: New Theatre Quarterly 24/1 (2008), 14–23, hier 15.

18 Hans-Peter Bayerdörfer: Nebentexte, groß geschrieben. Zu Marlene Streeruwitz' Drama *New York. New York*. In: Forum Modernes Theater 21/1 (2006), 37–52, hier 43.

19 Marlene Streeruwitz und Helga Kraft: „Language is Not an Instrument for Me but Existence.“ Interview with Marlene Streeruwitz. In: Women in German Yearbook 22 (2006), 74–87, hier 79.

sprich Massenmanipulation hervorbringt. Bei ihr hingegen soll „eine glänzende Oberfläche [...] entstehen, unter der die Leere gewußt werden kann. Eine Traumwelt, an derem [sic] Ganzen ihre Zersplitterung nachgewiesen wird". Streeruwitz sieht sich als nicht in diese Theaterwelt passendes Stück (in der doppelten Wortbedeutung), denn „dazu wurde das Theater freilich nicht erfunden. Schon gar nicht dazu, nur Fragen zu stellen und keine Antwort bereitzuhalten".[20]

Zu den politischen Themen, die von Marlene Streeruwitz behandelt werden, gehört allen voran eine feministische Auseinandersetzung mit Themen des Alltags und der Tagespolitik (in der Prosa wie auch im Drama).[21] Herrschaftsstrukturen sind ja bei genauerer Betrachtung *das* Thema schlechthin in ihrem ganzen Schreiben, und diese werden in den Beziehungen zwischen den Geschlechtern dargestellt und in der Art und Weise, wie Frauen und Männer ihr Leben führen und ihre persönliche Macht ausüben. Wenn man politisches Theater enger versteht und politische Themen und Machenschaften im Stoff oder in den Handlungen selbst sucht, dann wird man bei Streeruwitz auch fündig. In *Waikiki-Beach.* (1992) zum Beispiel verständigen sich zum Schluss des Stückes die männlichen Vertreter der bürgerlichen Gesellschaft mit den Symbolen der Macht – Bürgermeister Rudolf Hofrichter und „Chefredakteur der wichtigsten Zeitung" Michael Peciwal – über die Art und Weise, wie sie die außereheliche Affäre zwischen Hofrichters Frau, Helene, und Peciwal verschweigen können. Die Ermordung Helenes durch eine Gruppe von Skinheads in dem Abbruchhaus, in dessen Gang die Ehebrecher ihr Rendezvous hatten, wollen sie als Herzinfarkt ausgeben und tragen ihre Leiche mit nach Hause, bevor die Polizisten den Tatort erreichen. Die Abmachung bringt auch politischen Erfolg für den Bürgermeister, denn der Chefredakteur muss auf alle Forderungen des Politikers mit „Ja" antworten: „Das Kraftwerk?", „Flughafenausbau?", „Intendantenneubesetzung?", aber auch „Hausbesetzer. Ausländerwahlrecht. Mit deinem liberalen Besserwissen muß es aus sein".[22]

In den zwei neueren Stücken kommen sowohl politische Machenschaften vor (*Die letzten Tage der Zweiten Republik.*) als auch feministische Kritikpunkte am Patriarchat (*Mar-a-Lago.*). Marlene Streeruwitz schreibt nicht nur politische Texte, sie setzt sich auch sehr aktiv bei politischen Aktionen ein, zum Beispiel gegen die schwarz-blaue Koalition und die sogenannte „Wende" in Österreich in den ersten Jahren des 21. Jahrhunderts. Sie zählte zu den „Drei Weisinnen", eine Attribuierung, die an den EU-Bericht der „drei Weisen" zur Zeit der kulturellen Sankti-

---

20 Marlene Streeruwitz: Sein. Und Schein. Und Erscheinen. Tübinger Poetikvorlesungen. Frankfurt a.M. 1997, 69 und 80f.

21 „Dass der Alltag in neoliberalen Zeiten kein wohliges Daheim ist, und für Frauen schon gar nicht, bezeugen Streeruwitz' Texte insistierend und unumwunden", schreibt Bettina Rabelhofer in einem Aufsatz über die Romane *Verführungen* (1996), *Jessica*, 30. (2004) und *Entfernung.* (2006). In der Romanästhetik vermisst Rabelhofer „Nischen für tiefgründige Metaphorik" und „Falten für hermeneutische Probebohrungen". Letztere Qualitäten sind meiner Ansicht nach eher in den Streeruwitzschen Dramen vorhanden. Bettina Rabelhofer: *„Und merkt man dann noch etwas von sich." Zur Anästhesie von Text, Figur und Leserin.* In: *Marlene Streeruwitz* (= *Dossier* 27). Hg. von Günther A. Höfler, Gerhard Melzer. Wien/Graz 2008, 62-83, hier 69 und 62.

22 Marlene Streeruwitz: Waikiki-Beach. In: Marlene Streeruwitz: Waikiki-Beach. Sloane Square. Zwei Stücke. Frankfurt a.M. 1992, 7–78, hier 8 und 75f.

onen gegen Österreich erinnert, die aber auch zeigen sollte, dass es „auch noch andere Österreicherinnen und Österreicher gibt, als die hierarchischen Spitzen der Politik, Religion und Verwaltung".[23] Streeruwitz war nicht nur in Zeitungsartikeln und Interviews sehr aktiv, sie war auch bei den Donnerstagsdemonstrationen und Kundgebungen persönlich anwesend und hielt Reden oder nahm an den Demonstrationen teil. Marlene Streeruwitz leistete auch im Bereich der Dramatik Widerstandsarbeit: *Sapporo.* war eine Auftragsarbeit für den Steirischen Herbst 2000 und vom damaligen Leiter Peter Oswald als Beitrag zur Re-Politisierung des Festivals vorgesehen.[24] Der Titel bezieht sich auf die Winterolympiade 1972 in Japan und auf den österreichischen Opfermythos, allerdings auf sozio-sportlichem Gebiet. Karl Schranz wurde aus Sapporo zurückgeschickt (wegen Verstoßes gegen das damalige Amateurgesetz) und vom österreichischen Volk massenweise bemitleidet und gleichzeitig gefeiert. Das Streeruwitz-Stück hat als Hauptfigur einen Ex-Schisportler, dessen neues Projekt eine Fernseh-Kochshow mit Volksmusik ist. Die „Handlung" und die Figuren dienen dazu, den Zeitgeist, die Politik des *neuen* Österreich bloßzustellen. Severin Hravath, den Fernsehregisseur, könnte man mit Armin Thurnher als Erz-„Feschisten" bezeichnen. Diesen Begriff prägte Armin Turnher für Leute, „die ihr Aussehen und ihre Körper bewußt als fit und neu gegen die abgeschlafften Körper der alten politischen Säcke positionieren. [...] Ihr Ziel ist nicht die Erneuerung, sondern die Abschaffung der repräsentativen Demokratie. [...] Gelten soll das Diktat des Siegers".[25] Hravath, dessen Ordnungssinn und Name an die *New York. New York.*-Protagonistin Horvath erinnern, betont, dass das Publikum nun Ankerbegriffe wie „Heimat. Glück. Frieden. Liebe. Ehre. Treue" braucht und dass die Show-Gestalter diese in ihre Musiklyrik einbauen sollten. Die Rassismus schürende Angst vor der „Umvolkung" ist offenbar das Ziel von Streeruwitz' Satire. Andreas Mölzer (damals Berater und Freund Jörg Haiders) und andere haben diesen Begriff im Zuge der FPÖ-Kampagnen der 1990er Jahre verwendet. „Wir werden so etwas nicht sagen", gesteht einer der Show-Mitgestalter, „aber es ist doch klar. Alle sehnen sich nach Aufrassung. [...] Nach ruhigem Lebensraum. [...] Die Leute sind ja nicht blöd. Die können das dann schon selber spüren" (Sap, 163). Hravath bemängelt das fehlgeleitete Kunstverständnis in Österreich und hofft auf eine Kunst, welche die österreichische Heimat feiert: „die ganze Kunst war nur Besserwisserei im Arsch von irgendeinem Geldsack. Aber jetzt haben wir Demokratie" (Sap, 172).

Das Prinzip der „Demokratie" ist es, welches nun in den „letzten Tagen der Zweiten Republik" unter die Lupe genommen und ironisch widerlegt wird. Der Titel verweist offensichtlich auf Karl Kraus' *Die letzten Tage der Menschheit*, obwohl der kurze Dreiakter von Marlene Streeruwitz mit dem über zweihundert Szenen langen Dokumentardrama von Karl Kraus sonst nur in Grenzen vergleichbar ist. Beide zeigen Szenen aus dem Alltag, und die

23 Im Tagebucheintrag zum 1.8.2000, *Liebe Frau Streeruwitz*, erklärt die Autorin den Begriff. Marlene Streeruwitz: Tagebuch der Gegenwart. Wien u.a. 2002, 79–81, hier 80.

24 Siehe auch Allyson Fiddler: The Art of Resistance. Cultural Protest against the Austrian Far Right in the Early Twenty-First Century. New York 2019 (= Austrian and Habsburg Studies 21), 164.

25 Armin Thurnher: Apartes Österreich: Notizen aus den paradoxen Tagen vor und nach der Wende in Österreich. In: Isolde Charim, Doron Rabinovici (Hg.): Österreich. Berichte aus Quarantanien. Frankfurt a.M. 2000, 33–45, hier 42.

Streeruwitzschen Figurennamen – „der Markengründermillionär", „Der Bankgruppenpräsident" – lassen ein wenig an den Krausschen Stil denken (z.B. „Ein Kleinbürger", „Der Direktor der Kabinettskanzlei"). Auch Streeruwitz geht es meines Erachtens darum, die Geistesverfassung ihres Landes zu entlarven, ungefähr ein Jahrhundert nach Kraus' Antikriegsdrama. Allerdings weist Streeruwitz' Drama vom Umfang her eher Ähnlichkeiten mit einem Mikrodrama oder Dramolett von Antonio Fian oder Wolfgang Bauer auf. Der Titel zielt auch auf den Begriff oder die Möglichkeit einer „dritten Republik" ab, wenn eben die zweite in den letzten Tagen stecken soll. Die Idee einer „Dritten Republik" wurde vom ehemaligen FPÖ-Obmann Jörg Haider eine Zeitlang ausdrücklich propagiert. Das hätte eine neue Verfassung erfordert, die Kanzlerrolle wäre weggefallen und dem Präsidenten viel größere Macht eingeräumt worden.[26] 2012 warnte ein *Standard*-Reporter vor den neuen Ideen der FPÖ und bemerkte: „Das ähnelt verdammt Haiders ‚Dritter Republik'".[27] 2017 wieder hieß es in den Medien, „Wenn kein Erneuerungsprozess stattfindet, droht den ehemaligen Giganten [den Großparteien] ein Fall in die Bedeutungslosigkeit. Kommt jetzt Jörg Haiders Dritte Republik?"[28]

Das „Wahlkampfdrama" von Marlene Streeruwitz wird auch in diesen befürchteten *Letzten Tagen der Zweiten Republik.* angesiedelt. Es handelt sich um drei kurze Akte, die zuerst episodenhaft auf der Homepage von Marlene Streeruwitz, jeweils am 14., am 21. und am 28. September 2017 erschienen sind, und am 28. auch als ganzes Stück. Die Autorin hatte selber schon angekündigt, dass sie „zum Wahlkampf 2017 keinen Wahlkampfroman, sondern ein Wahlkampfdrama"[29] schreiben werde. 2006 hat Streeruwitz nämlich in der Zeitung *Freitag* auch in regelmäßigen Zeitabständen Folgen ihres Wahlkampfromans *So ist das Leben* publiziert. 2008 war wieder einmal Nationalratswahl, und es folgte ein weiterer Wahlkampfroman mit dem Titel *Das Leben geht weiter.* Diese Episoden wurden nur auf der Homepage veröffentlicht, sind aber nicht mehr verfügbar. *Die letzten Tage der Zweiten Republik.* ist bis zum gegenwärtigen Zeitpunkt nicht aufgeführt worden.[30] Dass sie für diesen Themenbereich dieses Mal keine Prosa schreibt, sondern ein Drama, liegt einerseits an der „Brisanz dieser Wahl", welche sie „in das Drama zurückgeworfen hat". „Es ging offenkundig darum, die Täter wieder vorzuführen und deren Zynismus zu zeigen", erläutert Streeruwitz. Andererseits sei das ein Zeichen ihrer eigenen

---

26 Siehe den Eintrag „Dritte Republik" in: Oswald Panagl u.a.: Wörterbuch der politischen Sprache in Österreich. 1. Aufl. Wien 2007, 107f.

27 Hans Rauscher: Das ähnelt verdammt Haiders „Dritter Republik." In: Der Standard, 22.5.2012. https://derstandard.at/1336697613724/Das-aehnelt-verdammt-Haiders-Dritter-Republik [Stand: 15.6.2020].

28 Die Quelle ist ein Beitrag in *Biber*, einem Magazin der multiethnischen Community Wiens. Onur Kas: Kommt jetzt die „Dritte Republik"? In: Biber, 24.4.2016. https://www.dasbiber.at/blog/kommt-jetzt-die-dritte-republik [Stand: 15.6.2020].

29 Siehe die Homepage der Autorin: http://www.marlenestreeruwitz.at/werk/die-letzten-tage-der-2-republik-drama-in-3-akten-mit-alles-veraendernden-folgen/#0 [Stand 10.3.2019].

30 Laut der Internetseite von ArchFem (dem interdisziplinären Archiv für feministische Dokumentation) hat die Autorin das Wahlkampfdrama im FrauenLesbenZentrum Innsbruck am 29. September 2017 präsentiert. https://www.archfem net/streeruwitz/ [Stand: 15.6.2020].

Verzweiflung über die Zustände, erklärt sie in einem Interview mit Astrid Deuber-Mankowsky, dass sie deswegen „die Erzählung verlasse und in die Schilderung verfalle".[31]

In diesem neuen Drama entwirft Marlene Streeruwitz Szenen mit Beziehungen und Gesprächen, welche die neoliberalen Verhältnisse der heutigen Gesellschaft und die realen politischen Mächte hinter einer Wahl zur Schau stellen sollen. Im ersten Akt, „Der Entschluss", der in einer „Luxuslounge in einem Luxushotel in einem Luxuswinterort" spielt, führen folgende Figuren ein Gespräch über die Lage Österreichs und ihre Wünsche für die Zukunft: der Markengründermilliardär Harald Kitzgraber, der Bankgruppenpräsident Erwin Bauer und die Weihefestspielaufsichtsratsvorsitzende Linda Gruber.[32] Während in *Sapporo.* der Fernsehregisseur seine Ideale für ein neues Österreich in seiner Show widerspiegeln will, ist es in *Die letzten Tage der Zweiten Republik.* das Prinzip des Kunstmanagements schlechthin, welches den Interessensvertretern als geeignetes Modell für ein neues Regierungssystem erscheint. Die Weihefestspielaufsichtsratsvorsitzende protzt mit ihrer Verwaltungskapazität und berät die Herren: „Dann muß man die los werden, die zu viel wissen wollen. Da habe ich es gut. Ich entlasse so jemanden" (DLT, 1). Das löst beim Markengründermilliardär einen Moment der Erleuchtung aus. In diesem Stück, genau wie bei einem vergleichbaren Aha-Erlebnis zum Schluss von *Mar-a-Lago.*, wird die Entwicklung vom Song „The Rain in Spain" aus dem Musical *My Fair Lady* begleitet: „(*Geistesblitz*) Du hast es. Mein Gott. Du hast es. (*Singt ‚The Rain in Spain falls mainly on the plain'. Er lacht und tanzt*)" (DLT, 1). Er erklärt den anderen den Grund für seine Freude: die Erkenntnis, dass man ein Festspielverwaltungsmodell auf das ganze Land anwenden könne. Für den Markengründermilliardär ist es kein philosophischer oder melancholischer Einfall. Er will keinen bloßen Vergleich ziehen, um mit Streeruwitz' ungeliebten Barden zu sprechen, zwischen der Welt und dem Menschenleben (Die ganze Welt ist Bühne/ Und alle Fraun und Männer bloße Spieler). Es geht eher um Macht und darum, wie man dem Volk seine Politik unterjubeln kann:

> Es ist ganz einfach. (*Wieder lachen*) Man muß Österreich wie Festspiele regieren. Nicht wie der Schüssel als Kammer der gewerblichen Wirtschaft. Oder der Vranitzky als Bankfiliale und der Gusenbauer als Beratungsinstitut. Nein. Nein. Nein. Festspiele. Ohne Einmischung. [...] Alle dürfen da hinkommen. Und was gespielt wird. Das bestimmen wir. Und wir wissen ja auch, was richtig ist. Dann braucht es keine Arbeiterklasse mehr. Und keine Mittelschicht. Dann sind alle Publikum und es wird ja auch alles übertragen. Genial. Einfach genial. (*sein Handy läutet.*) (DLT, 1)

31 Marlene Streeruwitz, Astrid Deuber-Mankowsky: KLASSENSPRACHEN. PUNKT. In: Zeitschrift für Medienwissenschaften 19/2 (2018), 101–111, hier 105. DOI: https://doi.org/10.25969/mediarep/1368.

32 Streeruwitz' Kritik insbesondere an den Salzburger Festspielen ist ein bekannter medialer Streit und geht unter anderem auf 2009 zurück, als Streeruwitz die Festspiele als eine „elitäre, reaktionäre Einrichtung, die vor allem den Mythos Österreich stärken sollte [...]" beschrieb. „Das fügt sich dann auch nahtlos in den österreichischen Austrofaschismus", behauptete sie. Hier zit. nach Salzburger Festspiele: Streeruwitz vs. Flimm, 10. August 2009, https://diepresse.com/home/kultur/kultursommer/501378/Salzburger-Festspiele_Streeruwitz-vs-Flimm [Stand: 15.6.2020]. Ein Versuch, *Die letzten Tage der Zweiten Republik.* als Schlüsselstück zu verstehen, wäre meines Erachtens fehl am Platz, denn es geht der Autorin offenbar um Strukturen der Macht und nicht um eine Bloßstellung von real existierenden Personen.

Der Bankgruppenpräsident ist völlig d'accord und schlägt „diesen Kurz" als Gallionsfigur für ein solches Unterfangen vor: „Und der Kurz. Der könnte dieses unbestimmte Österreichische wieder hervorholen. Der könnte die ÖVP herumreißen. Untertanen, die sich selber regieren, weil sie es den anderen nicht überlassen wollen. Die sind doch autoritär wie nur. Die Demokratie. Das war doch wirklich eine Zwischenlösung für die meisten." (DLT, 1)

Man ahnt, dass es hier um eine Entblößung der politischen Strategien geht. Die ungewöhnliche Interpunktion – ein Markenzeichen des Streeruwitzschen Schreibstils im Drama wie in der Prosa – soll uns zum Nachdenken zwingen oder anregen. Wie Ria Endres über Streeruwitz' Prosa bemerkte, „[kann] auch ein Punkt [...] dramatisch sein. Gejammert wird bei Marlene Streeruwitz nicht. Es sind Sätze und Satzzeichen, die das Vakuum bloßstellen, die auch auf eine Bühne passen würden".[33] Streeruwitz zeigt mit ihrem Stück die Art und Weise, wie politische Deals gemacht werden, und wer wohl hinter den Kulissen die Fäden zieht. Im zweiten Akt, „Die Durchführung", muss der Bankgruppenpräsident mit dem „politischen Freund von Sebastian Kurz" und nicht mit dem Politiker direkt verhandeln. Er findet diese Strategie sehr geschickt, denn es ist auf diese Weise viel einfacher, Klartext zu reden. „Die in der ersten Reihe vorne. Die müssen die Form bewahren. [...] Die sollten das glauben können, was sie so sagen" (DLT, 2), ergänzt der Bankgruppenpräsident beim Frühstücken im Café Landtmann.

Das Drama endet mit einem Gespräch zwischen zwei Werbeagenturmitarbeiterinnen – Roswitha Lorenz und Valentina Christian –, die auf dem Rauchbalkon der Werbeagentur über Persönliches wie auch über Berufliches plaudern. Roswitha ist schwanger und wird die Agentur bald verlassen müssen. Beide finden es äußerst schwierig, Sprüche für die politische Kampagne entwerfen zu müssen, denn „der Slogan sollte ihn [Kurz] halt beschreiben", und sie wissen beide wenig über den neuen Parteiobmann. Valentinas Antwort auf die Frage, ob er „eigentlich was gelernt" hat, lautet: „Abgebrochen. Studium abgebrochen. Also Matura. Sonst nichts." Nach knapper Diskussion haben sie einen Slogan erfunden. Roswitha vermutet zwar, dass sie sich einmal dafür genieren werden, aber sie entscheiden sich bewusst für einen ganz banalen Spruch:

> Valentina: ‚Es wird Zeit.'
> Roswitha: ‚Wow! Ja. Einen Satz aus der läppischen Reihe. »Mir geht es gut.« Ja, finde ich auch. Es wird Zeit für das Mittagessen.'
> Valentina: ‚Und weißt du was. Wir sagen zuerst »Es ist Zeit.« und dann können die das noch ändern auf »Es wird Zeit.« Da hat »die Kunde« sogar noch Mitbestimmung gelernt.'
> Roswitha: ‚Das wird mein letzter Coup hier. Und. Du weißt, daß wir uns einmal genieren werden dafür.' (DLT, 3)

Wie schon 1992 in *Waikiki-Beach.* gibt es einen Forderungskatalog, den hier „die Eliten Österreichs" (DLT, 2) als Gegenleistung für ihre Unterstützung verlangen. Die Themen ähneln den realen Entwicklungen in der jüngsten ÖVP-FPÖ-Koalition (Dezember 2017 bis Ende Mai

33 Ria Endres: Schreiben zwischen Lust und Schrecken: Essays zu Ingeborg Bachmann, Elfriede Jelinek, Friederike Mayröcker, Marlene Streeruwitz. Weitra 2008 (= Bibliothek der Provinz), 122.

2019) in Bereichen der Sozialversicherung (Kürzungen), Privatisierung von Dienstleistungen, Restrukturierung des ORF, Streichung von Frauenförderung und dergleichen mehr.

Die Kunstszene, vor allem die Theaterszene, liefert der Dramatikerin Marlene Streeruwitz häufig Metaphern, Analogien und Figuren für ihre Stücke. In *Die letzten Tage der Zweiten Republik.* ist es eine Festspielmanagerin und eine Metapher für ein Regierungssystem. In *Mar-a-Lago. oder. Neuschwanstein.* kombiniert Streeruwitz die Theaterwelt mit einer feministischen Thematik. Die Handlung spielt teilweise im Theater (die erste Szene in der Theatergarderobe) und die sieben Figuren sind alle Schauspielerinnen, jeweils eine jedes Lebensjahrzehnts von Siebenunddreißig (Ursula Grimm) bis Dreiunddreißig (Magdalena Ahlen) plus eine Endzwanzigerin („Clara Yildiz, 27") und eine Frau Anfang Zwanzig („Claribella Wagner-Dimka, 23"). Die Frauen sind Ex-Liebhaberinnen des namenlosen Intendanten, der sie alle versammelt hat, um an seinem neuen Projekt – einem Drama über die Ehefrau Mao Tse-tungs – teilzunehmen. Die Dialoge zwischen den Frauen handeln großteils von ihren Erfahrungen mit dem Intendanten (mitunter auch von ihrem nicht sehr befriedigenden Geschlechtsleben), von ihren Wünschen und Versuchen, aus der Abhängigkeit von Männern auszubrechen und von den weiter bestehenden Machtverhältnissen zwischen den Geschlechtern. Die Autorin verleiht ihrem Stück die Gattungsbezeichnung „Stationendrama" und lässt deswegen auf eine Entwicklung oder auf das psychologische Wachstum eines Protagonisten wenigstens hoffen. Die Stimmung und die Entschlossenheit der Frauengruppe schwankt zwischen Rebellion, etwa am Anfang der zweiten Station „Vor seinem Haus", wo die Frauen eine Demo veranstalten, und blinder Unterwerfung, etwa in Station oder Bild 3 „Vor dem Schloß", wo die Frauen die Stufen vor dem Schloss putzen und sich fragen, was wohl geschehen würde, wenn „Er" eine von ihnen erblickte. Genoveva (63) betont gegenüber den anderen: „Wir sollen hier Ordnung machen. Wenn er kommt. Es soll alles vorbereitet sein. Er darf uns nicht sehen." (M-a-L, 30)

Die vierte Station in diesem lustig-traurigen Auftragsstück, das vom Berliner Ensemble vermutlich als Teil der Feierlichkeiten um das hundertjährige Jubiläum des Frauenwahlrechts in Auftrag gegeben wurde, findet „Im Flatratebordell" statt. Hier geht es hauptsächlich um den Verlust einer Handcreme, das Färben der Wimpern und dergleichen, es tauchen aber hin und wieder noch Sprüche der Rebellion in den staccatoartigen Gesprächen auf, zum Beispiel „The first thing is to be masters of our destiny" (M-a-L, 45) oder der Slogan, der in drei der Stationen wiederholt wird: „Aus einem Funken kann ein Steppenbrand werden." Wenn Mao Tse-tung diesen chinesischen Volksspruch als Titel eines Briefes, den er 1930 „als Kritik schrieb an den pessimistischen Ansichten, die es damals in der Partei gab"[34], so funktioniert die Kampfparole bei *Mar-a-Lago.* bewusst nicht so überzeugend. Streeruwitz' Frauen lenken ihre Rebellion (oder Gewalt) nicht auf die Quelle der Unterdrückung – den Intendanten oder gar die Männergesellschaft schlechthin. Stattdessen fügt sich die Möchtegern-Frauenkommune den Schmerz selber zu. In dieser vierten Szene geschieht das in Form eines nüchternen Gewaltakts, welcher

34 Mao Tse-tung: Aus einem Funken kann ein Steppenbrand entstehen. Zit. nach dem „Marxists' Internet Archive". https://www.marxists.org/deutsch/referenz/mao/1930/01/funken.html#star [Stand: 15.6.2020]. Die Internetseite gibt folgende Quelle an: Mao Tse-tung: Ausgewählte Werke I. Peking. 1968, 133–146.

sehr an die zufälligen Gewalterscheinungen der früheren Stücke erinnert und als Moment des feministischen Aufbegehrens gedeutet werden kann, der aber nur eine Frau symbolisch für alle aus der Misere entlässt und einer Scheinermächtigung gleichkommt. Clara sträubt sich dagegen, wieder einmal zu den Kunden zu gehen, und wird von der Genoveva, die hier als Art Mutterfigur fungiert, in einem Gnadenakt getötet. Magdalena hatte gerade den Spiegel zum Zuschauerraum zerschlagen. Genoveva hebt ein Stückchen auf und „zieht den Spiegelscherben mit einem schnellen Schnitt über Claras Hals und schneidet Claras Kehle durch" (M-a-L, 49).

Wenn nun alle sieben Schauspielerinnen doch individuelle Namen haben und nicht nur allgemein als „sieben Schaupielerinnen" genannt werden (so wie es in den früheren Texten etwa vier Barbie-Puppen gab), so sind sie doch als Teil oder als Facetten eines Ganzen zu verstehen. Die Dramatikerin weist in ihren zwei Seiten langen „Aufführungspraxis"-Notizen darauf hin, dass der Text „ebenso in chorischer Zusammenarbeit von Schauspielerinnen und Technik von der ersten Leseprobe an zur Aufführung gebracht werden [kann]", und in der ersten Szene entsteht „ein Chor von Mümmis", als sie auf den gemeinsamen Kosenamen kommen, den der Intendant jeder Liebhaberin der Reihe nach gegeben hat. In der letzten Station, „5. Im Feenland", die allerdings wieder „in der Garderobe" spielt, bereiten sich die Frauen auf „ihre Rollen in ‚Die sieben Prinzessinnen' von Maurice Maeterlinck" vor (M-a-L, 50). Aus Maeterlinck stammen alle sieben Figurennamen, aber ob die Zuschauer den Bezug zum belgischen Literaturnobelpreisträger des Fin-de-Siècle erkennnen würden, ist eher unwahrscheinlich. Für das Genießen des Textes oder der Aufführung dieses Stückes ist es nicht unbedingt notwendig, aber das Weiterdenken der Maeterlinckschen Wartesituation verleiht dem Streeruwitzschen Drama eine interessante weitere Dimension. Während der Prinz ganz am Anfang von *Les Sept Princesses* ankommt und darauf wartet, dass seine sieben Kusinen aufwachen, sind es bei Streeruwitz die Frauen, die auf die Ankunft eines Royals warten und Gespräche führen. Der Prinz will eine bestimmte Prinzessin sehen (Ursula) und muss bis zum Schluss des kurzen Dramas warten, bis der König und die Königin (seine Großeltern; die Eltern der Prinzessinnen sind verstorben) damit einverstanden sind, dass die Prinzessinnen geweckt werden können. Die geliebte Ursula wacht nicht auf. Während die anderen aufstehen, heißt es: „Une seule, Ursule, demeure étendue à la renverse, sur les marches de marbre, immobile au milieu de ses sœurs, tandis que celles-ci échangent avec le prince un long regard plein d'étonnements, d'éblouissements et de silences."[35] „Sie verwehrt dem Prinzen, der hier zu einem umgekehrten Pygmalion wird, damit seine Erlöserrolle", bemerkt Andrea Erwig in ihrer Studie *Waiting Plots. Zur Poetik des Wartens um 1900*.[36] Erwig unterstreicht die parodistische Absicht, die bei Maeterlinck den Grimm'schen Plot (etwa den Schneewittchen-Schlaf) unterhöhlt, eine Aufgabe, welche die beiden Dramen verbindet. Marlene Streeruwitz' Kritik an der Tatsache, dass Frauen von Männern abhängig sind, ist wohl harscher und zeigt teilweise auch kleine Erfolge. Die Mutterfigur bei Maeterlinck klopft immer wieder auf die Fensterscheiben, kann ihre Prinzessinnen aber nicht aufwecken (auch im Wachzustand benehmen sie sich wie Untote). Bei Streeruwitz wird das Fensterglas –

35 Maurice Maeterlinck: Les Sept Princesses. Brüssel 1891, 60.
36 Andrea Erwig: Waiting Plots. Zur Poetik des Wartens um 1900. München 2018, 157.

hier ein Spiegel – jedoch zerschmettert. Die Streeruwitz-Frauen diskutieren in ihrer Feenwelt mögliche andere Methoden des Glücklichseins und der Unabhängigkeit. Christabella zum Beispiel erklärt: „Ich habe die Kunst der Selbstbefriedigung auf die Spitze getrieben und chatte mit Gleichgesinnten darüber. So halte ich das aus. Das mit dem Älterwerden. Mit dem Untergang der Welt" (M-a-L, 51). Genoveva hat ihre Freundin über ein Inserat kennengelernt, und muss mit „Sex. Zwischendurch" zufrieden sein, da ihre Freundin in Innsbruck lebt. „Ist das Cybersex, wenn wir dabei so skypen", fragt sie (M-a-L, 51).

Der Schluss von *Mar-a-Lago.* lässt insgesamt allerdings auf wenig Positives hoffen. Allein die Auswahl des Stückes bedeutet für die Frauen ein Scheitern. „Ich hasse unsere Friedlichkeit. Ich hätte diese Frau [Maos Witwe] gerne gespielt", schreit Magdalena. „Und da hätte ich sehen wollen, ob unser aller geliebter Oberliebhaber und Regisseur seine Mümmis so einfach aufreihen hätte können. Was haben wir denn erreicht. Mit unserem sanften Widerstand". Die Frage ist rhetorisch gemeint, und die Antwort liefert sie selber: „Statt einer Massenmörderin spiele ich jetzt eine Tote" (M-a-L, 54f.). Ein möglicher Aufschwung mit Hoffnung auf ein Happy End wird mit dem Entschluss Christabellas, „vertragsbrüchig" zu werden, angedeutet. Der Einfall ist, wie andernorts schon bei Streeruwitz, von dem Lied „The rain in Spain falls mainly on the plane [sic]. I think she's got it" angekündigt. Jede der Schauspielerinnen-Figuren scheint von der Stimmung und vom plötzlichen Entschluss zu profitieren. Die Anweisungen erklären: „Es wird die Szene aus dem Film nachgestellt. [...] Jede kommt an Elizas Stelle. Ein Augenblick großen Schwungs und Selbstbewußtseins" (M-a-L, 59).

Die Frauen werden aus diesem euphorischen Augenblick durch den Lautsprecher weggerissen und die Stimme des Inspizienten verkündet: „Damen 7 Prinzessinnen bitte auf die Bühne". Die Reaktion ist jetzt keine Rebellion, sondern „die Frauen gehen unschlüssig herum". Die Anweisungen überlassen es den eigentlichen Schauspielerinnen, ob sie „ohne Regung sitzen bleiben [...] sich an der Tür drängelnd auf den Weg zur Probe machen" oder gar ob sie „wieder von vorne [...] beginnen und den Anfang [...] spielen". Jedenfalls deutet die Richtung auf keine innere Entwicklung der Sieben-Frauen-Protagonistin hin, sondern auf eine Zyklizität – auf eine Rückkehr zur ersten Station des Dramas. Wie bei Jean-Paul Sartres *Geschlossene Gesellschaft* (1944) scheint Streeruwitz' Gesellschaft nicht viel gelernt zu haben und zum Weitermachen verdammt.

Sowohl Titel als auch alternativer Titel deuten auf Patriarchat und Männerwahn hin. Der *Mar-a-Lago*-Lokus ist also nicht ganz wie die Titel vieler früherer Streeruwitz-Stücke als „strategic Misinformation"[37] gedacht. Damit meinte Manfred Pfister Titel, die gewisse Konnotationen hervorrufen sollen, die dann aber im Laufe der Handlung widerlegt werden oder sich als irrelevant erweisen. Dass Mar-a-Lago ein herrschaftliches Anwesen in Florida ist, welches dem Präsidenten der USA, Donald Trump, gehört, wissen wohl viele lesend Rezipierende und den deutschsprachigen Lesern und Publikum ist wohl auch sehr bewusst, dass der geisteskranke bay-

37 Manfred Pfister: The Theory and Analysis of Drama. Cambridge 1988 (= European Studies in English Literature), 42.

rische König Ludwig II. das Schloss Neuschwanstein errichten ließ. Beiden Herrschern bedeuten diese Orte eine Art Traumwelt.

Die Traumwelt in den Dramen Marlene Streeruwitz' bleibt, wie es scheint, eine für die Frauenfiguren im Stück auswegslose. Dennoch bieten die Szenarien der beiden hier behandelten neuen Stücke nach wie vor viele Denkanregungen und rufen erneut zu politischer Analyse und zur Bewusstseinsbildung auf. Diesem Zweck dienen auch viele Zeitungsartikel, Interviews, YouTube-Videos[38] von Marlene Streeruwitz. Feministischen Themen und politischen Fragen im Theater zu begegnen, bleibt jedoch sehr wichtig. Es kann sein, dass dadurch ein anderes Publikum erreicht wird, oder dass das Theatererlebnis einfach einen anderen Umgang mit wichtigen Fragen ermöglicht. Es ist auf jeden Fall sehr zu begrüßen, dass Marlene Streeruwitz wieder einmal – oder doch eigentlich immer noch – für das Theater schreibt.

---

38 Marlene Streeruwitz veröffentlicht eine YouTube-Serie mit dem Titel „Frag Marlene: feministische Gebrauchsanleitungen". https://www.youtube.com/channel/UC26a_w2db28xQKie1c-czIw [Stand: 15.6.2020].

Werner Michler

„sorry, dolmetschfehler". Kathrin Rögglas *die unvermeidlichen* und die Medien der Übersetzung

I

die unvermeidlichen, 2010 am Mannheimer Nationaltheater unter der Regie von Marcus Lobbes uraufgeführt, ist nach Kathrin Rögglas eigener Charakterisierung ihr „Stück über die Simultandolmetscher und die politische Klasse".[1] Die *dramatis personae* sind sechs Dolmetscher, drei Männer und drei Frauen; Ort der Handlung sind zum Publikum hin offene Dolmetschkabinen, aus denen die Protagonisten heraustreten können, was sie auch regelmäßig tun. Gemeinsam bilden sie den siebten Protagonisten, den Chor. Der größere Raum, in den das Geschehen eingebettet ist, lässt sich als weitgehend generisch beschreiben: eine Konferenz, eher unbestimmten Themas; die Zeit: eine Art Gegenwart.

Kathrin Röggla wird zu den zentralen Akteurinnen eines postdramatischen Theaters gezählt, wenn nicht schon zu einem post-postdramatischen[2]; ihre Texte sind als zu einem *deconstructive documentarism*[3] gehörig bezeichnet worden. Sie kreisen um die Möglichkeiten des Politischen, heute; die Autorin ist mit allen aktuellen kulturtheoretischen Wassern gewaschen, ihre Poetikvorlesungen, von denen es schon mehrere gibt[4], sind ein Kompendium für den politisch-künstlerischen Grenzbereich und die planmäßigen Grenzüberschreitungen zwischen beiden.

---

1 Kathrin Röggla: Die falsche Frage. Theater, Politik und die Kunst, das Fürchten nicht zu verlernen. Saarbrücker Poetikdozentur für Dramatik. Hg. und mit einem Nachwort von Johannes Birgfeld. Berlin 2015 (= Theater der Zeit. Recherchen 116), 14. Der Text der *unvermeidlichen* ist veröffentlicht in Kathrin Röggla: besser wäre: keine. essays und theater. Frankfurt a.M. 2013, 333–382, in Hinkunft zit. als u, Seite.

2 Zur Skepsis gegenüber dem postdramatischen Paradigma vgl. Röggla, Die falsche Frage (Anm. 1), 18–22.

3 Vgl. Ute Gröbel: „short-sleeping, quick-eating and all that stuff" – Kathrin Röggla's Novel *we never sleep* and „Deconstructive Documentarism". In: Jörg von Brincken, Ute Gröbel, Irina Schulzki (Hg.): Fictions / Realities. New Forms and Interactions. München 2011 (= Fiction and Reality 2), 101–115; vgl. auch Michael Navratil: Einspruch ohne Abbildung. Zur doppelten Diskursivität von Kathrin Rögglas Dokumentarismus. In: Iuditha Balint, Tanja Nusser, Rolf Parr (Hg.): Kathrin Röggla. München 2017 (= edition text + kritik), 143–160.

4 Kathrin Röggla: Die falsche Frage (Saarbrücken, 2015); das stottern des realismus: fiktion und fingiertes, ironie und kritik (Paderborn, 2011); Zukunft als literarische Ressource/Von Zwischenmenschen, Zeugen und wiedererkannten Helden/Fehlerquellen, Fehlerketten – eine Ästhetik des Fehlers (Zürich, 2016), abrufbar unter https://www.kathrin-roeggla.de/meta [Stand: 15.6.2020].

Für das Stück, das auch als Hörspiel vorliegt[5], hat die Autorin intensiv recherchiert und Interviews in den Berufsmilieus geführt. Stücke und Prosatexte Rögglas wenden sich stets nicht ‚runden' Individuen zu, sondern generischen, ‚flachen', repräsentativen Funktionsträgern und Sozialfiguren der neuen Mittelschichten: Investmentbankern, Unternehmensberatern, Expats, Wutbürgern, Helikoptereltern, allgemein: „Alarmbereiten"[6]. Röggla stellt Epochenfiguren des frühen 21. Jahrhunderts vor, aus dem performativen Gerede und jenen Diskursen geformt, die gegenwärtig die Subjektformation bestimmen.[7]

In den letzten Jahren ist auch in der populären Kultur die Aufmerksamkeit für Übersetzungsprozesse gestiegen[8], von Javier Marias' *Corazón tan blanco* (1992) über *Lost in Translation* (Sofia Coppola, 2003) zu *The Interpreter* (Sydney Pollack, 2005), ein Film, an den *die unvermeidlichen* in manchem anschließen[9]. Die Dolmetscher und ihre Milieus eignen sich gut für ein Röggla-Stück. Es sind gut ausgebildete Funktionsträger, die einem Beruf mit geregelter universitärer Ausbildung nachgehen, mit eigenen Zulassungsbedingungen, unter der Kontrolle von Berufsverbänden. Sie werden bei Röggla nicht im Ausnahmezustand gezeigt – jedenfalls nicht gleich zu Anfang –, sondern bei der Berufsausübung. In der klassischen Dramatik dienten Beruf und Stand zur Charakterisierung von Figuren, die dann in eine dramatische Handlung in der öffentlichen politischen oder in der privaten Sphäre oder in einer Vermischung beider verwickelt wurden. Rögglas Figuren bewegen sich von vornherein in jenem prosaischen Weltzustand, der nach Hegel die Moderne kennzeichnet, im Undramatischen eines professionalisierten Berufs. Die Müller mahlen, ließe sich mit Johann Peter Hebels *Unverhofftem Wiedersehen* sagen, die Schmiede hämmern, die Unternehmensberater beraten Unternehmen und die Simultandolmetscher übersetzen simultan. Dolmetscher folgen beim Übersetzen einer

5 Bayerischer Rundfunk, Ursendung 5./6. Februar 2012. Realisation: Leopold von Verschuer. BR 2012, abrufbar unter https://www.br.de/radio/bayern2/sendungen/hoerspiel-und-medienkunst/hoerspiel-roeggla-simultanuebersetzer-unvermeidliche100.html [Stand: 15.6.2020].

6 Kathrin Röggla: die alarmbereiten. Frankfurt a.M. 2010.

7 Vgl. Werner Michler: Schrottprämienerklärungen mit Abverkaufsvokabeln. Laudatio für Kathrin Röggla zum Buchpreis der Salzburger Wirtschaft 2015. In: SALZ. Zeitschrift für Literatur 40/41 (2015/2016), H. 162, 8–11.

8 Vgl. dazu u.a. Ingrid Kurz, Klaus Kaindl (Hg.): Wortklauber, Sinnverdreher, Brückenbauer? DolmetscherInnen und ÜbersetzerInnen als literarische Geschöpfe. Wien 2005 (= Im Spiegel der Literatur 1); Dörte Andres: Dolmetscher als literarische Figuren. Von Identitätsverlust, Dilettantismus und Verrat. München 2008 (= InterPartes 4); Klaus Kaindl, Ingrid Kurz (Hg.): Helfer, Verräter, Gaukler? Das Rollenbild von TranslatorInnen im Spiegel der Literatur. Wien 2008 (= Im Spiegel der Literatur 3); Klaus Kaindl, Karlheinz Spitzl (Hg.): Transfiction. Research into the Realities of Translation Fiction. Amsterdam 2014 (= Benjamins Translation Library 110).

9 Über die Plausibilität von *The Interpreter* mit Nicole Kidman und Sean Penn – eine Dolmetscherin wird zufällig, aufgrund einer zeitlichen Koinzidenz und einer Reihe von technischen Pannen (Themen der *unvermeidlichen*), Zeugin der Planung eines Mordkomplotts gegen einen Politiker und wird verfolgt – streiten schon Rögglas Informanten, als sie für *die unvermeidlichen* recherchiert, vgl. Kathrin Röggla: Reality Bites. In der Gerüchteküche. In: Röggla, besser wäre: keine (Anm. 1), 383–410, hier 386. „das sind aber keine flüsterexkurse über geplante attentate, die sie nicole kidman ins drehbuch geschrieben haben, wir kriegen banale flüche mit, gehässigkeiten über andere podiumsteilnehmer, freundlichkeiten, alltagsgeplänkel" (u, 359), heißt es dann im literarischen Text.

gewissen Funktionshierarchie, sie gehen mit technischen Apparaturen um, mit Tonanlagen, Kopfhörern, stummen Kabinen zur Ausbildung; sie sind schließlich selbst Medien, Übertragende, haben es nicht mit der Produktion zu tun, sondern mit der Zirkulation, auf literarische Verhältnisse übertragen: nicht mit dem Werk und dem Text, sondern mit dem Schreiben oder Sprechen als Praxis.

In den letzten Jahren hat die Theorie der literarischen Übersetzung einigen Aufschwung genommen; einige Differenzen zwischen (literarischem) Übersetzen und (Simultan-)Dolmetschen seien kurz resümiert, zugleich lassen sich so vielleicht die Dolmetscher – als dem Sprach- und nicht wie etwa die Protagonisten von *wir schlafen nicht* (2004) dem Geldmedium Verpflichtete – von anderen spätkapitalistischen Dienstleistern besser abheben. Das Übersetzen ist immer schon der dienende Part in der Literatur gewesen, als sekundär, weiblich und unkreativ metaphorisiert, immer abhängig von einem Original, für das ein, wie auch immer modernisierter, Geniediskurs zuständig war und ist. Die neuere Übersetzungstheorie hat dagegen „the translator's invisibility" (Lawrence Venuti) herausgestellt und in einer dekonstruktiven Geste das Machtgefälle zwischen ‚Original' und Übersetzung zu befragen begonnen; nicht die Übersetzung von der literarischen Primärproduktion abzuleiten, sondern zu fragen, was geschieht, wenn man die Übersetzung fokussiert und von hier aus das scheinbare primäre Sprechen ableitet, das Primäre aus dem Sekundären gleichsam. Das Ideal der Übersetzung wäre dann nicht mehr die Transparenz, die Unsichtbarkeit, das Verschwinden der Übersetzung, ihr Ziel der Versuch, „einen Autor so übersezen, wie er selbst würde deutsch geschrieben haben"[10], sondern der Dialog zwischen Versionen eigenen Rechtes, die Sichtbarmachung von Transfer, Kanal und translatorischer Autorschaft. Hat die dekonstruktive Übersetzungskritik als ihren Gegner den traditionellen Werkbegriff und das primär/sekundär-Verhältnis ausgemacht, wie es sich idealtypisch in die klassischen abendländischen Binarismen einfügt, so liegen die Dinge im Bereich des Konferenzdolmetschens ähnlich. Zwar ist das (literarische) Übersetzen einsam, das Dolmetschen kollektiv oder jedenfalls Teamarbeit; das Übersetzen langsam und kontemplativ, das Dolmetschen schnell und Echtzeit-orientiert, das Übersetzen nur schwach, das Dolmetschen hingegen stark professionalisiert und reguliert. Das Übersetzen arbeitet an den Polysemien, das Dolmetschen an der Eindeutigkeit. Und doch ist beides Spracharbeit, die mit den spezifischen Trägheiten und Eigentümlichkeiten ihres Mediums umzugehen hat. Dolmetscher erscheinen als Stimmen mit einem nur negativ am Geschehen beteiligten Körperanhang, als gleichsam provisorische Sprecherinstanzen, die auf einen anderen Sprecher hin transparent sein sollen. Rasch entspinnt sich bei Rögglas *unvermeidlichen* die Frage, ob das Simultansprechen etwa in mimetischer Weise dynamische Dimensionen des Sprechausdrucks wiedergeben soll: Soll und darf der Polizeidolmetscher „den vernehmungsdruck übertragen" (u, 361)? „sage ich:", sagt die „französin", „na, klar, wenn der brüllt, musst du auch brüllen" (u, 360), mimetisches oder Skoposübersetzen, „schauspielern" oder „das kommunikationsziel weiter[ ]geben" (u, 361) – ist die Dolmetschkabine Theater oder Sinnfabrik? Den Dolmet-

10 Friedrich Schleiermacher: Über die verschiedenen Methoden des Übersezens. [1813] In: Friedrich Schleiermacher: Sämmtliche Werke III/2. Berlin 1838, 207–245, hier 219.

schern wird die Sprache zu einem viskosen Stoff, „die ministerebene ist äußerst uninteressant. sprachlich unspezifisch, reizlos. grobkörnig. sozusagen mehlig. [...] da wird doch nur noch mal diplomatisch durchgeschmirgelt, was lobbyinteressen an politischer vorarbeit verhindert haben“ (u, 366).

Überhaupt hat die Apparatur – wie die Dolmetscher selbst unhörbares Medium mit Tücken, Trägheit und Makeln – besonderen Rang unter den Gesprächsthemen der Dolmetscher, zumeist in Form der Klage über (technisch:) den Fehler, (kommunikationstheoretisch:) das Rauschen, (ökonomisch:) die Einsparung auf Kosten menschlicher Arbeitskraft: es herrsche hier „tiefstes kabinenmittelalter“ (u, 339), weil die Raumtemperatur in der Kabine nicht zu regeln sei, es gebe „keine monitore für die redner“ und „schlechte luft“ (u, 339). Der „chor“ der Dolmetscher *„repräsentiert“* folgerichtig, mehr als nur in Analogie, *„auch die technische apparatur, die kabinendolmetscher stets umgibt, sowie, man kann es sich denken, die trennung von stimme und körper“* (u, 333).

Die ‚Unsichtbarkeit' der Dolmetscher ist gegenüber jener der literarischen Übersetzer noch dadurch radikalisiert, dass sie zwar im selben Raum wie die zu Übersetzenden physisch anwesend sind, aber in abgeschlossenen Kabinen sitzen[11], für das Konferenzpublikum haben sie keine Namen, sie leisten Arbeit, die im Augenblick des Verrichtens verschwindet und von der nichts bleiben soll, Arbeit, die sich buchstäblich in Luft auflöst. Nicht einmal beim intimeren Gesprächsdolmetschen erscheint der Dolmetscher als Figur eigenen Rechts: „ich warte“, sagt der „spanier“, der sich besonders der Nähe zur Macht und zur Ministerebene, auf der er sich am liebsten bewegt, brüstet, „ich warte auf das nächste spanischsprachige 4-augengespräch, das in wirklichkeit mit dolmetschern ein 8-augengespräch ist, aber wir zählen ja nicht.“ (u, 351) Dennoch würde ohne sie nichts gehen; sie sind „die unvermeidlichen“ – so werden die Dolmetscher und die Sicherheitsleute vom „protokoll“ genannt (u, 354), vielleicht nicht von ungefähr anklingend an *Les misérables*.

Die Zeit als Zeit des Werks ist für den Übersetzer Verzögerung und je kleiner sie gehalten wird, umso besser. Ein Minister verheddert sich, „es klingt ganz so“, sagt der „spanier“, „als käme er gegen seine eigene grammatik nicht an, oder vielmehr als hätte sich jede menge grammatik in ihm aufgestaut und müsste jetzt mit aller gewalt raus ...“ (u, 349) und der „engländer“ kommentiert dieselbe Rede:

> es ist absurd, wie mein kabinenkollege trotzdem versucht, im 5-sekunden-abstand zu bleiben, was ihm nicht gelingen kann, weil sich alle abstände verflüchtigt haben. ich sehe, wie ihm schweißperlen auf der stirn stehen, wie sein atem gepresster wird und seine schultern sich verspannen. (u, 349)

Gerät man in Verzug, vergrößert sich der Abstand zwischen den Sprachen und „in der lücke wächst eine blase, die mich mit sprache mehr und mehr anfüllt. ich merke, wie mein nacken

11 Die Mannheimer Uraufführung platzierte die Schauspieler in einer nur zum Publikum hin offenen Sperrholzbox, ohne Dekoration oder weitere Segmentierung des Raums; die Box schloss sich am Ende wieder vor den Figuren. Vgl. dazu Ewa Wojno-Owczarska: „Wir leben in restaurativen Zeiten“. Zu Kathrin Röglas *unvermeidlichen*. In: Studia Niemcoznawcze 50 (2012), 391–401.

und meine schulter sich weiter verspannen" (u, 354). Der Körper wird dann sichtbar, wenn er, wie man sagt, sein Recht fordert, weil die Sprache selber zum materiellen Widerstand geworden ist. Während die literarischen Übersetzer – mit allem Recht – einen Kampf um Sichtbarkeit und Repräsentation führen, auf Titelblättern, in Rezensionen und in Verlagswerbungen, entsteht und konsumiert sich das Werk der Simultanübersetzer in der minimalen Zeitspanne zwischen dem Wort des Sprechers und dem Wort des Übersetzers. Die Distanz zwischen den Sprachen bemisst sich nicht nach Kultur und Geschichte, sondern nach der Distanz zwischen den gewöhnlichen Satzkonstruktionen:

> die vorwärtsrolle der wirtschaft kommt im augenblick nicht ganz voran, weil ich noch auf das verb warte, das im deutschen immer ganz zum schluss kommt, im englischen sitzt es aber vorne und erledigt immer gleich alles, während es im deutschen immer erst abwartet, bis der restsatz erledigt ist. und ich muss dann mit tricks arbeiten, sollte ich mich geirrt haben ... (u, 335, vgl. auch u, 339)

Es geht hier nicht um den Prozess der kulturellen Übersetzung, wo das Politische im nur scheinbar bloß technischen Prozess der Übersetzung nisten könnte, sondern um die Technik der Übersetzung selbst; zugleich deutet sich in Metapher und Paronomasie vom durch Grammatik (sprachliches Medium) und Dolmetscher (personales Medium) gleichermaßen gehemmten wie ermöglichten ‚Vorwärtskommen' der „vorwärtsrolle der wirtschaft" eine performative *agency* der Übersetzung an, die in der Folge das Geschehen bestimmt: *die unvermeidlichen* sind eine Reihe von Experimenten über Grenzen, Chancen und Eigenwert der Medien. Vorausgesetzt, es „ist der wurm drin" (u, 349).

Die Dolmetscher haben es mit hoher Politik, mit Stimme und Sprechakten zu tun, mit Fragen von Politik und Identität, aber in einer Weise, die das ganze System selbstidentischen Sprechens zu irritieren und zu verschieben imstande ist. Wie verhält es sich denn jetzt beim Konferenzdolmetschen mit dem autoritativen Wort des Originals? Die Spielanordnung bei Röggla setzt die objektive Dekonstruktion des Politikers bereits voraus, wir haben es nicht mehr mit selbstidentischen Helden im Dienste der Nation oder mit verschlagenen Machiavellisten zu tun, sondern mit *talking heads* internationaler Sachzwänge und Funktionären des Kapitals. In diesem Sinn laborieren die Konferenzredner wie die Dolmetscher an den systemischen Funktionen von Sprache. Politiker und Dolmetscher rücken systematisch zusammen als professionelle Sprecher, die von anderen und von höheren Mächten gesprochen werden, es ist Sprechen zweiten Grades, sagen, was gerade ein anderer gesagt hat, Übernahme von Diskursfunktionen. Auch hier tun sich Kontingenz- und Unbestimmtheitszonen auf (so wie das notwendige Misstrauen gegenüber Übersetzern in einer Verhandlungssituation, da keine der Verhandlungsparteien die Arbeit der Übersetzer kontrollieren kann; könnten sie es, bräuchten sie keine[12]); bei Röggla übernehmen die Übersetzer den Spielraum, nicht die Politiker.

12 Vgl. Emily Apter: The Translation Zone: A New Comparative Literature. Princeton 2006 (Kap. 1: Translation after 9/11. Mistranslating the Art of War, 12–22), und Emily Apter: Translation after 9/11. In: Transit 2/1 (2005), https://escholarship.org/uc/item/3fg8h2g8 [Stand: 15.6.2020].

II

Rögglas Stück situiert sich folgerichtig am institutionellen Schnittpunkt von Politik und Übersetzung, der internationalen Tagung.[13] Dolmetscher sind als Tagungstiere Kulturfolger und folgen den Tagungen, für die sie engagiert werden. Die Tagung ist dabei ein selbst proliferierender Organismus, Heterotopie und Sozialgestalt der Gegenwart, die eine ganze Infrastruktur impliziert und produziert: Nicht-Orte und Durchgangsräume wie Hotels und Tagungsorte, Catering, Tiefgaragen und Autoflotten, Dolmetscher, Delegationen und *key note-speakers*. Wie wenig es dabei auf die Widmung der Konferenz ankommt, zeigt die Bezeichnungsfülle, die der Text aufbietet, mit den Röggla-typischen Kompositakaskaden, Klassifikationen, würdig der Aufnahme in jene berühmte ‚chinesische Enzyklopädie':

> sonderkonferenzen, notkonferenzen, ewig geplante konferenzen, schnell entstandende, zwischengipfel, dringliche arbeitssitzungen, nachfolgekonferenzen .... [...] die finanzkrisenkonferenz, die atomendlagerkonferenz, die erneuerbaren energien, die migrationskonferenz, der klimawandel, die transitfrage, die defizitkonferenz, die sicherheitskonferenz, noch eine sicherheitskonferenz, eine weitere, eine bildungsnotstandskonferenz, eine zur pandemiewarnung, eine konferenz, bei der man nicht weiß, was sie soll ... [...] eine borderlinekonferenz (u, 341f.)

Was sie eigentlich ‚in der Sache' tun, ist bei Rögglas Übersetzern und Politikern so diffus und uninteressant wie bei den Betriebsberatern in *wir schlafen nicht*. Literarische Diskursanalyse ist weder Psychologie noch Politikwissenschaft.

Berufsausübende also anstelle von Helden, anstelle eines Ortes der Handlung ein Biotop, anstelle von dramatischem Konflikt eine Situation, die Röggla abstrakt als die Konstellation ihres Gegenwartstheaters beschrieben hat: Drama sei nicht, wenn, nach Einar Schleef, zwei sich kloppen, sondern: wenn sich zwei *nicht* kloppen.[14] Bei den *unvermeidlichen* kloppen sich nicht nur zwei *nicht*, es kloppen sich auch nicht nur *zwei* nicht. Vielmehr handelt es sich um eine Reihe von Entgleisungen vom Normalbetrieb, die ihn zur Kenntlichkeit bringen sollen, und es ist von Interesse, wie Röggla im Rahmen der postdramatischen Konstellation das Stück aufbaut.

Ort der Handlung sind die Dolmetschkabinen, in denen sich die Dolmetscherpaare befinden – der Kabinenpartner löst ab, springt ein, übernimmt allfällige Kommunikation nach außen, etwa bei technischen Problemen. Rögglas *unvermeidliche* sind eine Folge von 13 Szenen – „bildern" nennt sie der Text – in einem fast regelmäßigen Wechsel von innen und außen, von Kabine und „draußen". Bei den *dramatis personae* handelt es sich durchweg um Dolmetscher, die der Text nach ihren Sprachen benennt: den Engländer, den Franzosen und die Französin, die Russin, die Chinesin und den Spanier, die nicht ganz frei sind von Stereotypen über die Sprachgemeinschaften, aus denen sie dolmetschen, man darf aber annehmen, es handle sich

13 Vgl. auch die ‚unheimlichen Geschichten' *Frühjahrstagung, Herbsttagung, G7* und *Europäisches Forum Alpbach* in: Kathrin Röggla: Nachtsendung. Unheimliche Geschichten. Frankfurt a.M. 2016, 18–29, 53–57 und 58–65, die Motive aus den *unvermeidlichen* aufnehmen und weiterschreiben.

14 Röggla, besser wäre: keine (Anm. 1), 224.

durchweg um deutsche Muttersprachler. Wo sie Eigennamen haben, bestätigen sie das Generische mehr als dass sie es dementierten: ein Herr Miesigbauer, ein Herr Kalender, Frau Klein und Marie-Claire. Die Dolmetscher bilden eine temporäre Arbeitsgemeinschaft und sie bleiben in Rögglas Stück unter sich. Alles Außen wird durch Mauerschau oder Botenbericht hereingetragen, doch außerhalb der Konferenz gibt es ohnehin wenig Welt. Die Konferenz ist selbst eine temporäre Weltstiftung, die in besonderen Fällen beansprucht, ‚Welt' in bevorzugten Repräsentanten zu repräsentieren – die Gipfel in der Konferenzhierarchie sind im Stück ‚G7' und ‚G20'; die Konferenz ist eine Art Welttheater auf Zeit, eine ephemere Sozialarchitektur oder soziale Plastik.

Repräsentativ sind auch die Figuren angelegt; das Spiel der Dolmetscher bildet eine soziale Welt ab, nicht ‚die' Welt. Die Figuren bewegen sich weniger im sozialen Raum als innerhalb ihres Handlungsfeldes; es ist vom „translatorischen Feld"[15] gesprochen worden, ein Machtfeld wie das literarische. Einerseits gilt die berufsständische Binnensolidarität: Die Dolmetscher „helfen einander" (u, 347), sie loben einander als „elegant" (u, 346), „wir korrigieren uns mit bedacht. ich würde niemandem in die parade fahren" (u, 352), „kein dolmetscher würde dem anderen ans bein pinkeln" (u, 358). Dennoch agieren sie entlang der Kraftlinien des ‚translatorischen Feldes', das hierarchisch organisiert ist: Im sprachlichen Markt dominiert der Westen, die Westsprachen dominieren den Osten; der Engländer, „chef d'équipe, unser lieber kabinenchef" (u, 364), darf sich schon einmal nach dem Unterschied von Ungarn und der Slowakei fragen (u, 362). Politiknähe – wie im Vier- bzw. eben Achtaugengespräch – dominiert das Handwerk, Erfahrung schlägt Schrägeinstieg, der alte Hase den „neuzugang" (u, 343). Neulinge wie die ‚chinesin' machen „anfängerfehler!" (u, 357), lassen sich in der Lobby von Journalisten – einer Berufsgruppe mit sehr ähnlichem Profil – aushorchen und riskieren den Ausschluss aus der Dolmetschergemeinschaft. Dieser Widerspruch zwischen der prekären ‚horizontalen' Gemeinschaft der Übersetzer, die den zu Übersetzenden gegenübersteht, und den Schräglagen innerhalb der Dolmetscherequipe bildet das Einfallstor für die Entgleisung der Stückhandlung.

Der Chor agiert als die Stimme des Über-Ichs des Berufskollektivs, verstrickt sich allerdings schon bei seinem dritten Auftreten in eine Wiederholungsschleife (u, 359) und steht mit der „technik" nicht bloß für eine versagende oder entgleisende technische Apparatur, sondern vielmehr für das ‚Man' der Dolmetscher; der Chor wird von den Einzelnen, von denen er ja gebildet wird, korrigiert und muss einräumen: „sorry, dolmetschfehler", mit der Nebentextbemerkung: „*der chor verheddert sich in seiner eigenen akustischen Technik und bricht ab*" (u, 360). Der Gebrauch des Chors ist einer von mehreren zentralen Kunstgriffen in den Fundus der historischen Theaterpoetik; ein anderer ist die Perspektivierung der Figurenrede durch epische Elemente. Es zeigt sich, dass die Figuren mehr über sich zum Publikum denn als Dialogpartner zueinander sprechen; das a parte-Sprechen nimmt viel von dem Raum ein, der sonst dem dramatischen Dialog gewidmet wäre. Immer wieder gehen Bericht und Dialog ineinander

15 Vgl. Norbert Bachleitner, Michaela Wolf: Auf dem Weg zu einer Soziologie der literarischen Übersetzung im deutschsprachigen Raum. In: IASL 29/2 (2004), 1–25; Norbert Bachleitner, Michaela Wolf (Hg.): Streifzüge im translatorischen Feld. Zur Soziologie der literarischen Übersetzung im deutschsprachigen Raum. Wien 2010 (= Repräsentation – Transformation 5).

über und es ist nicht zu entscheiden, ob der Text der *unvermeidlichen* zuletzt Figurenrede ist oder Bericht. Das zweite Bild beginnt mit Figurenrede der Französin:

	gleich vor der französischen kabine treffe ich die russin, und wir sagen beide: hier ist eine menge los! wer hier alles aus der dolmetscherwelt auftaucht!
die russin	und ich sage der französin [die doch neben ihr steht, W.M.]: stell dir vor, ich habe sogar schon die zwillinge gesehen!
die französin	die zwillinge? das gibt's doch gar nicht! die sind doch bei der dolmetscherprüfung durchgefallen.
die russin	sagt dann die französin zu mir, und ich setze hinzu: keine ahnung, wer die bucht, die müssen hier wirklich verzweifelt sein. (u, 341)

Treten die Figuren aus dem epischen Präteritum (hier: Präsens) des Berichts heraus oder distanziert das Epische den Dialog, im Sinn der Brechtschen Anweisung an die Schauspieler des epischen Theaters, sie mögen die Figurenrede in die dritte Person ‚überführen' und die Spielanweisungen mitsprechen?[16]

Die Konferenz beginnt zu eskalieren, als einigen Sprechern der „flow"[17] des gewöhnlichen Konferenzdolmetschens abhandenkommt, eine Reihe von Kontingenzen summiert sich zur Entgleisung. Ein osteuropäischer Regierungschef ist einem Putsch entkommen (u, 362); dem deutschen Minister versagt sich die Grammatik, die Redezeiten werden nicht mehr eingehalten, ohne dass dafür – auf der Ebene der Dolmetscher jedenfalls – Gründe absehbar wären, die Dolmetscher werden in diesen Sog hineingezogen, verzichten auf die Ablöse, und die Ablöse für beide Partner kommt auch nicht mehr, der Kabinenchef hat schon mehrmals erfolglos bei der Agentur reklamiert. Das Dolmetschen ist nur mehr als körperliche Strapaze dem Joggen an der „schmerzgrenze" (u, 364) zu vergleichen, oder dem Übersetzen einer Rede von Gaddafi oder Ahmadinejad. „nur pferden gibt man den gnadenschuss" (u, 364), ein früher Filmtitel (*They Shoot Horses, Don't They?*, 1969) des Regisseurs von *The Interpreter*, Sidney Pollack.

Im achten Bild eskaliert das professionell gehegte Setting, es ist in Abweichung von den sonst alternierend zwischen „kabine" und „draußen" wechselnden Szenenangaben „revolution!" übertitelt. Das Technische des Chors als das professionelle Unbewusste mischt sich zum dritten Mal als Endlosschleife ein, dann beginnt sich ein Raum des Politischen zu öffnen: Die Dolmetscher beginnen zu kommentieren, dann zu politisieren, dann zu streiten, schließlich soll gestreikt werden. Nun geht es weiter wie im Märchen, die Chinesisch-Dolmetscherin lässt sich dazu hinreißen zu sagen: „ich halte endlich eine chinesische rede, die es an eindeutigkeiten nicht fehlen lässt" (u, 368), die Kollegin sagt, „ich übersetze den französischen Minister, wie er ebenfalls klein beigibt" (u, 368f.), der Engländer sieht, wie sich der französische und der deutsche Delegierte, der sich für die Umweltschäden in seinem Land schämt, vor das Podium

16 Bertolt Brecht: Kurze Beschreibung einer neuen Technik der Schauspielkunst, die einen Verfremdungseffekt hervorbringt. In: Bertolt Brecht: Werke. Große kommentierte Berliner und Frankfurter Ausgabe. Hg. von Werner Hecht u.a. Bd. 22: Schriften 2/2. Berlin/Weimar/Frankfurt a.M. 1993, 641–659, hier 644.

17 „ich habe keine zeit, an einzelne worte zu denken, die übersetzung muss laufen, ich muss im flow bleiben" (u, 334).

hocken und ein Lied singen, „das lied“, so die Regieanweisung, *„klingt wie nebenbei gesungen, ein leichtes sommerlied“*, „sie singen: wir machen das, wir machen das, wir führen eine vermögenssteuer wieder ein, wir heben jetzt die spitzensteuersätze an!“ „wir einigen uns auf eine drastische reduktion der treibhausgase, wir setzen jetzt wirklich auf nachhaltigkeit“ (u, 369). Die Stimmen, die bislang nur zwei Register gekannt hatten: das möglichst wenig stockende (also stockende) übersetzende Rubato-Sprechen und das parlando der Pausengespräche, entwickeln eine dritte Form: das Singen. Man mag einwenden, es sei das ja wahrscheinlich alles gar nicht so wirklich geschehen, sondern Dolmetscherdelirium bei gedrückter Stummtaste, Pausen- und Hinterzimmervergnügen, Versöhnungskarneval, bei dem die Kommunikationsknechte den Herrn spielen. Andererseits gehört es zur besonderen Dialektik der Medien, dass das, was der Dolmetscher übersetzt hat, das ist, was der Politiker *gesagt haben wird*; er hat im Kopfhörer keine andere Stimme:

> *kurze pause, dann schaltet sich die französin ein.*
> die französin — ich übersetze den deutschen sozialdemokraten, der jetzt zu singen beginnt. als beispiel ein lied, hat er gesagt ... (u, 368)

Wieder andererseits: So blechern klingt Utopie auf dem Niveau internationaler Konferenzen, wenn die Mauern zwischen den Delegationen einbrechen, man sieht, auch die Dolmetscherutopie kann die terminologische Phrasenhölle von Politik und Journalismus, die sie mitspricht, nicht verlassen, auch wenn eine Art Poesie aus dem Zusammenbruch der Zeitdifferenz zwischen Rede und Übersetzung gewonnen werden soll. Prompt kommentiert der Chor vom Band einen „sorry, dolmetscherfehler, dolmetscherfehler, dolmetscherfehler. wir wiederholen noch mal korrekt“, dann: *„black. bzw. die stimmung kippt. im nächsten bild sind alle wieder zurück auf ihren ursprünglichen positionen.“* (u, 370)

Das „Kippen“ der Stimmung greift jetzt über auf den nächsten Szenentitel: „menschen kippen um“. Tatsächlich beschreiben die Dolmetscher im nächsten Abschnitt, alarmiert kommentierend, wie Konferenzredner ‚umkippen‘ und hinter dem Pult verschwinden, ein anderer Redner soll am Pult verstorben sein und der Verdacht drängt sich auf, man sehe nicht Gespenster, sondern habe es mit wirklichen Gespenstern, wenn es so etwas gibt, zu tun:

> der engländer — ja, sie sprechen über den soffin und bafin, über basel II plus und basel III, sie entwerfen liechtensteiner institute zum geldausgeben, sie sprechen über restrukturierungsgesetze und banknetransaktionssteuern und behaupten, lebendig zu sein.
> die russin — vielleicht sind das alles tote. vielleicht sind wir auf einer konferenz der toten gelandet, und haben es nicht mitgekriegt? wie lange sind wir schon hier in diesem seltsamen konferenzhotel? tage, wochen? ich könnte es nicht sagen. [...]
> die französin — (*plötzlich, als wäre sie gerade aufgewacht*) ja, es sind alles tote, die sich durch unsere stimmen durchbewegen.
> die russin — sie brauchen uns, um überhaupt zu erscheinen. (u, 372)

Der Konferenz als einer Unentscheidbarkeitszone von tot/lebendig korrespondiert eine zunehmende Dissoziation von Fiktion und Wirklichkeit – es wird nicht mehr unterscheidbar, was geschieht und was erlebt wird. Die Chinesin wird von einem undurchsichtigen Menschen aus der stummen Kabine verfolgt, während sie für ihre Kollegen mit ihrem Partner einen neuen Konferenzeinsatz aushandelt. Der Spanier, der Streber unter den Dolmetschern, der sich gerne eine Etage höher, auf der Ministerebene, bewegt, verschwindet mit Hilferufen und dem Comic-Röchellaut „argggghhhh!" (u, 379) von der Bühne, während ihn die anderen eilfertig zu seinem Team laufen sehen. Russin und Französin finden sich in einer Arbeitspause vor der Tür in einem heruntergekommenen Stadtteil wieder, mit ausgebrannten Autos und Schlaglöchern, die Chinesin verschwindet im Untergrund des Konferenzhotels: „ich bin jetzt in irgendeinem flur gelandet, d. h., ich weiß nicht, wo ich bin. die gänge sehen hier ziemlich verrottet aus, wasser läuft seitlich herunter, es ist stickig, heiß, es riecht nach urin." (u, 379) Was wir sehen, sind Figuren, die mit einem Fuß in der „Wüste des Realen" zu stehen gekommen sind; Slavoj Žižek hat kurz nach der Katastrophe des 11. September der amerikanischen Paranoia, die Idylle sei nur eine Inszenierung, ein organisierter Traum, eine gespenstische Show, einen bekannten Essay mit diesem Zitat aus *The Matrix* (Larry/Lana und Lilly Wachowski, 1999) gewidmet und der Rede vom „Einbruch des Realen" eine jahrelange Hochkonjunktur verschafft.[18]

Die Figuren verschwinden in dieser Zweitwelt nach dem Muster der Abschiedssymphonie, Engländer und Franzose kommentieren bzw. sehen das Verschwinden ihrer Kollegen noch aus der Perspektive der anzunehmenden intakten Konferenzwelt, bis auch ihnen, von wem auch immer, buchstäblich der Stecker gezogen wird; niemand bedient sich mehr an den „mozarellabrötchen" (u, 381, sic), der Strom fällt aus, man hört nichts mehr, bis auch nichts mehr zu sehen ist. Konferenzen werden bei Röggla gerne per Exitus beendet, anders als das Weltende in T. S. Eliots *The Hollow Men* ‚not with a whimper, but a bang'. Zu denken wäre etwa an jenen stattlichen Germanistenkongress in Amerika mit 1400 Teilnehmern, der in einer Prosaminiatur in Nahaufnahme mit einer Explosion schließt.[19]

Einfache Rahmenbrüche, schreibt Röggla in der Paderborner Poetikvorlesung, seien schon längst Alltag geworden und damit als künstlerische Strategien überholt; dennoch käme es für die Frage der Brauchbarkeit dieser Mittel – wie im Fall der Selbstreferentialität – auf den narrativen Kontext an, wenn etwa „Rahmen sich derart verschränken, dass nicht mehr klar ist, welcher der definitive Bezugsrahmen ist, und die Hierarchien der Wirklichkeitsinterpretation durcheinanderkommen, kann das durchaus spannend sein".[20] Eine solche komplexe Rahmenkonstruktion mit unvorhergesehenen Wechseln der Erzähl- bzw. Wirklichkeitsebenen ist offensichtlich in *die unvermeidlichen* am Werk. Neben der episierenden Berichtform, die die Unmittelbarkeit dramatischer Rede mediatisiert, ist es die dramatische Metalepse (im Sinn Gérard Genettes), die an mehreren Stellen besonders effektiv eingesetzt wird. Es wird beklagt, dass die Politiker „millionenausgaben" in Aussicht nehmen, „während nebenan die klimakonferenz kippt, die umweltministerkonferenz kippt" (u, 367), und die machtlosen Dolmetscher erwägen, den ganzen Laden selbst in die Hand zu nehmen. Die zitierte Stelle vom ‚Kippen

18 Slavoj Žižek: Willkommen in der Wüste des Realen. [2002] Übers. von Maximilian Probst. Wien 2004 (= Passagen Forum).

19 Kathrin Röggla: Pentagonumgebung. In: Röggla, Nachtsendung (Anm. 13), 175–181.

20 Röggla, besser wäre: keine (Anm. 1), 393.

der Stimmung' (u, 370) mit dem Übergriff auf den Szenentitel „menschen kippen um!" (u, 370), mit alarmistischem Rufzeichen, nimmt die Rede vom ‚Kippen' von Konferenzen auf, verschiebt jedoch nicht nur durch Rückführung auf die Denotation die Metapher (Konferenzen/Stimmungen ‚kippen') auf die Handlungsebene des Stücks („menschen kippen um!" und verschwinden hinter dem Rednerpult der Konferenz), sondern auch vom Haupt- in den Nebentext. Doch werden weder Regieanweisung noch Szenentitel gesprochen und können nur durch Griff in den Brechtschen Theaterfundus (Übertitelung, Spruchband, Projektion) überhaupt als Element des Stücks realisiert werden (auch in der Hörspielversion fehlt diese Metalepse). Eine zweite Metalepse ergibt sich, als dem von seinen Beziehungen zur „ministerebene" prahlenden „spanier" („ministerebene" steht gegen die „arbeitsebene", Politikerhierarchie gegen Bürokratie) entgegnet wird: *„kommen sie mal von ihrer ministerebene runter!"* und der Nebentext vorschreibt: *„gemeinsam zerren sie ihn von ihrer ministerebene runter"* (u, 366). Zehnmal bringt der Text der *unvermeidlichen* die „ministerebene" als verblasste Metapher der Konferenzsprache, einmal macht er sie in einem Wortspiel bewusst; und einmal nützt er sie zur Metalepse. Allerdings kann der Text hier nur als Lesedrama seine paronomastischen Qualitäten entfalten (an beiden Stellen wird in der Hörspielfassung das Spiel von Metapher, Haupt- und Nebentext nicht realisiert und entfällt).

III

Nach einer bekannten These von Brian McHale dreht sich die Literatur der Moderne um psychologische und epistemologische, die der Postmoderne hingegen, daran erkennt man sie, um ontologische Fragestellungen.[21] Das spielt sicher auch hier eine Rolle, und doch geht das Motiv der Scheinwelt nicht auf, jedenfalls wird sie nicht demaskiert; es können beide Welten gleichermaßen wahr sein. Eine der Fragen, die das Stück stellt, ist jedenfalls auch die nach den Möglichkeiten eines nachgerade emblematischen Medienberufs, einer tatsächlichen Profession, die mit Sprache umgeht, auch unter der selbstverständlich gewordenen konstruktivistischen Prämisse, die Welt sei sprachlich konstituiert. Röggla hat, wie angedeutet, ausführlich recherchiert, eine Fülle von Details des Berufsalltags ist in den Text eingegangen.[22] Es ist ein Stück über Medien in mehrerlei Gestalt und ihr Funktionieren und darüber, was geschieht, wenn sie heißlaufen und aussetzen, aber auch ein Text über die Chancen, die eigene Mediatisierung/Medialisierung ernstzunehmen und ihre Möglichkeiten auszuloten.

---

21 Brian McHale: Postmodernist Fiction. New York/London 1987.

22 Vgl. auch: Die Schatten der politischen Repräsentation. Die Autorin Kathrin Röggla im Gespräch mit Lena Schneider. In: Theater der Zeit 66 (2011), H. 2, 48.

Helga Mitterbauer

Thema und Diskurse: Postdramatik in Gerhild Steinbuchs *WELTHAUPTSTRAND EUROPA*

„Ich gehe von einem Thema aus und innerhalb dieses Themas habe ich Figuren [...,] Schachfiguren, die ich dann auf einem Schachbrett in dem Thema herumbewegen kann [...] dem Thema ist alles untergeordnet", umreißt Gerhild Steinbuch ihre postdramatische Maxime in einem Interview mit Alexandra Sommer im Jahr 2008.[1] Entsprechend dieser Richtlinie erfüllt der im Sommer 2016 als Auftragsarbeit für das Chemnitzer Theatertreffen „Unentdeckte Nachbarn" verfasste Bühnentext nahezu allen Kriterien, mittels derer Hans-Thies Lehmann das „postdramatische Theater" definiert:[2] Es ist jenseits von Handlung angesiedelt, arbeitet mit postdramatischen Theaterzeichen und hat sich von jeglichem Anspruch auf Illusion verabschiedet. Anstelle von Figuren sind Stimmen oder Allegorien getreten, der postdramatische Raum ist metonymisch geworden, die Zeitästhetik folgt keiner bestimmten Logik mehr, dagegen spielen die Medien, aber auch die Kritik an gesellschaftlichen und politischen Verhältnissen eine wichtige Rolle.

Gerhild Steinbuchs Theatertext *WELTHAUPTSTRAND EUROPA*[3] wurde am 2. November 2016 unter dem Titel *Beate Uwe Uwe Selfie Klick* – ein Zitat aus dem Text – im Theater Chemnitz uraufgeführt.[4] Die Regisseurin Laura Linnenbaum, die bereits im Mai 2015 Steinbuchs *MS Pochahontas* im Schauspiel Frankfurt am Main inszeniert hatte und als Kuratorin und künstlerische Leiterin für das Chemnitzer Theatertreffen, das von 1. bis 11. November 2016 stattfand, verantwortlich zeichnete, führte auch Regie bei der Inszenierung von Steinbuchs Text. Die Aufführung des Stücks sowie die gesamte Veranstaltung waren sehr erfolgreich,

1 Irmgard Maria Fuchs, Alexandra Sommer: Theater der Gegenwart – Neue Dramatik. Diskursive Annäherung anhand des Schauspielhauses Wien, Spielzeit 2007/2008, und der österreichischen AutorInnen Gerhild Steinbuch, Händl Klaus, Ewald Palmetshofer und Johannes Schrettle. Wien 2009, 232. http://othes.univie.ac.at/3843/ [Stand: 15.6.2020].

2 Vgl. Hans-Thies Lehmann: Postdramatisches Theater (1999). 6. Aufl. Frankfurt a.M. 2015. Vgl. auch David Barnett: When is a Play not a Drama? Two Examples of Postdramatic Theatre Texts. In: New Theatre Quarterly 24/1 (Februar 2008), 14–23. https://www.cambridge.org/core/journals/new-theatre-quarterly/article/when-is-a-play-not-a-drama-two-examples-of-postdramatic-theatre-texts/FFC43A35F2A017C40CEA94DF3BE15EA4 [Stand: 15.6.2020].

3 Gerhild Steinbuch: WELTHAUPTSTRAND EUROPA. [Theatermanuskript]. Reinbek b. Hamburg o.D. (Januar 2018). In Hinkunft zit. als W, Seitenzahl.

4 Erstmals aufgeführt unter dem Titel *Welthauptstrand Europa*, versehen mit dem Untertitel „Eine szenische Recherche mit Texten von Gerhild Steinbuch und dokumentarischem Material" in der Regie und Fassung von Hans-Christian Hasselmann wurde das Werk am 22. März 2018 im Rahmen des Festivals „Neues Wiener Volkstheater 2018", einer Veranstaltung des Wiener Volkstheaters und des Max-Reinhardt-Seminars. Vgl. http://www.volkstheater.at/100und1/wp-content/uploads/2018/03/2017-18_VolxM_Klappfolder_05_Neues-Wiener-Volkstheater_web.pdf [Stand: 15.6.2020].

wurde doch das Treffen 2017 mit dem Chemnitzer Friedenspreis ausgezeichnet und die deutsche Monatszeitschrift *Theater der Zeit* bezeichnete Steinbuchs Stück als Höhepunkt dieser Veranstaltung.[5]

Dies führte zur weiteren Etablierung der 1983 in Mödling geborenen Gerhild Steinbuch, die aus dem Grazer UniT (einer Theaterschreibwerkstatt) hervorgegangen ist; schon seit der Aufführung ihres Stückes *Verschwinden oder Die Nacht wird abgeschafft* im Rahmen des „Steirischen Herbstes" 2007 wird sie „zu den produktivsten und am häufigsten gespielten Bühnenautorinnen der jungen Generation" gezählt.[6] Dazwischen war sie u.a. Hausautorin des Schauspielhauses Wien (2008/2009), Stipendiatin am Literarischen Colloquium Berlin, im Jahr 2010 Stadtschreiberin von Kitzbühel, und sie wurde mit zahlreichen Preisen ausgezeichnet. Ihre Werke werden an deutschen und österreichischen Bühnen häufig gespielt, 2016 wurde am Opernhaus im französischen Lille die Oper *Marta*, eine Komposition von Wolfgang Mitterer, erfolgreich aufgeführt. Das Libretto stammt aus der Feder von Gerhild Steinbuch.

Dass die Autorin ausgewählt wurde, ein Stück über den NSU (Nationalsozialistischen Untergrund) für das Chemnitzer Theatertreffen „Unentdeckte Nachbarn" zu verfassen, mag nicht zuletzt damit zusammenhängen, dass sie sehr offen gegen die wieder erstarkende Rechte auftritt. Unter anderem ist sie Gründungsmitglied von „*Nazis* & *Goldmund*, einer Autor*innenallianz gegen die Europäische Rechte", einer Webplattform, für die sie gemeinsam mit Jörg Albrecht, Sandra Gugić, Thomas Arzt und Thomas Köck verantwortlich zeichnet.[7]

Für das Theatertreffen erhielt sie die Vorgabe, die Aufarbeitung des NSU zu thematisieren, vor allem die „wenig diskutierten Opferpositionen und die Frage nach den Netzwerken bzw. Unterstützern des NSU u.a. in Sachsen und Thüringen".[8] Die rechtsextreme Terrorgruppe, die um 1999 gegründet wurde, um aus rassistischen und xenophoben Motiven in Deutschland lebende Menschen ausländischer Herkunft zu ermorden, verübte bis 2011 insgesamt zehn Morde (darunter einen an einer Polizistin), zwei Sprengstoffanschläge und 15 Raubüberfälle, und zwar ohne in das Visier der Polizei geraten zu sein. Erst nachdem die beiden Haupttäter Uwe Mundlos und Uwe Böhnhardt am 4. November 2011 tot in einem ausgebrannten Wohnmobil gefunden worden waren und Beate Zschäpe, die mit den beiden Männern zusammengelebt hatte, daraufhin die gemeinsame Wohnung in Zwickau in Brand gesetzt und Bekennervideos verschickt hatte, wurden die Urheber der Anschläge publik. Bis dahin hatte die Polizei rechtsextreme Hintergründe weitgehend ausgeschlossen und die Täter im Umfeld der Opfer gesucht.

Das Bekanntwerden des NSU-Terrors führte zu einer tiefen sicherheitspolitischen Krise in Deutschland, insbesondere weil einige Beamte des Verfassungsschutzes Akten vernichtet ha-

---

5 Andreas Herrmann: Die Neonazis von nebenan. Das Theatertreffen „Unentdeckte Nachbarn" widmet sich in Chemnitz und Zwickau der Aufarbeitung des NSU. In: Theater der Zeit 1 (2017), 89; zit. nach der Website von Laura Linnenbaum: https://www.laura-linnenbaum.de/inszenierungen/beate-uwe-uwe-selfie-klick/ [Stand: 15.6.2020].

6 So der Standard-Kritiker Sebastian Fasthuber: Antigone mit Radiohead. In: Der Standard, 3.10.2007. https://www.derstandard.at/story/3059561/antigone-mit-radiohead [Stand: 15.6.2020].

7 Vgl. http://www.nazisundgoldmund.net/autorinnen/ [Stand: 30.7.2019].

8 Website Laura Linnenbaum: https://www.laura-linnenbaum.de/inszenierungen/beate-uwe-uwe-selfie-klick/ [Stand: 15.6.2020].

ben, weshalb 2012 die Leiter des Bundesamts für Verfassungsschutz und der Landesbehörden Thüringens, Sachsens und Berlins zurücktraten. Im Bundestag und in sieben Landesparlamenten kam es zu Untersuchungsausschüssen, die die Ermittlungspannen und organisatorischen Defizite untersuchten. Der über fünf Jahre dauernde NSU-Prozess gegen die einzige Überlebende des NSU-Trios, Beate Zschäpe, die für zehnfachen Mord, der Mitgliedschaft in einer terroristischen Vereinigung und schwerer Brandstiftung zu lebenslanger Haft verurteilt wurde[9], fand vom 6. Mai 2013 bis zum 11. Juli 2018 am Oberlandesgericht München unter starker medialer Beobachtung statt, u.a. hat die Hamburger *Zeit* einen eigenen Blog dazu eingerichtet.[10] Inzwischen sind die Prozessprotokolle auch in Buchform veröffentlicht.[11]

Steinbuch ist nicht die einzige, die sich künstlerisch mit dem NSU auseinandergesetzt hat; zum Beispiel brachte es der Thriller *Aus dem Nichts* (2017) mit Diane Kruger in der Hauptrolle und unter der Regie von Fatih Akin auf die Shortlist für den besten fremdsprachigen Film für die Oscarverleihung 2018. Der weitgehend fiktionalen Handlung des Films liegt eines der NSU-Bombenattentate zugrunde. Ebenso wie Steinbuch kritisiert Akin den laschen Umgang von Polizei und Verfassungsschutz sowie der Massenmedien mit dem NSU-Terror:

> Natürlich haben mich die Morde empört, [...] aber richtig schlimm fand ich, dass Polizei und Geheimdienst jahrelang im Umkreis der Opfer nach den Tätern gesucht haben und dabei die Opfer als Mafiosi oder Drogendealer verunglimpften. Auch die Medien haben dabei mitgemacht. Diese Menschen sind zweimal gestorben![12]

Gerade dieser blinde Fleck im Umgang mit dem rechtsextremen Terror in Deutschland wurde im Zuge des Prozesses zunehmend sichtbar und bildet auch ein wichtiges Motiv in Steinbuchs Bühnentext. Allerdings erhebt dieser keinerlei Anspruch auf Dokumentarizität – wie dies zum Beispiel das am 10. April 2014 am Residenztheater München uraufgeführte Werk *Urteile* von Christine Umpfenbach und Azar Mortazavi oder das am Schauspielhaus Köln im Juni 2014 produzierte Theaterprojekt *Die Lücke. Ein Stück Keupstraße* unter der Regie von Nuran David Calis tun, die beide großen Wert auf Authentizität legen und deren politischer Anspruch die Repräsentation der Opfer ins Zentrum stellt. Im Gegensatz dazu erweist sich Steinbuchs Werk als diskursiver, polyphoner postdramatischer Text, der ohne Figuren und Dialoge auskommt, hohe Bildlichkeit und Musikalität aufweist, und die politischen, gesellschaftlichen und medialen Implikationen des NSU-Terrors verhandelt. In der ästhetischen Zugangsweise wäre das Stück mit Elfriede Jelineks *Das schweigende Mädchen*, das am 27. September 2014 unter der

9 Vgl. [Anonym]: Urteil im NSU-Prozess. Beate Zschäpe zu lebenslanger Haft verurteilt. In: Zeit online, 11.7.2018, https://www.zeit.de/gesellschaft/zeitgeschehen/2018-07/urteil-im-nsu-prozess-beate-zschaepe-wegen-mordes-schuldig-gesprochen [Stand: 30.7.2019].

10 NSU-Blog: https://blog.zeit.de/nsu-prozess-blog/ [Stand: 15.6.2020].

11 Vgl. Annette Ramelsberger, Wiebke Ramm, Tanjev Schulz, Rainer Stadler: Der NSU-Prozess. Das Protokoll. 2 Bde. München 2019 (= bpb Schriftenreihe 10372).

12 Wenke Husmann: Naziterror als Thriller. In: Zeit online, 27.5.2017, https://www.zeit.de/kultur/film/2017-05/filmfestspiele-von-cannes-fatih-akin-aus-dem-nichts/komplettansicht?print [Stand: 15.6.2020].

Regie von Johan Simons an den Münchner Kammerspielen uraufgeführt wurde, bzw. mit dem *Verfahren*-Projekt von Kathrin Röggla vergleichbar. Deren am 25. Jänner 2020 vom *Westdeutschen Rundfunk* erstmals ausgestrahltes Hörspiel *Verfahren – Eine audiophone Geschichtsbeschwörung* in der Regie von Hannah Georgi fokussiert auf die grotesken Elemente, die mit dem NSU-Verfahren einhergehen bzw. auf dessen medialer Vermittlung. Röggla arbeitet außerdem an einem Roman zu diesem Thema.[13]

Während Jelinek den gesellschaftlich-politischen Umgang mit dem NSU-Terror mit antiken Texten und der Bibel kontrastiert, und Röggla die performativen Möglichkeiten der Rechtsprechung seziert, greift Steinbuch die medial vermittelten und an Stammtischen geführten Diskurse um den NSU-Prozess auf, wobei durch die Vielzahl von Narrativen, Positionen, Meinungen ein hoher Grad an Polyphonie entsteht: Die Stimmen übernehmen Sprach-, Diskurs- und Verhaltensmuster, die politische Positionen von links- bis rechtsextrem wiedergeben. Das Thema NSU wird mit aktuellen Debatten um die deutsche Migrationspolitik und das Erstarken der neuen Rechten verbunden.

Der Text besteht aus vier Abschnitten, die mit 0–3 nummeriert und jeweils betitelt sind, wobei Abschnitt „*2. LETZTE AUSFAHRT BEATE oder Das Zeitalter der Freiheit*" am umfangreichsten ist (er nimmt die Seiten 8–23 des 24seitigen Bühnenmanuskripts ein). Der Abschnitt „*0. Pscht! Ganz leise.*" ist in Versen, einige davon gereimt, verfasst und thematisiert die Campingurlaube des NSU-Trios an verschiedenen Ostseestränden sowie das Untertauchen von Uwe Mundlos, Uwe Böhnhardt und Beate Zschäpe; in dieser relativ kurzen Passage werden bereits die Bildmedien betont – „Zoomen wir ran" bzw. „Beate Uwe Uwe Selfie Klick Bitte Klick Schön" (W, 3) –, und sie geht über in eine Reflexion des Bösen mit dem Fazit „Das Böse ist vor allem immer und ausschließlich böse." (W, 4) Diese vier Strophen unterschiedlicher Länge werden am Ende von Abschnitt 2 wieder aufgegriffen, wodurch auf ironische Weise ein Rahmen zitiert wird.

Abschnitt „*1. Europa schafft sich nicht mehr ab, nein, das Tempelritter-Ich schafft das Gericht ab, Strand, Strand, schöner Strand. Urlaub, beste Jahreszeit von allen!*" kreist um den Strand, die Grenze, die emotionale Kälte, die Zschäpe im Zuge des Verfahrens immer wieder vorgeworfen wurde, das Medium Bild, die wilden Parties der Neonazis sowie die Katzen von Zschäpe. Der Titel von Abschnitt „*2. LETZTE AUSFAHRT BEATE oder Das Zeitalter der Freiheit*" spielt auf das im Auftrag des ZDF produzierte Dokudrama *Letzte Ausfahrt Gera. Acht Stunden mit Beate Zschäpe* an, das 2016 unter der Regie von Raymond Ley entstand und sich psychologisch an die einzig Überlebende des NSU-Kerns anzunähern versucht.[14] Wichtige Themen

---

13 Vgl. Elfriede Jelinek: Das schweigende Mädchen. Ulrike Maria Stuart. Zwei Theaterstücke. Reinbek b. Hamburg 2015, 151–463. Vgl. auch Kathrin Röggla: Verfahren. Hörspiel. WDR/BR 25./26.1.2020, https://www1.wdr.de/radio/wdr3/programm/sendungen/wdr3-hoerspiel/nsu-prozess-echo-gespenstisch-gegenwart-100.html [Stand: 15.6.2020]. Vgl. ferner die Ankündigung einer Werkstattlesung von Kathrin Röggla aus dem Romanmanuskript *Verfahren* in der Alten Schmiede, Wien (20.2.2020), https://www.alte-schmiede.at/programm/2020-02-20-1900/ [Stand: 15.6.2020].

14 Vgl. https://www.zdf.de/dokumentation/dokumentation-sonstige/dokudrama-ueber-beate-zschaepe-und-ihre-mutmapliche-100.html [Stand: 15.6.2020].

in dieser Passage bilden die Frage nach der Täter/Opfer-Umkehr, die Frage nach der Schuld, die filmische Repräsentation Zschäpes und die Rolle, die die Medien bei der Etablierung des Bildes der überlebenden Terroristin spielen, ebenso wie von verschiedener Seite im Laufe des Prozesses geäußerte Meinungen über Zschäpe, zum Beispiel über ihren Ordnungszwang, über ihre Identität als Frau; außerdem geht es um die unrühmliche Rolle des Verfassungsschutzes und der Polizei im Umgang mit dem NSU und mit Zschäpe im Besonderen, ihr Schweigen ebenso wie die Verschwörungstheorien, wonach „die Linke" sich den NSU ausgedacht habe. Schließlich wird das Manipulieren von Grundwerten wie Wahrheit, Realität und Gerechtigkeit durchdekliniert.

Abschließend reflektiert der relativ kurz gehaltene – er umfasst lediglich eine halbe Seite – Abschnitt „*3. Das Schweigen tritt als final girl auf. Was es eigentlich zu sagen hätte, wenn es einen Auftritt hätte:*" das beharrliche Schweigen der Angeklagten. Der Theatertext endet mit dem in Kursivschrift hervorgehobenen Schlusssatz: „*Wenn das Schweigen was zu sagen hätte, würd mich interessieren, was es mir zu sagen hätte.*" (W, 24)

Auf den ersten Blick fällt die klare Episierung von Steinbuchs Auftragstext für das Chemnitzer Theatertreffen auf. Der Einbruch diegetischer Mittel in die mimetische Form des Theaters wurde spätestens mit Brechts epischem Theater vollzogen, doch postdramatische Texte im Allgemeinen und jener von Gerhild Steinbuch im Besonderen reichen weit darüber hinaus, was Brecht als „Episches Theater" bezeichnet hat. *WELTHAUPTSTRAND EUROPA* ist ein durchlaufender Text mit teilweise extrem langen Absätzen, in dem häufig unklar bleibt, wer gerade spricht: Die Perspektive wechselt ständig vom Ich zum Wir, springt über zum Du und Sie, dann wird wieder „man" verwendet oder in der 3. Person erzählt: „Ja, wenn ich immer alles kurz und klein getreten hätte, was ich gern getreten hätte, wären wir jetzt nicht hier. Nein, wenn du immer alle kurz und klein getreten hättest, die du gern getreten hättest, wärst du jetzt nicht hier." (W, 6) Die Perspektive dreht oft mitten im Satz – „... das habe dann die DiddlMaus, sag doch Susan, nein, ich sag DiddlMaus, denn erstens hieß sie Dienelt, zweitens war sie eine Maus, das habe ich, ja, das haben wir gelesen ..." (W, 9)[15] – und verweist nicht nur auf die vielen Decknamen, die Zschäpe im Untergrund verwendet hat, sondern betont die Differenzen in der Persönlichkeit der Terroristin, die sich in ihrer Umgebung als biedere, ordnungsfanatische Hausfrau gegeben hat.

In Chemnitz wurde das Stück mit dem Vermerk „Besetzung variabel" aufgeführt, was zusätzlich unterstreicht, dass markierte Figuren keine Rollen mehr spielen. Die gesprochenen Sätze könnten dementsprechend auch von vielen Schauspielern gesprochen beziehungsweise mehreren gesellschaftlichen Gruppen zugewiesen werden, was Steinbuchs poetologischem Konzept entspricht: In einem Interview mit Alexandra Sommer am 25. August 2008 erklärte Steinbuch das Erzählen von „Geschichten [...], die einen Anspruch auf Abbildung von Realität

15 Dieses Spiel mit den Namen geht auf die Aussage eines Nachbarn in Zwickau zurück, dem zufolge sich Beate Zschäpe dort als Susann Dienelt vorgestellt habe; von ihm sei sie auch „Diddlmaus" genannt worden. Vgl. NSU-Prozess-Blog, https://blog.zeit.de/nsu-prozess-blog/2013/07/25/befragung-nachbar/ [Stand: 15.6.2020].

haben", als „pervers" und betonte, sie glaube nicht „an Charaktere, an Individuen oder an eine Spannungskurve".[16]

Ein fast zwei Seiten langer Abschnitt gibt im Konjunktiv als indirekte Rede Aussagen von Beate Zschäpe wieder, wobei die Äußerungen wie an einer Kette angeordnet sind, die durch die Formel „Sie lässt verlesen" verknüpft und von Kommentaren der Beobachter unterbrochen werden:

> Und dann die ersten Morde: Ja, da sei sie fassungslos gewesen. Sie lässt verlesen, sie sei fassungslos gewesen, und sie habe sie gefragt, warum. Warum warum warum warum warum. Warum warum warum warum warum warum warum. Warum warum warum. Ja, das würden wir jetzt auch gern wissen. [...] Sie lässt verlesen, dass [...] Sie lässt verlesen, dass [...], lässt sie verlesen, [...], das lässt sie verlesen [...]. (W, 11)

Die Repetition der immer gleichen Formel „Sie lässt verlesen", die im Laufe des Abschnitts geringfügig variiert wird, verweist nicht nur auf das konsequente Schweigen der Terroristin während des Prozesses, sondern leistet einen wichtigen Beitrag zur Rhythmisierung des Textes und schafft außerdem Distanz zur Realität; betont wird die Performativität der verlesenen Aussagen Zschäpes ebenso wie ihr Widerstand gegen das demokratisch geführte Gerichtsverfahren.

In einem besonderen Punkt reicht *WELTHAUPTSTRAND EUROPA* allerdings weit über die üblichen Mittel der Episierung von Dramentexten hinaus. In ihrem Text gibt Steinbuch die Quellen, die den jeweiligen Textsequenzen zugrunde liegen, wie in wissenschaftlichen Arbeiten in Fußnoten mit vielen Internet-Links an. Die Zitate verweisen auf Bild- und Textquellen, die den Theatertext inspiriert haben. Mit diesem Verfahren geht sie noch einen Schritt weiter als z.B. Elfriede Jelinek, die am Ende vieler ihrer Theatertexte Werke der Weltliteratur, Philosophie, Werbung, Politik etc. als Quellen nennt, die ihren Arbeiten als Subtexte dienen, z.B. in *Die Schutzbefohlenen*, in denen sie ebenfalls den Umgang Österreichs/Europas mit MigrantInnen thematisiert.[17] Bei Jelinek wurden diese Verweise als Form des postmodernen Zitierens interpretiert, wonach es keinen Text gebe, der nicht schon geschrieben/gesprochen worden sei. Wenn Steinbuch ihre Fußnoten setzt, geht sie damit viel präziser und exakter vor als Jelinek, wodurch in gewissem Ausmaß Authentizität und Wissenschaftlichkeit suggeriert werden. Verbindet man wie Achim Saupe den Begriff der Authentizität mit Ideen von Urheberschaft, Wahrhaftigkeit und der Treue zu sich selbst[18], ist der Weg zum „Theater des Realen" eines Milo Rau nicht mehr weit. Im Rahmen seines *IIPM – International Institute of Political*

---

16 Fuchs/Sommer, Theater der Gegenwart (Anm. 1), 231f.

17 Elfriede Jelinek verweist in den *Schutzbefohlenen* auf Aischylos' *Die Schutzflehenden*, auf die vom Bundesministerium für Inneres, Staatssekretariat für Integration herausgegebene Broschüre *Zusammenleben in Österreich*, auf Ovids *Metamorphosen*, schließlich *„eine Prise Heidegger, die muß sein, denn ich kann es nicht allein"*. Vgl. Elfriede Jelinek: Die Schutzbefohlenen. Wut. Unseres. Reinbek b. Hamburg 2018, 97–98

18 Vgl. Martin Sabrow, Achim Saupe: Historische Authentizität. Zur Kartierung eines Forschungsfeldes. In: Martin Sabrow, Achim Saupe (Hg.): Historische Authentizität. Göttingen 2016, 7–28; Achim Saupe: Authentizität, Version 3.0. In: Docupedia-Zeitgeschichte, 25.8.2015, https://docupedia.de/zg [Stand: 15.6.2020]. Vgl. auch Susanne Knaller, Harro Müller: Einleitung. Authentizität und kein Ende. In: Susanne Knaller, Harro Müller (Hg.): Authentizität. Diskussion eines ästhetischen Begriffs. München

Murder arbeitet er mit Betroffenen, seien es Flüchtlinge (*Empire*), Kinder (*Five Easy Pieces*) oder Experten und Betroffene im *Kongo-Tribunal*, und bringt sie anstelle von Schauspielern auf die Bühne, wobei er unter anderem Aufnahmen aus Kriegsgebieten etc. auf die Bühne projiziert.

Wo Rau dokumentarisch vorgeht, arbeitet Steinbuch mit Authentizität, wobei allerdings immer ein hoher ästhetischer Anspruch gegeben ist. Ihre Fußnoten bringen jedoch den Text an die Grenzen der Aufführbarkeit, sind nicht als Haupttext aufzufassen, sondern haben dramaturgische Funktion. Auf die Frage, wie sie die Fußnoten in ihrer Inszenierung umgesetzt habe, antwortet die Regisseurin Laura Linnenbaum folgendermaßen: „Die Fußnoten sind für mich reine Information, kein künstlerischer Text. Sie wurden nicht gesprochen. Und [!] decken sich, weil Hintergrundmaterial des Textes zum Teil in unterschiedlichster Form mit dem [,] was hier und da auf der Bühne passiert."[19] Die Fußnoten dienten in der Inszenierung – und wohl auch Steinbuch beim Verfassen des Textes – als eine Art Ariadnefaden, um sich im Chaos der widersprüchlichen Äußerungen und Verwicklungen im Zusammenhang mit dem NSU-Prozess, dem rechten Terror und anderen rechtsextremen Gruppen wie z.B. den Identitären einigermaßen zurechtzufinden.

Immerhin musste Steinbuch, um das Material in einen ästhetischen Dramentext umzuformen, aus dieser Fülle einige Punkte herausfiltern: An oberster Stelle steht das Schweigen von Beate Zschäpe im Prozess, das sich wie ein Leitmotiv durch den Text zieht. In Abschnitt „*1. Europa schafft sich nicht mehr ab, nein, das Tempelritter-Ich schafft das Gericht ab, Strand, Strand, schöner Strand. Urlaub, beste Jahreszeit von allen!*" wird das Thema metaphorisch eingeführt durch die Aufforderung, die Wahrheit wieder einzugraben: „Aua, jetzt hab ich mir den großen Zeh gestoßen! Grab das mal aus. Und was ist das? Das ist die sogenannte Wahrheit. Igitt, grab die mal lieber wieder ein." (W, 6) Die Wahrheit wird negativ konnotiert als schmerzhaft, als etwas, woran man sich den Zeh stoßen kann; indem sie als „sogenannt" apostrophiert wird, rückt die Relation des Signifikanten zum Signifikat in die Ferne, wird die Relevanz von „Wahrheit" genuin in Frage gestellt. Sie wird als abstoßender – „Igitt" – Anspruch abgetan, den man am besten von sich weist, im Sand vergräbt, was das sprichwörtliche „Sand drüber" evoziert, also den Anspruch, die Wahrheit zu sagen und damit das Schweigen zu brechen, zurückweist.

In Abschnitt „*2. LETZTE AUSFAHRT BEATE oder Das Zeitalter der Freiheit*" wird die Aufforderung explizit an Zschäpe gerichtet und mit der Infragestellung ihrer Weiblichkeit verbunden: „Beate, jetzt sag doch mal was. Sag doch mal was, wenn man dir ein Kompliment macht. Nein, was eine echte Frau, eine echte FrauFrau ist, genießt und schweigt." (W, 10) Hier wird das Schweigen mit der Frage nach der Geschlechteridentität verknüpft, indem das Sprichwort vom genießenden und schweigenden Kavalier aktiviert wird, das einerseits auf ihre Aussageverweigerung während des Prozesses verweist, andererseits ihre angebliche parallele Beziehung zu Uwe Mundlos und zu Uwe Böhnhardt andeutet; darüber hinaus klingen Zeu-

---

2006, 7–16; Michael Rössner, Heidemarie Uhl (Hg.): Renaissance der Authentizität? Über die neue Sehnsucht nach dem Ursprünglichen. Bielefeld 2014 (= Kultur- und Medientheorie).

19 Mail von Laura Linnenbaum an die Verfasserin vom 1. Mai 2018.

genaussagen an, wonach Zschäpe eine (erotische) Vorliebe für gewaltbereite Rechtsextreme gehabt habe. Schließlich wird ihr in Form eines misogynen Chauvinismus gar der Status als Mensch abgesprochen:

> Ja, würde mir ja auch leidtun, wenn eine, die ich kenne, keine echte Frau ist, wenn die kein echter Mensch ist, [...] Ja, wenn du so ein Mensch, so ein Nichtmensch, sag doch Frau, nein, die war ja nicht mal das, wenn du zu allem Überfluss noch eine NichtFrau bist [...] Ja, aber denkst du wirklich, dass das wirklich alles die war? Immerhin ist die ja eine Frau. Nein, die ist eben keine Frau! Ja, gut, aber nur weil die keine FrauFrau ist, ist die ja immerhin noch lang kein Mann. Ich mein: Große Taten werden von großen Männern vollbracht und kleine immer noch von Männern. Ich mein: Auch rechte Taten werden von rechten Männern begangen – aber – mach dir da nichts vor [...] dazu ist eine Frau ja gar nicht in der Lage. (W, 13)

Steinbuch treibt hier die Metonymie vom Schweigen bis zum Argument, wonach eine Frau nicht in der Lage sei, Terrorakte zu begehen. Sie kritisiert damit Zschäpes Selbststilisierung als Opfer im Laufe des Prozesses, widerlegt diese Position durch eine Auflistung von Aufseherinnen in den NS-Konzentrationslagern, die die Absurdität der Argumentation offenlegt: „Und was ist mit Dorothea Binz zum Beispiel? Mit Greta Bösel oder Carmen Mory? Irma Grese? Ilse Koch? Jetzt lass doch endlich die Vergangenheit in Ruhe, da sind wir, sind wir wirklich drüber weg." (W, 13f.) Das Schweigegebot bezüglich der nationalsozialistischen Vergangenheit wird mit zwei weiteren Listen ergänzt, einer von Neonazi-Aktivistinnen und einer zweiten mit rechtsradikalen Frauenvereinigungen.[20] Der Textauszug legt die Diskrepanz zwischen dem nationalsozialistischen Männerkult – „ein Mann, mit einem harten Rüstungskörper, in den nichts eindringt, den nichts einnimmt" (W, 14), heißt es im Text – und dem weiblichen Aktionismus offen. Dass Steinbuch hier einen „erschreckend schlüssigen Bogen vom NSU-Terror über Pegida zu uns wohlwollend Wohlhabenden" spannt, hat übrigens bereits Tim Hofmann in seiner Kritik in der Chemnitzer Tageszeitung *Freie Presse* (4.11.2016) hervorgehoben.[21]

Wie eingangs angedeutet, wird das Schweigen im letzten Abschnitt des Dramas personifiziert und tritt als „final girl" auf, allerdings ist der Widerspruch bereits in den Titel eingeschrieben, indem er im Konjunktiv formuliert ist: „Was es [das Schweigen] eigentlich zu sagen hätte, wenn es einen Auftritt hätte." (W, 24) Der Abschnitt thematisiert Zweifel, Unsicherheit, mehrfach Angst, außerdem Furcht und Hass sowie Scham, Verachtung und Spott und mündet in die Unsichtbarkeit und Auflösung der Grenzen des Körpers: „Aus dem Schlaf werd ich her-

---

20 Vgl. W, 14. Aufgelistet werden Sybille Voderbrügge, Susann Emiger, Sigrid Schüssler, Antje Vogt, Antje Probst, Marianne Pastörs, Heidrun Walde, Edda Schmidt, Melanie Dittmer, Ester Seitz, Katrin Köhler, Peggy Thalmann, Frauke Petry, Susanne Winter und Alina Wychera (die meisten davon sind mit Fußnoten versehen, in denen auf Zeitungsartikel über die Frauen in der Neonazi-Szene verwiesen wird). Die Liste der rechtsradikalen Frauenvereinigungen sieht folgendermaßen aus: Deutsche Frauenfront, Skingirl-Freundeskreis Deutschland, Gemeinschaft Deutscher Frauen, Nationale Weiber Aktionsfront, Bund heimattreuer Frauen, White German Girls, Kraft Deutscher Mädels, Initiative der weißen Mädchen, Skingirl Union Deutschland, Germanischer Frauenbund, Aktive Frauen Fraktion, Ring nationaler Frauen, Identitäre Mädels und Frauen.

21 Zit. nach der Website von Laura Linnenbaum: https://www.laura-linnenbaum.de/inszenierungen/beate-uwe-uwe-selfie-klick/ [Stand: 15.6.2020].

ausgehn mit kleinen unsicheren Schritten. Als unsichtbarer Mensch, der Verwechslung erlaubt. Ein Ort ohne Grenzen." (W, 24)

Das Schweigen von Beate Zschäpe durchzieht den gesamten Text leitmotivisch, wobei die Motivationen für das Nicht-Sprechen variieren: Auf der einen Seite findet sich das verstockte Schweigen, mit dem Zweck, die eigene Ideologie zu schützen und zu verbergen, andererseits um sich selbst zum Opfer zu stilisieren, und schließlich, um die Angst vor Unsicherheit und Unsichtbarkeit zu kaschieren, um der Identitätslosigkeit zu entgehen: „Werden. Irgendjemand werden. Ja, das wäre schön" (W, 24), heißt es schließlich gegen Ende des Textes. Zugleich wird die Frage, wer ein Opfer ist und wie mit Opfern umgegangen wird, als medialer Diskurs offengelegt:

> Beate Zschäpe weicht ihr, der Funktionsfigur, dem Bauernopfer, sag doch einfach Opfer, Beate weicht dem Opfer nicht aus. Nein, bestimmt nicht. Beate Zschäpe schlägt dem Mädchen ins Gesicht, das Mädchen stürzt, Beate Zschäpe springt und bricht ihr beide Beine, oder ein Bein, das Mädchen weint, könnte auch ein anderer Körperteil gewesen sein, mehr sehen wir nicht, Beate Zschäpe geht, sie läuft die Straße lang, neben ihr Böhnhardt, könnte auch ein anderer Uwe sein, könnte auch ein anderer Mensch sein, in ihrem Gesinnungsoberteil, die Kamera folgt ihr. Die Kamera folgt ihr, nicht dem Mädchen – vielleicht noch ein kleiner Schnitt auf das verheulte Gesicht? – nein, das nicht – vielleicht ein Zoom-In auf den Körper, der sich krümmt? – nein, das auch nicht, das bitte auch nicht, ich mein, wer will das denn sehn, ich mein. Das will doch keiner sehn. Nein, das will doch keiner sehn. Stattdessen lieber Schwenk auf Beate Zschäpe: [...] von Opfern will hier keiner reden. Oder willst du das vielleicht? Nein, ich will das ganz bestimmt nicht. Ich auch nicht. Ich auch nicht. Ich auch nicht. Keiner will von Opfern reden, wenn er auch von was andrem reden kann. (W, 8f.)

Die Opfer werden im Zuge der Ermittlung sowie im medialen Diskurs ebenso ignoriert wie die Wahrheit im Sand vergraben wird, ihre Sichtbarkeit wird medial definiert, sie hängt davon ab, auf welches Objekt die Kamera gerichtet ist und zugleich davon, was von den Rezipienten gesehen werden will, worauf der vielstimmige Chor der „Stimme des Volkes" hinweist, der das „Ich auch nicht" skandiert. Das, was wir in einer von Medien bestimmten postmodernen Welt als Realität auffassen, wird durch Bilder vorgegeben, die uns durch die Medien vermittelt werden: „ja, das haben wir gelesen, und wenn wir es gelesen haben, stimmt es ganz bestimmt" (W, 9), heißt es etwa in Abschnitt „*2. LETZTE AUSFAHRT BEATE oder Das Zeitalter der Freiheit*". Unsere Vorstellung resultiert daraus, was aus der Abundanz an Informationen, mit denen wir täglich konfrontiert sind, herausragt. Es ist steuerbar, und ein Raum, der politische Botschaften vermittelt.

Im Gegensatz zu den Terrorakten des IS haben jene des NSU nur marginale Aufmerksamkeit in den Medien erreicht, weil die Polizei deren Morde und Anschläge viele Jahre lang nicht als Terrorakte definiert, sondern „Ausländermilieus" zugeschrieben hat, die sich eben die Köpfe einschlagen. Das ergibt noch keine Schlagzeilen und marginalisiert die Opfer und ihre Angehörigen.

Tim Hofmann urteilte in seiner Kritik der Chemnitzer Uraufführung sehr zutreffend, dass das „Chaos, das in der Erkenntnislage [zum NSU] herrscht, [in Steinbuchs Stück] bis an die

Schmerzgrenze zugelassen" wird.[22] Die Autorin greift vor allem die Ungereimtheiten im Zusammenhang mit der Ermittlungstätigkeit von Polizei und Verfassungsschutz auf: Thematisiert wird der angebliche sexuelle Kontakt eines V-Manns mit Zschäpe, das Vernichten von Akten – das hauptverantwortlich war für den Rücktritt mehrerer führender Persönlichkeiten im Verfassungsschutz –, ebenso wie das Löschen der Speicherkarten jener Fotos, die Feuerwehrmänner vom Wohnwagen mit den toten Uwe Mundlos und Uwe Böhnhardt gemacht haben, durch die Polizei. Außerdem soll der V-Mann C.S. einen rassistisch motivierten Mordversuch an einem aus Nigeria stammenden Lehrer unternommen haben, bevor er für den Verfassungsschutz zu arbeiten begonnen hat; vermutlich war beim Mordanschlag in Kassel auch ein V-Mann anwesend; der Verfassungsschutz soll Kenntnis von Geldtransfers und von der Anschaffung falscher Pässe gehabt haben; schließlich hebt Steinbuch noch hervor, dass ein V-Mann die Gruppe auch mit Waffen versorgt haben soll:[23]

> Sie werden sagen dieser, ihr Verbindungsmann, der war vielleicht mit dieser Frau, also, naja, intim, na gut, werden Sie sagen, gut, aber also, ist doch nichts dabei. Da ist doch nichts dabei, werden Sie sagen, *so lange man einer von uns ist*. Ja, so lange man einer von Ihnen ist, kann man lieben, wen man will. (W, 15)[24]

In der Passage zur Rolle des Verfassungsschutzes stützt sich Steinbuch auf Stefan Austs und Dirk Laabs' 2014 erschienenes Buch *Heimatschutz. Der Staat und die Mordserie des NSU*.[25] Steinbuch gelingt es, all die Vorwürfe, die zum Zeitpunkt des Abfassens des Stücks noch Gegenstand eines laufenden Gerichtsverfahrens waren, anzudeuten und in der Schwebe zu halten, indem sie sie in Form von Tratsch und Klatsch präsentiert. Dies wird vor allem in Bezug auf den Verbindungsmann Carsten Szczepanski sichtbar, der 1995 wegen des Mordversuchs an dem aus Nigeria stammenden Lehrer zu acht Jahren Haft verurteilt worden war:

> [...] war der einer von denen, bevor oder nachdem er dem auf den, also, Kopf. Also gesprungen. Dem Lehrer. Sag doch Neger. Nein, sag doch Nigerianer. Ist er also dem Lehrer aus Nigeria so lange auf den Kopf, bis der, also, und es hat eine Weile gedauert bis der, ja, in Ordnung, Koma und so weiter. Ja, in Ordnung. Ja, also, ja. Ja. Ja!, aber das war ja *bevor* er dann einer von denen, ein Verbindungsmann. Achso! Und selbst wenn es danach gewesen wäre, falls es *danach* gewesen wäre, hätte er, der Verbindungsmann, hätte das ganz bestimmt nur um so seine, also, Tarnung, hätte also höchstens zum Schutze der Ermittlungen hätte er dann höchstens, *wenn* er. Ja, genau. Aber er habe das ja, werden sie, werden *Sie* sagen, habe das ja, bevor er ein Vertrauensmann. Ja, zum Glück. Ja, das werden *Sie* sagen. Und selbst wenn *Sie* es nicht sagen, falls *Sie* es nicht sagen, werden *Sie* es sagen, gesagt haben, weil wir es sagen. (W, 15)[26]

In dieser Passage arbeitet Steinbuch mit einer ganzen Reihe von Distanzierungsmarkern, ohne die Anschuldigung zu reduzieren; einleitend deutet die stakkatohafte Form des Ausschnitts

---

22 Zit. nach der Website von Laura Linnenbaum: https://www.laura-linnenbaum.de/inszenierungen/beate-uwe-uwe-selfie-klick/ [Stand: 15.6.2020].

23 Vgl. NSU-Blog: https://blog.zeit.de/nsu-prozess-blog/ [Stand: 30.7.2019]. Vgl. auch Ramelsberger u.a., Der NSU-Prozess (Anm. 11).

24 Kursivsetzung in der Vorlage.

25 Stefan Aust, Dirk Laabs: Heimatschutz. Der Staat und die Mordserie des NSU. München 2014.

26 Kursivsetzung in der Vorlage.

eine Gesprächsform an, wie sie etwa am Stammtisch geführt werden könnte; darin werden die wesentlichen Fakten vermittelt, die in den andeutenden Formulierungen allerdings immer in der Schwebe gehalten werden und stilistisch durch die Repetition der emphatischen „Ja"s unterstrichen werden. Darauf operiert sie mit dem Konjunktiv der indirekten Rede, um schließlich zur Adressierung eines Du bzw. Sie überzuleiten, wobei noch mit der unterschiedlichen Bedeutung des klein und groß geschriebenen sie/Sie gearbeitet wird. Im Ereifern des „werden *Sie* es sagen" am Schluss des Ausschnitts folgt eine für Steinbuch typische Rhythmisierung und Verdichtung.

Ein wichtiges Thema, das immer wieder aufgegriffen wird, ist das Vernichten der Akten; wie oft, wenn ein neuer Punkt durchgearbeitet wird, erfolgt zuerst die Darstellung des Sachverhalts:

> Und ja, es habe Akten gegeben und ja, die Vernichtung dieser Akten, nein, der Zeitpunkt der Vernichtung dieser Akten wäre ein Fehler gewesen. Personenakten, Sachakten, Akten, die Auskunft gaben über Aktionen der rechtsextremen Szene Über Namen. Orte. Anwerbungsmaßnahmen. Das V-Leute-System. (W, 17)

Kurz darauf wird das Thema erneut aufgegriffen, diesmal eingeleitet von der Redewendung „Schwamm drüber!", die sofort zu „Sand drüber!" (W, 18) transponiert wird, danach wird mit der Bemerkung „Gib mir mal den Fleischwolf" auf die Tragweite des Vorgehens verwiesen, um anschließend – einmal mehr mit hoher rhythmischer Qualität – die Vernichtung der Akten mit dem Verb „häckseln" durchzudeklinieren: „So, und da häckseln wir jetzt noch ein bisschen ums Trio herum. So, und jetzt häckseln wir die Ränder ein bisschen. So, und jetzt häckseln wir ein paar Namen ein bisschen." (W, 18) Vier Seiten weiter taucht das Motiv noch einmal auf: „Ja, dann häckselst du da eben was weg. Jetzt haben die schon wieder etwas angezündet. Ja, dann häckselst du eben was weg. Aber Obacht mit den ganzen Opferkörpern, die lassen sich nicht so leicht durch den Fleischwolf drehen. Ja, dann häckselst du eben ganz vorsichtig was weg." (W, 22) Schließlich springt das Häckseln über in eine Diskussion der Konsequenzen xenophober Grenzziehungen:

> Mir ist da ein Malheur passiert. Ich häcksel also vor mich hin, wie aufgetragen, – ja, sehr gut – also wie aufgetragen häcksel ich – ja, sehr gut – vor mich hin die Welt – aha – bis dann auf einmal, also – ja – die Welt also, ich glaub ich hab die Welt gehäckselt und zwar komplett, bis an die Grenzen dieses unsres Raums. – Oh. Oh. Oh. Naja, solange du den, unsren Raum noch nicht gehäckselt hast, würde ich sagen, alles in Ordnung. Dann sind wir noch auf der sicheren Seite, würde ich sagen, nein, ich sage: kein Problem. [...] Jetzt bin ich doch ein bisschen traurig, dass jetzt alles weg ist außer uns. (W, 23)

Das Häckseln wird durch das Schreddern ergänzt: „Ja, dann schredderst du das eben weg. Das war einfach [...] mach dir keine Sorgen, das kann man immer noch wegschreddern, das kann man immer noch weglügen. Und wenn doch einer ankommt, dann kann man die immer noch zurückschicken, wie man Boote zurückschickt." (W, 19) Das Vernichten von Akten wird als „Lüge", als Zurechtrücken gesellschaftlicher Realität ausgewiesen und zugleich mit der aktuellen Migrationsdebatte verknüpft, wodurch auch auf die xenophobe Grundbeschaffenheit der deutschen und europäischen Gesellschaft hingewiesen wird, wo Grenzzäune errichtet werden und Frontex die Migranten am Überqueren des Mittelmeers hindert.

In der Chemnitzer Inszenierung von Laura Linnenbaum wurde gerade das problematische Verhältnis zwischen dem NSU-Trio und dem Verfassungsschutz noch verstärkt, indem sie sowohl Beate Zschäpe, als auch den personifizierten Verfassungsschutz als Puppen auf die Bühne brachte, die am Ende miteinander tanzten. Von der Kritik wurde gerade diese Szene besonders gut aufgenommen, weil sie – so Johanna Lemke in der *Sächsischen Zeitung* (4.11.2016) – darauf verweise, dass Theater zwar keine Fragen beantworten könne, aber „das Unfassbare in eine Form" gieße.[27]

Conclusio

Die Thematisierung des NSU und des Prozesses, der Zschäpe und einigen Nebentätern gemacht wurde, erfolgt über viele Facetten; es ist die Rede von den Campingurlauben des Trios, wobei der Strand, in dem die Geschichte ebenso wie die Wahrheit im Sand vergraben werden, nicht weit vom Meer liegt und damit auf die über 50.000 Flüchtlinge verweist, die in den vergangenen Jahren ihr Leben auf der Überfahrt über das Mittelmeer gelassen haben. Die vom NSU verübten kriminellen Akte werden angedeutet einerseits durch die Fahrräder, die Uwe Böhnhardt und Uwe Mundlos als Fluchtfahrzeuge bei ihren Anschlägen gedient haben, ebenso wie durch die Thematisierung der Opfer, wobei alle Bedeutungsfacetten des Begriffs durchdekliniert und damit die Verdrängung der Schuld benannt wird. Immer wieder wird die emotionale Kälte Zschäpes (und des NSU im Generellen) thematisiert. Angesprochen wird die Rolle des Verfassungsschutzes und der Polizei, Zschäpes sexueller Kontakt zu einem V-Mann, der für einen Mordversuch aus rassistischen Gründen verurteilt wurde, die Ungereimtheiten, wie der NSU zu seinen Waffen kam, die Anwesenheit eines V-Mannes beim Mord in Kassel, die Kenntnis von Geldtransfers und der Anschaffung neuer Pässe für das Trio sowie die Vernichtung von Akten sowie die gelöschte Speicherkarte vom Wohnwagenbrand am 4. November 2011, bei dem Böhnhardt und Mundlos ums Leben gekommen sind. Diese Ungereimtheiten werden begleitet von einer äußerst kritischen Haltung den Medien gegenüber, wobei die Relativität von Werten wie Wahrheit, Gerechtigkeit und Realität beleuchtet wird. Dies schließt nicht nur das Verhalten von Aufmerksamkeit heischenden Magazinen und Boulevardblättern ein, sondern auch den Umgang der Rezipienten mit der Fülle an Informationen und Fake-News, die signifikant für das beginnende 21. Jahrhundert geworden sind. Bei Steinbuch heißt es etwa: „das haben wir gelesen, und wenn wir es gelesen haben, stimmt es ganz bestimmt." (W, 9)

Über die inhaltlich-thematische Seite hinaus weist Steinbuchs Dramatik hohe ästhetische Qualität auf, die sich durch eine dichte Bildlichkeit und hohe Musikalität auszeichnet. Wie bereits mehrfach angedeutet, sind ihre Texte generell stark rhythmisiert, was auch auf

27 Zit. nach der Website von Laura Linnenbaum: https://www.laura-linnenbaum.de/inszenierungen/beate-uwe-uwe-selfie-klick/ [Stand: 15.6.2020].

WELTHAUPTSTRAND EUROPA zutrifft, wo viele Sprachspiele über bildliche Imaginationen und Rhythmen die Zuschauer bzw. Leser zum Reflektieren einladen. In einem Interview mit Sebastian Fasthuber betonte Steinbuch, wie wichtig Klang für sie sei, und verglich ihr Schreiben mit dem Komponieren: „Ich habe bei Figuren einen Rhythmus im Kopf, wie sie sprechen müssen, einen Klang. Das versuche ich dann zu ‚komponieren' – das ist so ein großes Wort."[28] Eine wichtige Rolle spielen dabei Repetitionen, Metonymisierungen, Alliterationen und Reime ebenso wie der Duktus der Ereiferung, der oft verwendet wird und an nationalistisch orientierte Stammtischdiskussionen erinnert. Häufig werden die letzten Konsonanten abgeschnitten, damit sich der Sprachfluss dem Rhythmus einfügt. Wie Alexandra Sommer festgestellt hat, dient die Sprache damit nicht nur mehr der Kommunikation, sondern gewinnt einen Eigenwert. Eine wichtige Funktion nimmt dabei die Metonymie ein, so wird – aufbauend auf dem Faktum, dass Uwe Böhnhardt und Uwe Mundlos die Orte ihrer Anschläge immer mit dem Fahrrad verlassen haben – das Fahrradfahren mit zahlreichen Bedeutungen versehen: Es beginnt mit der unschuldigen Bemerkung „Auf unseren schönen Rennrädern" (W, 5), um quasi in einer Nebenbemerkung auf die gute Tarnung zu verweisen – „Aber das Treten überlass lieber den Fahrradkurieren" (W, 6) –, die Klimax, die aus dem Vergleich mit dem Sonnenwagen Apolls in der griechischen Mythologie oder mit jenem der germanischen Sonnengöttin Sol resultiert, wird mit „Wir steigen auf unsre Sonnenräder" (W, 6) erreicht, um nach erfolgtem Anschlag sich wieder „auf das Strandrad" (W, 7) zurückzuziehen. Etwas später wird das Märchen vom Traumprinzen aktiviert: „Wie ein Held auf seinem weißen Ross", der zum „weiße[n] Held[en] auf seinem Rennrad" (W, 15) transponiert und mit einem Spartanerkönig verglichen wird.

Hier werden gleich mehrere Bereiche aktiviert: erstens, der Sport als wichtiges Ertüchtigungsmittel von Neonazis, um sich auf ihre „Einsätze" vorzubereiten, zweitens, die Fahrradkuriere, die Bomben liefern, drittens, mit dem Sonnenrad das Swastika als das Symbol des Nationalsozialismus, und schließlich das Strandrad, das auf die Campingurlaube des Trios an der Ostsee verweist und damit auf die Banalität des Bösen im Sinne Hannah Arendts ebenso wie auf die Herstellung von Normalität in extremen Ausnahmesituationen, wie sie Imre Kertész am Beispiel der Konzentrationslager eindringlich beschrieben hat. Das Ganze wird mythologisch verbrämt. Dieses metonymische Weiterspringen von einem Kontext zum nächsten wiederum ist analog zu Hyperlinks im Internet gestaltet. Steinbuchs Ästhetik resultiert zu einem wesentlichen Teil aus der Entwicklung eindringlicher Bildlichkeit, deren mediale Determiniertheit zumindest in *WELTHAUPTSTRAND EUROPA* in Form eines kritischen Metadiskurses permanent reflektiert wird.

28 Interview mit Gerhild Steinbuch. In: Falter Steiermark Kultur, 12.–18.10.2007. Zit. nach Fuchs/Sommer, Theater der Gegenwart (Anm.1), 124.

Maria Piok

Neues Theater aus Südtirol

Hans-Thies Lehmann schreibt in seinem einflussreichen Großessay *Postdramatisches Theater* über Begriff und Konzept eines ‚neuen Theaters':

> Seit den 50er Jahren sprach man schon fast chronisch von ‚théâtre nouveau', vom ‚new theater' [...]. Weniger interessant als die sich anbietende Kritik an der Vagheit des Begriffs ist die Reflexion auf seine Hartnäckigkeit: er bezeugt das Gefühl des Abschieds von etwas, das ‚gealtert' ist, durch Formen, die auf eine Zukunft weisen und also ihren Gehalt mehr in dem haben, was sie voraus-entwerfen, in den Horizont des Denkbaren holen als in dem, worin sie als ‚Werk' gelingen.[1]

Wesentlich ist also vor allem das der Vorstellung von einem ‚neuen Theater' inhärente Versprechen, eine überkommene Ästhetik abzulösen und richtungsweisende Gegenentwürfe anzubieten. Lehmann betont zwar, dass die reine Ablehnung klassischer Paradigmen nicht ausreichend ist – „Provokation macht noch keine Form"[2] –, weshalb es zu kurz gegriffen wäre, neue Theaterpraktiken ausschließlich als kritische Auseinandersetzung mit der Tradition zu werten. Ihnen ist jedoch, gerade weil sie die Überwindung vormaliger Normen erwarten lassen, die Bezugnahme auf frühere Theaterformen stets eingeschrieben, weshalb das Spannungsfeld zwischen ‚altem' und ‚neuem Theater' besondere Beachtung verdient. Dass Lehmann dem Rückgriff auf das Drama der Vergangenheit große Bedeutung beimisst, zeigt sich nicht zuletzt in seiner terminologischen Argumentation, plädiert er doch für den Begriff ‚postdramatisch', da dieser anders als ‚postmodern' verdeutliche, dass es in erster Linie um die Distanzierung von etablierten Dramenkonzepten und nicht von Denk- und Verfahrensweisen der Moderne geht.[3]

Hier interessieren jedoch weniger die Kontroversen um Begriffe und Definitionen[4] als Fragen nach der Umsetzung eines ‚neuen Theaters' – und zwar nicht auf den großen Bühnen des deutschsprachigen Raums, sondern in dessen peripherer Provinz. Die meisten Analysen zum (wie auch immer bezeichneten) ‚neuen Theater' konzentrieren sich selbstverständlich auf kanonisierte oder zumindest in der gegenwärtigen Theaterszene präsente AutorInnen und RegisseurInnen, die an großräumig bedeutsame, die Höhenkammliteratur prägende Theatertraditionen anknüpfen.[5] Was aber passiert abseits der großen Szene auf regionalen Bühnen, deren

1 Hans-Thies Lehmann: Postdramatisches Theater. Frankfurt a.M. 1999, 32.
2 Ebenda.
3 Ebenda, 33.
4 Vgl. hierzu vor allem Birgit Haas' theaterwissenschaftliche Studie, die sie als „Gegenrede zu Lehmanns ‚postdramatischem Theater'" verstanden haben will. Birgit Haas: Plädoyer für ein dramatisches Theater. Wien 2007 (= Passagen Literaturtheorie), 11.
5 Vgl. etwa die behandelten Stücke und Inszenierungen in: Heinz Ludwig Arnold (Hg.):Theater fürs 21. Jahrhundert. München 2004 (=Text und Kritik. Sonderbd. XI).

Inszenierungen sich an ein nicht-städtisches, sondern an eigene lokale Traditionen gewöhntes Publikum richten? Wird auch hier der Versuch unternommen, althergebrachte Muster aufzubrechen, und zwar auch solche, die nur innerhalb eines sehr begrenzten geographischen Raums von Relevanz sind?

Das Beispiel Südtirol[6] bietet sich hierfür gleich in mehrfacher Hinsicht an: Südtirol, immer wieder als „uraltes Theaterland"[7] beschrieben, weist eine sehr rege Theaterszene auf, die (die professionellen Inszenierungen der Vereinigten Bühnen Bozen im Bozner Stadttheater und der Gastspiele großer deutschsprachiger Bühnen, die das Südtiroler Kulturinstitut seit den 1950er Jahren organisiert[8], nicht mitgezählt) jährlich über 200 Eigenproduktionen verzeichnen kann.[9] Dank 1.500 Aufführungen pro Jahr könnten Südtiroler TheaterbesucherInnen rein rechnerisch jeden Tag zwischen vier Möglichkeiten wählen: „nichts Ungewöhnliches für eine Millionenstadt, aber für ein Land mit knapp 571.000 Einwohnerinnen bzw. Einwohnern sehr wohl."[10] Allerdings bleibt diese Szene vielfach stark dem lokalen Raum und seinen Traditionen verhaftet und kann so gut wie keine überregionale Breitenwirkung erreichen. Auf einen großen Namen wie Felix Mitterer (der sich in Nordtirol, wie Walter Methlagl konstatiert, ziemlich allein ausnimmt)[11] kann man sich in Südtirol nicht berufen; die Theatertexte bekannterer Autoren wie Sepp Mall oder Kurt Lanthaler, meist anlassbezogene Auftragswerke, erfahren selten mehrere Inszenierungen und ändern nichts daran, dass ihre Verfasser in erster Linie als Lyriker und Romanschriftsteller wahrgenommen werden.

Damit einher geht ein geringes Echo in der Forschung (wobei allerdings auch eine gewisse Rolle spielen mag, dass sehr wenige dramatische Texte, selbst von einer durchaus auch auf Bühnen außerhalb des Landes vertretenen Autorin wie Maxi Obexer, im Druck vorliegen). Nur ein einziges, allerdings schon 1982 erschienenes Buch widmet sich dem neueren Gesamttiroler Theater, nämlich Wilhelm Bortenschlagers *Tiroler Drama und Dramatiker im 20. Jahrhundert*, das auf Veranlassung des damals sehr konservativ ausgerichteten Turmbundes[12] entstanden ist, was sich auch in den Wertungen des Autors niederschlägt. Im Vorwort schreibt Hermann Kuprian, dass es vor allem darum gehe, sich gegen den „insbesondere in gewissen versnobten und modisch-epigonalen Kreisen" verbreiteten Vorwurf zu verteidigen, „daß es in Tirol keine

---

6 Die hier vorgestellten Einblicke in die Literatur Südtirols sind Teilergebnisse des von der Autonomen Provinz Südtirol finanzierten Forschungsprojekts „Literatur der Gegenwart aus Nord-, Süd- und Osttirol", das von 2013 bis 2016 unter der Leitung von Johann Holzner am Forschungsinstitut Brenner-Archiv durchgeführt wurde.

7 Eugen Thurnher: Tiroler Drama und Tiroler Theater. Innsbruck u.a. 1968, 7.

8 Vgl. Peter Silbernagl: Die Gastspiele des Südtiroler Kulturinstituts. In: Kulturberichte aus Tirol und Südtirol. Themenheft Theaterwelten (2017), 101–103.

9 Doris Brunner: Die ganze Welt ist eine Bühne. Streiflichter auf die professionalisierten Theaterstätten in Südtirol. In: Kulturberichte aus Tirol und Südtirol. Themenheft Theaterwelten (2017), 11–17, hier 11.

10 Ebenda.

11 Walter Methlagl: Pluralismus nicht literaturgemäß. In: Christoph Mader (Red.): Tiroler Kulturbilanz 1970–1980. Innsbruck 1981, 91.

12 Johann Holzner: Literatur in Tirol (von 1900 bis zur Gegenwart). In: Anton Pelinka, Andreas Maislinger (Hg.): Handbuch zur neueren Geschichte Tirols 2,2. Innsbruck 1993, 209–269, hier 251.

Dramatiker gäbe".[13] Tatsächlich verzeichnet Bortenschlager über 30 Autoren, darunter auch einige Südtiroler – er geht aber weder auf die Entstehungs- und Aufführungsgeschichte der Stücke noch auf formale Elemente ein. Auch unrühmliche Seiten in der Biographie der Autoren – etwa Josef Wenters Nahverhältnis zum Nationalsozialismus[14] – werden von Bortenschlager ausgespart (schließlich scheut er sich auch nicht davor, Josef Nadler kommentarlos zu zitieren)[15]. Dass die Tiroler Dramatik, wie es im Schlusswort heißt, seit dem Zweiten Weltkrieg „völlig selbständig aus den Wurzeln des heimatlichen Bodens aufbrechend, zum Welttheater"[16] wurde, ist jedenfalls zu bezweifeln.

Neuere Arbeiten zur Literatur aus Südtirol streifen das Theater allenfalls am Rande, konzentrieren sie sich doch zu Recht auf die quantitativ wie qualitativ bedeutsamere Lyrik und Prosa. Für diese Gattungen zeichnete sich nämlich bereits Ende der 1960er Jahre, also sogar etwas früher als im benachbarten Nordtirol, ein Paradigmenwechsel ab, der sich gegen das restaurative Klima der Nachkriegsjahre in Tirol richtete und eine Neubelebung des Literaturbetriebs forderte.[17] Die Hinwendung zur gesamt-deutschsprachigen Literaturszene und das Interesse für Innovationen ermöglichte die Entstehung einer Literatur, die überregionalen Tendenzen folgt und über die eigenen Landesgrenzen hinaus Beachtung erlangt. Obschon immer wieder (wenn auch keinesfalls ausschließlich) in Themen und Motiven[18] an Südtirol anknüpfend, stehen die meisten SchriftstellerInnen dem Etikett ‚Südtiroler Literatur' sehr ablehnend gegenüber; sie sehen in ihrem Herkunftsland „ein normales Quellengebiet für die deutschsprachige Literatur"[19], sodass selbst das eine junge AutorInnengeneration lange prägende Anschreiben gegen die Enge der Provinz[20] inzwischen obsolet erscheint[21]. Auch die die Literatur aus Südtirol zumindest teilweise charakterisierende Auseinandersetzung mit historischen Traumata und der Suche nach Identität[22] wird vielfach als überholt abgeurteilt – so heißt es etwa bei Josef Feichtinger:

---

13 Hermann Kuprian: Geleitwort des Herausgebers. In: Wilhelm Bortenschlager: Tiroler Drama und Dramatiker im 20. Jahrhundert. Innsbruck 1982 (= Schrifttum der Gegenwart, Brennpunkte 17), 7–9, hier 7.

14 Vgl. Bortenschlager, Tiroler Drama und Dramatiker (Anm. 13), 20ff. Zu Wenters Nahverhältnis zum Nationalsozialismus siehe Holzner, Literatur in Tirol (Anm. 12), 233; ebenso Eckehart Schmidl: Der Traum vom Volkstheater. Die Geschichte der Exl-Bühne (1902–1956). Innsbruck u. a. 2013 (= Veröffentlichungen des Innsbrucker Stadtarchivs N.F. 49), 24.

15 Vgl. Bortenschlager, Tiroler Drama und Dramatiker (Anm. 13), 24.

16 Ebenda, 230.

17 Vgl. Sieglinde Klettenhammer: Literatur nach 1945 in Südtirol. In: Kulturberichte aus Tirol 58 (2004), 45–58, hier 45ff.

18 Vgl. hierzu vor allem Helga Guitink: Unbehaust schreiben. Die Prosaliteratur aus Südtirol in den 90er Jahren. Dissertation (unveröff.). Innsbruck 2004.

19 Joseph Zoderer in einem Interview in der Tageszeitung *Dolomiten*, 22.2.2003.

20 Johann Holzner: Auf neuem Terrain: Literatur in Südtirol um 2000. In: Eugen Thurnher (Hg.): Tirol zwischen Zeiten und Völkern. Festschrift für Helmut Gritsch. Innsbruck 2002 (= Schlern-Schriften 318), 251–259, hier 252f.

21 Vgl. hierzu insbesondere Sigurd Paul Scheichl: Schreiben Schriftsteller aus Südtirol Südtiroler Literatur? In: George Guțu, Ioana Crăciun, Iulia Patrut (Hg.): Minderheitenliteraturen – Grenzerfahrung und Reterritorialisierung. Festschrift für Stefan Sienerth. Bukarest 2008 (= GGR-Beiträge zur Germanistik 19), 301–316.

22 Vgl. Barbara Siller: Identitäten – Imaginationen – Erzählungen. Literaturraum Südtirol seit 1965. Inns-

> Südtirol ist der dreisprachige Teil Tirols, der 1919 durch einen historischen Kunstfehler vom lebenden Körper losgerissen und in einen fremden Staat transplantiert wurde. Eine Folge dieser staatsmännischen Pfuscherei ist unsere manische Suche nach Identität. Sie führte die ältere Autorengeneration zur Überbewertung alles Vergangenen, zur Ablehnung alles Neuen und folglich zur Nabelschau. Die jüngere Generation, in mehrsprachigem Wohlstand aufgewachsen, leugnet diesen Tirolismus vehement und sucht geistigen Anschluss an die deutsche und europäische Geisteswelt, so dass der Begriff ‚Südtiroler Literatur' [...] verdächtig erscheint. ‚Auf die Frage: gibt es eine Südtiroler Literatur? kenne ich nur eine Antwort: hoffentlich nicht.' So reagierte ein junger Autor im Juni 1995.[23]

Feichtinger bezieht sich hier auf die Literatur im Allgemeinen – als Verfasser von zahlreichen, in erster Linie für ländliche Volksbühnen konzipierten Stücken und meistgespielter Südtiroler Dramatiker[24] dürfte er aber bei dem Hinweis auf die „Überbewertung alles Vergangenen" und „Nabelschau" das Theater und dessen spezifische Situation zumindest mitgedacht haben. Gerade Dramentexte aus Südtirol nehmen nämlich, wenngleich nicht immer, so doch besonders häufig für den regionalen Raum relevante Stoffe auf: Dazu zählen (im österreichischen Volksstück generell vielfach verhandelte) Themen wie das Leben am Land innerhalb enger familiärer und dörflicher Sozialgefüge oder die Auswirkungen von Tourismus und Modernisierung auf Land- und Gesellschaft; hinzu kommen Südtirol-spezifische Inhalte wie die Auseinandersetzung mit der Geschichte des Landes und die dadurch bedingte Identitätssuche. Rein zahlenmäßig dürften die Stücke mit einem klaren thematischen Regionalbezug schon allein wegen der vielen Andreas-Hofer-Dramen die Prosatexte, die sich mit Südtirol beschäftigen, weit übertreffen.

Dies mag unter anderem der Tatsache geschuldet sein, dass dramatische Texte generell eng an einen bestimmten Raum gebunden sind, weil sie, für eine Inszenierung gedacht, spezifische Bedingungen eines Aufführungsortes stärker berücksichtigen müssen: Publikums- und Regieerwartungen sollten, besonders im Falle von Auftragsarbeiten, ebenso wenig wie schauspielerische Kapazitäten und bühnentechnische Möglichkeiten ignoriert werden. Scheinbar banale Aspekte wie die Ausstattung der Bühnen können so maßgeblichen Einfluss auf die Gestaltung der Stücke haben – so führt Klaus Gasperi, langjähriger Leiter eines Südtiroler Stadttheaters[25], die Überzahl an im bäuerlichen Milieu angesiedelten Stückinszenierungen auch auf die spezifische Gestaltung der Spielstätte vieler Laienbühnen zurück: „Da heißt es bei jedem Neubau eines Vereins- oder Kultursaales – jetzt, wo das Geld da ist, müssen wir uns eine schöne und teure Zirmstube bauen lassen für den Theaterverein – und dann muss aber auch in den nächsten 20 Jahren darin gespielt werden."[26]

---

bruck 2015 (= Innsbrucker Beiträge zur Kulturwissenschaft. Germanistische Reihe 82). Siehe auch Katia Suriano: Der Südtiroler ethnische Konflikt in der Literatur. Dissertation (unveröff.). Innsbruck 1998.

23 Josef Feichtinger: Sadistik und Satire. Innsbruck 2003, 105f.

24 Vgl. Christine Helfer: Theatermenschen. Bozen 2010, 23ff. Zu Feichtinger siehe vor allem auch die Beiträge in der ihm gewidmeten Ausgabe der *Südtiroler Theaterzeitung*, insbesondere Johann Holzner: Über die Entzauberung der Welt. Josef Feichtinger zum 80. Geburtstag. In: Südtiroler Theaterzeitung 6 (2018), 6–9; siehe auch LiteraturTirol Lexikon, https://literaturtirol.at/lexikon/141 [Stand: 15.6.2020].

25 Zu Klaus Gasperi siehe Helfer, Theatermenschen (Anm. 24), 31–34.

26 Klaus Gasperi zit. in Christine Helfer: Bühnenbild und Bühnentechnik in Südtirol. In: Kulturberichte

Ein dem Laienspiel entgegengesetztes, professionelles Städtetheater konnte sich in Südtirol, zumal dessen deutschsprachiges Theater in keinen staatlichen Kulturbetrieb integriert ist, erst allmählich entwickeln: Bereits 1950 entstand das italienische Teatro Stabile di Bolzano[27], zu dem es lange kein deutschsprachiges Pendant gab; erst 1992 wurden, nach vielen Diskussionen, die Vereinigten Bühnen Bozen gegründet, die sich allmählich zu einem professionellen Theaterbetrieb entwickelten, aber bis zur Eröffnung des Bozner Stadttheaters am Verdiplatz 1999 ohne feste Spielstätte blieben[28] – diese verzögerte Institutionalisierung dürfte die Dramenproduktion in Südtirol zumindest nicht gefördert haben. Um die heimische Dramenproduktion anzuregen, wurden schließlich wiederholt Wettbewerbe ausgeschrieben; die im Zuge dessen entstandenen Stücke widmen sich jedoch, wohl nicht zuletzt, weil die Ausschreibungen oft an bestimmte Jubiläen und Gedenkfeiern geknüpft waren, wiederum zum Großteil regionalen Themen.

Auf formaler Ebene zu beachten sind in diesem Zusammenhang auch sprachliche Aspekte: Aufgrund der mündlichen Vermittlung des Texts orientieren sich Bühnensprachen generell häufiger an regionalen Sprachformen, in Südtirol also am lokalen, in der außerliterarischen Realität fast alle mündlichen Gesprächssituationen dominierenden Dialekt (der, mit Ausnahme von allenfalls in Südtirol rezipierten Mundartgedichten, in lyrischen und erzählenden Texten kaum eingesetzt wird; regionale Einflüsse, auch des Italienischen, finden sich am ehesten in Romanen von Kurt Lanthaler, der interessanterweise als Dramatiker auf die Verwendung dialektaler Formen verzichtet[29]). Vor allem in den Städtetheatern Südtirols bemüht man sich – in Abgrenzung zum ländlichen Laienspiel – seit den 1970er Jahren um die Etablierung eines hochsprachlichen Theaters; davon abgesehen handelt es sich jedoch bei den meisten Aufführungen um Dialekttheater, dessen alltagsnahe Sprache zu einer Allianz zwischen Bühnenfiguren und Zuschauer motiviert. Schließlich fungiert die lokale Mundart, wie Birgit Ertl-Gratzel in ihrem Aufsatz *Bisch a Tiroler, bisch a Mensch... der Dialekt entscheidet*[30] feststellt, in Tirol (und insbesondere in Südtirol, wo es kein Ballungszentrum gibt und sich 95 Prozent der deutschsprachigen Bevölkerung als Dialektsprecher bezeichnen[31]) stärker als in anderen Regionen Österreichs als identitätsbildendes und somit auch als ab- und ausgrenzendes Element. Eine Übertragung der Texte in die Standardsprache ist jedoch nicht nur wegen des damit verbundenen Verlusts an Lokalkolorit und Alltagsnähe schwierig: Vor allem die Texte sprachbewussterer AutorInnen nutzen das Ineinander unterschiedlicher Sprachebenen – Mundart,

---

aus Tirol und Südtirol 57. Sondernummer Theaterland Tirol (2003), 179–181, hier 180.

27 Vgl. Gianfranco Benincasa: Das Teatro Stabile von Bozen. Ein Theater der Grenzen. In: Kulturberichte aus Tirol und Südtirol 57. Sondernummer Theaterland Tirol (2003), 123–127.

28 Brunner, Die ganze Welt ist eine Bühne (Anm. 9), 12.

29 Vgl. die Regieanweisung zu einer Figur in Kurt Lanthaler: Heiße Hunde. Hot Dogs. Ein Stück. In: Kurt Lanthaler: Heiße Hunde. Hirnrissige Geschichten und ein Stück Karibik. Innsbruck 1997, 111–218, hier 115: „Fiss ist einer, der Silben schleifen läßt und Buchstaben verschluckt: deutlichste Anzeichen fehlender Moral. (Vorsicht! Es ist kein Dialekt [...])."

30 Birgit Ertl-Gratzel: Bisch a Tiroler, bisch a Mensch... der Dialekt entscheidet. In: Thomas Ertl (Hg.): Der Ötzi pflückt das Edelweiß. Bausteine Tiroler Identität. Innsbruck u.a. 2011, 230–244.

31 Ebenda, 240ff.

Standard- oder die (in Südtirol oft als manieriertes ‚Bozner-Deutsch' abgeurteilte) städtische Umgangssprache – für Effekte, die bei einer sprachlichen Einebnung aufgehoben würden. Welches Gewicht einer exakten Anpassung an den lokalen Raum einerseits, dem gezielten Einsatz verschiedener Sprachniveaus andererseits beigemessen wird, verdeutlichen beispielsweise die ausführlichen Regieanweisungen Josef Feichtingers:

> Die Stücke sind im Dialekt zu spielen. Volkstheater ist Dialekttheater.
> Ich habe, um Spielleiter und Spielern eine problemlose und schnelle Lektüre zu ermöglichen, einen ‚gehobenen' Dialekt gewählt, der so nicht gesprochen wird.
> 1. Der Spielleiter muss daher unbedingt den Text in den Dialekt des Tales übersetzen, mit dem Tonfall des Ortes, in dem gespielt wird. [...]
> 2. Wichtig sind auch Tonfall und Rhythmus: breiter Dialekt wirkt ordinär oder primitiv, schnelle Diktion klingt elegant.
> 3. Der Regisseur achte auch darauf, dass die Sprecher gelegentlich in Hochsprache oder gestelzten Dialekt verfallen, um sich z.B. wichtig zu machen oder ihre bäuerliche Herkunft sprachlich zu verdecken. Manchmal gebrauchen sie auch aufgeschnappte Phrasen oder zitieren unbewusst Leitartikelsätze.
> Da Theater Sprache ist, ist diese Mühe gut angewandt![32]

Selbstverständlich ließen sich in der Literatur aus Südtirol auch eine Reihe von Dramentexten finden, die sich sowohl sprachlich als auch inhaltlich vollkommen vom regionalen Raum gelöst haben und auf internationale literarische und ästhetische Traditionen, nicht aber auf regionale Theaterformen rekurrieren. Um aber ein ‚neues Theater' zu beschreiben, das sich um die Loslösung von etablierten lokalen Paradigmen bemüht, wurden hier Stücke herangezogen, die – jeweils vollkommen unterschiedliche – exemplarische Spielarten der Auseinandersetzung mit ‚Vergangenem' und ‚Gealtertem' präsentieren. Die ausgewählten Texte sind nicht nur in Sprache und Handlung, sondern auch mit Blick auf ihre Entstehungs- und Aufführungsgeschichte eng an Südtirol gebunden: Matthias Schönwegers *Generalprobe*, 1976 in Meran uraufgeführt, entstand im Rahmen der sogenannten Südtiroler Initiative[33], einem Wettbewerb zur Förderung der heimischen Theaterszene; Toni Bernhart gewann mit *Langes afn Zirblhouf* ein Preisausschreiben, mit dem der Südtiroler Theaterverband 2002 sein 50-jähriges Bestehen feierte. Anlassbezogen war schließlich auch die Uraufführung von Brigitte Knapps *Hofer-Casting* 2009 in Wörgl, eines der zahlreichen Stücke, die in Nord- und Südtirol im Zuge des Andreas-Hofer-Gedenkjahres auf die Bühne gebracht wurden.

Christine Riccabona und Sandra Unterweger beobachten in ihrer Untersuchung der Aufführungen von Hofer-Stücken 2009 in Nordtirol eine starke Tendenz, die Figur zu entheroisieren[34] – ein Zugang, der sich mit den Vorstellungen des Südtiroler Theaterverbandes deckt, der

32 Josef Feichtinger: Delicious-Polka. Ländliche Einakter für Volksbühnen. In: Josef Feichtinger: Der Saubohnenprozess und andere Stücke. Hg. von Toni Bernhart. Innsbruck u.a. 2008, 135–158, hier 136.

33 Vgl. Alfred Gruber: Entwicklung und Resonanz der „Südtiroler Initiative". In: Alfred Gruber (Hg.): Südtiroler Initiative. Fünf Theaterstücke. Text und Dokumentation. Bozen 1980 (= Werkreihe Südtiroler Autoren), 163–181.

34 Christine Riccabona, Sandra Unterweger: „Ausverkauft!" Anmerkungen zu Theateraufführungen auf Nordtiroler Bühnen anlässlich des Gedenkjahres 2009. In: Johann Holzner, Brigitte Mazohl, Markus

in der Wettbewerbsausschreibung zum Gedenkjahr „keine neuen glorifizierenden Stücke über Andreas Hofer & Co. für die Schublade" forderte, „sondern Theatertexte, welche die Verklärung dieses legendären Freiheitskampfes, dessen hypothetische Folgen und den Sinn und die Widersprüche von Jubiläen allgemein thematisieren".[35] Hier reiht sich auch Brigitte Knapps[36] Stück ein – ein Stück, das in seiner formalen Gestaltung vollkommen den Normen des Theaters der mimetischen Repräsentation[37] entspricht, jedoch insofern Erwartungen durchbricht, als sie, wie man es für ein Hofer-Stück eigentlich vermuten würde, auf eine szenische Nachstellung historischer Ereignisse während des Freiheitskampfes verzichtet. Knapp verlegt Handlung und Schauplatz in die Zeit des Nationalsozialismus in das Vorzimmer Hitlers, wo vor der Jury, bestehend aus Leni Riefenstahl und Luis Trenker, potentielle Hauptdarsteller aus dem gesamten deutschsprachigen Raum für einen Film über Andreas Hofer vorstellig werden. Der Tiroler Freiheitsheld wird somit zur beliebig besetzbaren Drehbuchrolle, die jeder Schauspieler – egal ob aus Hamburg, Berlin oder Südtirol, Nazi oder Antinazi – übernehmen könnte, zumal sich die Figur willkürlich an individuelle Vorstellungen und Ideologien anpassen lässt. Im Gespräch mit dem amerikanischen Geldgeber (eine Anspielung auf Luis Trenkers Film *Der Rebell* über den Tiroler Freiheitskampf, der, obschon mit US-Mitteln finanziert, von Goebbels zum Vorbild für den nationalsozialistischen Propagandafilm erklärt wurde[38]) wird Andreas Hofer als „kein besonders deutscher" Held verkauft, der sich als Identifikationsfigur für jeden anbietet:

> Sekretärin: *wieder am Telefon:* Mister Bloomfield, endlich, I've tried a lot to reach you! Listen! ... You speak German? Das passt mir sehr. ... Oh! You don't speak to Germans! I understand. But, I'm from Austria... I'm a victim too! ... Sir, listen, I want to talk to you about money! ... Ja genau! Sie verstehen mich, schön! Mister Bloomfield, wir planen da einen Film. ... Noch planen wir, ja, wir casten! Über Andreas Hofer. ... Das ist ein großer Held. Ein sehr großer! ... Kein so besonders deutscher, nein. You see, das Volk, hier wie dort braucht Helden! Gerade in dieser Zeit! Zur Ablenkung und zur Identifikation, ja! [...][39]

Die Komik des Stücks beruht vor allem auf der Gegenüberstellung von absolut divergenten Hofer-Bildern, die sowohl die Schauspielbewerber als auch Machthaber und Filmemacher umgesetzt haben wollen, wobei alle den Anspruch erheben, in ihrer Vorstellung dem ‚echten' Andreas Hofer am nächsten zu kommen. Leni Riefenstahl etwa fordert eine erotisch aufgela-

---

Neuwirth (Hg.): Triumph der Provinz. Geschichte und Geschichten 1809–2009. Innsbruck 2012, 315–331, hier 319.

35 Hugo Seyr: Anno Neun im Rampenlicht. Mythen und Realitäten auf den Brettern, die Tirol bedeuten. In: Kulturberichte aus Tirol und Südtirol. Themenheft Geschichte trifft Zukunft (2009), 68–72, hier 68.

36 Zu Brigitte Knapp siehe Helfer, Theatermenschen (Anm. 24), 51–54; LiteraturTirol Lexikon, https://literaturtirol.at/lexikon/1505 [Stand: 15.6.2020].

37 Vgl. Gerda Poschmann: Der nicht mehr dramatische Theatertext. Aktuelle Bühnenstücke und ihre dramaturgische Analyse. Tübingen 1997 (= Theatron. Studien zur Geschichte und Theorie der dramatischen Künste 22), 25ff.

38 Vgl. Birgit Ertl-Gratzel: Der Berg ruft. Die Berghelden Trenker, Buhl und Messner. In: Ertl (Hg.), Der Ötzi pflückt das Edelweiß (Anm. 30), 192–204, hier 193.

39 Brigitte Knapp (nach einer Idee von Fabian Kametz): Das Hofer-Casting. Eine Groteske. 2007 (unveröff.), 11. Das Manuskript wurde mir von der Autorin freundlicherweise zur Verfügung gestellt.

dene Inszenierung des arischen Kämpfers, während Luis Trenker nach einer Figur sucht, die einem Helden aus seinen Bergsteigerfilmen und Romanen gleichkommt:

> Leni: *zündet Zigarette an:* Dieser Vollidiot Trenker! Tiroler Trachten. Lächerlich! Man stelle sich Adolf in Tiroler Volkstracht vor... Dieser Hofertyp soll an ihn erinnern, also muss er athletisch und arisch sein! Na ja, Lederhosen könnten passen, aber sonst nichts! Ein halbnackter Mann, nur mit Lederhose bekleidet, mit Schnurrbart und eine Heugabel schwingend! Auf seinem muskulösen Körper das Spiel von Licht und Schatten durch die Sonne die von hinten durch die Bäume bricht. Auf diesem Bergisel gab es doch sicher Bäume? Landschaftsaufnahmen...[40]

> Luis: I tat in Hofer dorstelln wia er eben wor: A mutiger Kämpfer! A poor bsundere Gefohrensituationen miasset man stelln und den Hofer mitten drin! So dass er die schlimmstn Gfohrn meischtert und gonz nebenbei no zehn Komerodn dobei rettet! Und vielleicht des Liadl im Hintergrund derzua... ‚Ich hatt einen Komerodn, einen bessern finsch du nit...'
> Leni: Luis, du hast keine Ahnung von modernem Film. Wir schreiben mittlerweile das Jahr 1944! Du bist so etwas von Vergangenheit! [...][41]

„Vergangenheit" ist freilich nicht nur Luis Trenker, sondern vor allem Formen der literarischen und theatralen Darstellung von Heldentum und Freiheitskampf: Die Satire richtet sich somit nicht allein gegen eine fragwürdige Idealisierung und Instrumentalisierung von historischen Ereignissen und Personen (zumal diese für die Stückhandlung vollkommen irrelevant sind), sondern vielmehr gegen ein unzeitgemäßes Theater, dessen Bühnenpathos nur mehr als ironischer Verweis auf die Tradition fungieren kann. So scheitern die Rollenanwärter schließlich auch an den holprigen Versen, die sie beim Casting sprechen sollen:

> Kai: ‚Mann... Manndrr... Mann-der, es ischt... Zeit... Za-it...[']
> Raffael: ‚Mannder es ischt Zeit! Holtets enk bereit! Mit ollem wos miar hobm, welln miar gelobm, mit Herz und mit Verstond, zu verteidign es Voterlond! Fiar insern Kaiser Franz, vertreibm miar den Franz.!'
> Kai: Wer schreibt eigentlich das Drehbuch? Also ich finde ja, die letzte Zeile hinkt...
> Raffael: I bezweifl ibohaup daß der Hofer in Reimen gredet hot![42]

Knapps Abrechnung mit der Vergangenheit besteht also in erster Linie in der Ironisierung des Hofer-Kults auf der Bühne durch ein ‚Spiel im Spiel' – ein Ansatz, der in diesem Zusammenhang keinesfalls neu ist: Schon Matthias Schönwegers[43] *Generalprobe* – bereits im Titel die Metaebene des Stücks implizierend – zeigt den Freiheitskampf ausschließlich als theatrale Fiktion. Tatsächlich wird dem Publikum schon mit dem Auftakt suggeriert, einem Probenabend beizuwohnen, wobei die Lederhose, klar als ein der ‚normalen' Alltagsbekleidung entgegengesetztes Kostüm markiert, sofort auf den Tiroler Kontext verweist:

---

40 Ebenda, 5.
41 Ebenda, 7.
42 Ebenda, 9.
43 Zu Matthias Schönweger siehe u.a. Klettenhammer, Literatur nach 1945 in Südtirol (Anm. 17), 57; LiteraturTirol Lexikon, https://literaturtirol.at/lexikon/791 [Stand: 15.6.2020].

Der Vorhang geht auf. Bühne und Zuschauerraum sind normal beleuchtet. An den Bühnenwänden hängen zwölf Lederhosen. Die Spieler kommen normal bekleidet von hinten auf die Bühne, um sich dort – wie in einer Umkleidekabine – für das Stück umzuziehen.
Man spricht dabei über dies und jenes, d. h. über alles, was man so vor einer Generalprobe in einer Umkleidekabine spricht. Man zieht sich bis auf die Unterhosen aus, schlüpft in die Lederhosen und hängt die eigenen Kleider an den Nagel.[44]

Schönweger will, wie er in einem dem Stück vorangestellten Kommentar erklärt, „nicht nur – aber auch – ein bißchen Theater und Situationen aus Südtirol widerspielen"[45], wofür die Lederhose offensichtlich als unabdingbar erscheint: Dies unterstreichen auch die Illustrationen zum Stück, die die SchauspielerInnen (und absurderweise auch einmal eine Kuh und eine Kirche) in mit dickem Filzstift gezeichneten Lederhosen zeigen, was – wie Bildunterschriften wie „in die Hose gegangen"[46] oder „Korsett"[47] eindeutig suggerieren – ironisch zu verstehen ist.

Mattias Schönweger: Illustration zum Stück *Generalprobe*

44 Matthias Schönweger: Generalprobe. In: Gruber (Hg.): Südtiroler Initiative. Fünf Theaterstücke (Anm. 33), 43–63, hier 45.
45 Ebenda, 43.
46 Ebenda, 55.
47 Ebenda, 44.

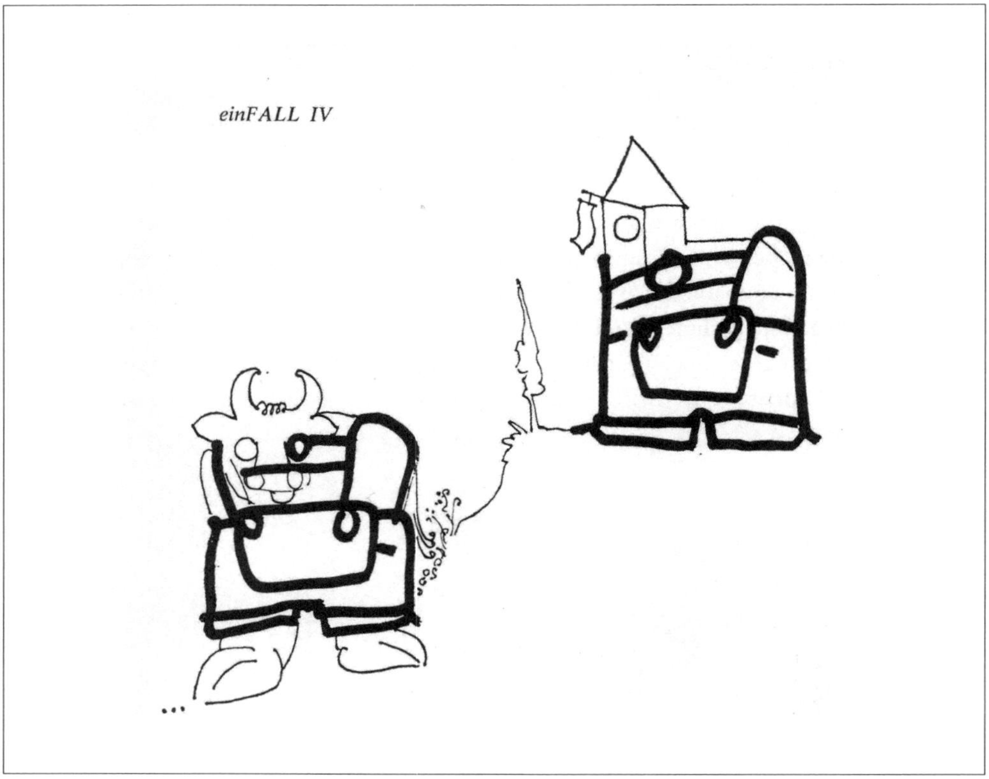

Mattias Schönweger: Illustration zum Stück *Generalprobe*

Als „Korsett“ erweist sich schließlich nicht nur das Kostüm, sondern auch die thematische Bindung an die Tradition – etwa wenn lust- und teilnahmslos Kampfszenen geprobt werden:

> 1 *(kommt noch während des Applauses auf die Bühne, nimmt Schubkarren und Mistgabel von der Mitte der hinteren Bühnenwand, schiebt diesen mit der Gabel darin bis zur Bühnenrandmitte, legt sich wie tot in den Karren und hält sich dabei die Gabelspitzen auf den Bauch, als wäre er getötet worden. So bleibt er zehn Sekunden; dann bringt er Gabel und Karren auf ihren alten Platz zurück, und das Spiel beginnt von neuem – insgesamt zehnmal. Beim Nach-vorn-Gehen murmelt er jedes Mal ohne Unterlaß)*:
> Die Tirouler proubm in Aufstond...[48]

Dass das Publikum diese alles andere als spannende Szene gleich zehn Mal über sich ergehen lassen muss, lässt sich als ironische Anspielung auf dessen Übersättigung mit Andreas-Hofer-Stücken lesen. Noch stärker als bei Brigitte Knapp, die die Demontage ideologischer Heldenvorstellungen ins Zentrum stellt, interessiert der Freiheitskampf in Schönwegers *Generalprobe* nur mehr als Versatzstück aus einer Dramenliteratur, die ihren Aussagegehalt längst verloren hat:

48 Ebenda, 61.

In diesem Sinne steht sein Stück vor allem für die Dekonstruktion des ‚alten' Theaters, von dem er sich sowohl inhaltlich als auch formal verabschiedet.

Es nimmt daher nicht wunder, dass Schönweger anders als Knapp auch auf die völlige Zerstörung der Bühnenillusion abzielt: Anstelle eines kohärenten Handlungsablaufs treten surreale, revueartig aneinandergereihte Szenen, die namenlose, nur mehr mit Nummern und Buchstaben gekennzeichnete Figuren gestalten, die laufend ihre Rollen wechseln; es *„gibt zwar eine Pause, und sie ist ein Stück im Stück, es gibt aber keine im herkömmlichen Sinne"*.[49] Mit der radikalen Abkehr von klassischen Dramenelementen wie Figur, Handlung und Zeit sowie von Konventionen des üblichen Theaterbesuchs folgt Schönweger Stilzügen des postdramatischen Theaters[50], zu denen auch gehört, dass Kunstformen verschmelzen (etwa durch die Illustrationen in der Druckfassung) und der dramatische Text hinter das Spielgeschehen zurücktritt: Die Figurenrede ist nicht immer ausformuliert, sondern oft nur mit Angaben wie *„Man diskutiert miteinander"*[51] angedeutet; den Großteil des Stücks machen Regieanweisungen aus, die Performance-nahe Musik-, Tanz- und Spielszenen beschreiben. Um der *Generalprobe* gerecht zu werden, müsste also – im Sinne der postdramatischen „Theatralisierung und Entliterarisierung"[52] – vor allem auch die Inszenierung unter der Regie des Autors stärker in den Blick genommen werden, die, etwa indem die SpielerInnen gleichzeitig in der Funktion von Publikum und nicht-künstlerischem Theaterpersonal auftreten[53], die Zerstörung des ‚normalen' Theatergeschehens noch verschärft hat.

Wichtig dabei ist vor allem, dass sich die kritische Selbstreferenzialität des Stücks nicht allein auf das konventionelle Theater im Allgemeinen, sondern im Speziellen auf lokale theatrale Traditionen bezieht. Überdeutlich wird dies, wenn die Figuren im Stück ihre eigenen Rollen verteilen:

> 1: I spiel die Geierwalli... die Geierwalli spiel i!... I...
> 2: Wer spielt in potschetn Knecht? I spiel in potschetn Knecht!
> 3 und 4: Hurra! Mir sain die Zwillinge, hurra!...
> 5: I pin der Groaßbauer!... Der Groaßbauer pin i...
> 6: Und i pin ollm die Diarn!... Und ollm pin i die Diarn...
> 7: Hilfe! Ich liebe einen Gammler...
> 8: Der Stattler isch a Gauner, i pin der Stattler, i pin a Gauner...
> 9: I tua innsogn und Tee und Kaffee kochn...[54]

---

49 Ebenda, 43.
50 Vgl. Lehmann, Postdramatisches Theater (Anm. 1), 139ff.
51 Schönweger, Generalprobe (Anm. 44), 41.
52 Poschmann, Der nicht mehr dramatische Theatertext (Anm. 37), 32.
53 Zur Uraufführung, der das Gerücht, besonders skandalträchtig zu sein, vorauseilte, schreibt Alfred Gruber: „Schönweger hatte sich wieder etwas einfallen lassen: Im Vorraum [...] hatte er Puppen verschiedenster Art am Boden angebracht. Ein Zweites: Bei den Pausen ließ er die Spieler den Besuchern Tee aufschenken. In der Fernsehfassung ließ er die Spieler bei der Pause Publikum spielen und die verschiedenartigste Kritik am Spiel äußern." Gruber, Entwicklung und Resonanz der „Südtiroler Initiative" (Anm. 33), 168.
54 Schönweger, Generalprobe (Anm. 44), 56.

Die zur Verfügung stehenden Rollen repräsentieren das für das Tiroler Theater charakteristische Stückpersonal, zu dem besonders populär gewordene Figuren wie die Geierwalli ebenso zählen wie typisierte Charaktere – der ungeschickte, wenig intelligente Knecht und die Dirn, der korrupte Großbauer, die naive, betrogene Verliebte und der hinterhältige Stadtbewohner, der die Idylle am Land zu zerstören droht. Dass diese Figuren in einem Zug mit TheatermitarbeiterInnen, die nicht auf der Bühne stehen, aufgezählt werden, zeigt, dass sie fixer Bestandteil des lokalen Theaters sind, aber – als ständig wiederkehrende, sinnentleerte Schablonen – eigentlich längst bedeutungslos geworden sind.

Eine ähnliche Figurenkonstellation, unter anderem bestehend aus Dorfpfarrer, Bauer und Bäuerin, Tochter und schwachsinnigem Sohn, Dirn und Knecht, findet sich auch in Toni Bernharts[55] *Langes afn Zirblhouf* – ein Stück, das auch sonst, anders als Schönwegers *Generalprobe* und auch im Gegensatz zu anderen dramatischen Texten Bernharts, zumindest auf den ersten Blick konventionellen theatralen Formen folgt, also eine gewisse „Rückkehr zum Drama"[56] zu postulieren scheint. Allerdings gibt bereits die Beschreibung des Schauplatzes Grund zur Skepsis:

> Ort:
> Gemalte Kulissenstube auf dem Zirbelhof. Ofen, Herrgottswinkel, Tisch und Bänke. Hinten ein Fenster. Im Fenster eine gemalte Kulissenlandschaft: Wiesen, Wald und Egghof. Rechts und links eine Tür.
> Zeit:
> In alter Theaterzeit. Eine Wanduhr zeigt die Tageszeit an.[57]

Zwar zeigt die Bühne traditionsgemäß eine Bauernstube, allerdings wird sie dezidiert als ‚gemalt' ausgewiesen, was ebenso wie die Zeitangabe als Selbstreferenz auf eine Dramatik aus „alter Theaterzeit" gelesen werden kann. Auch der Eröffnungsdialog – ein stark mundartlich geprägtes Zwiegespräch zwischen Knecht und Dirn über das angebrochene Frühjahr, das an sich einem beliebigen Bauernstück entstammen könnte – erweckt nur scheinbar den Eindruck, dass regionale Traditionen gewahrt bleiben:

HIAS:	Iaz homr schunn Langes.
TRESL:	Jojo.
HIAS:	A sou longsom wäarts gräan.
TRESL:	Fraila.
HIAS:	Die Polmkatzlen schloogn schunn aus.
TRESL:	A woll.
HIAS:	Jojo.

55 Zu Toni Bernhart siehe Holzner, Auf neuem Terrain (Anm. 20); Johann Holzner: Heimat und Fremde in der Südtiroler Literatur. In: Eduard Beutner, Karlheinz Rossbacher (Hg.): Ferne Heimat – Nahe Fremde. Bei Dichtern und Nachdenkern. Würzburg 2008, 121–131; LiteraturTirol Lexikon, https://literaturtirol.at/lexikon/46 [Stand: 15.6.2020].

56 Christine Bähr: Der flexible Mensch auf der Bühne. Sozialdramatik und Zeitdiagnose im Theater der Jahrtausendwende. Bielefeld 2012, 55.

57 Toni Bernhart: Langes afn Zirblhouf. In: Toni Bernhart: Lasamarmo und andere Stücke. Innsbruck 2002, 29–51, hier 30.

TRESL:	Friar isches ondrsch gwesn.
HIAS:	Sell hosch recht.[58]

Mit diesen knapp-lakonischen Repliken kündigt Toni Bernhart das zentrale Strukturprinzip seines Stücks an – nämlich die radikale Verknappung des aussagehaltigen Dialogs bei gleichzeitiger Ausweitung der belanglosen Rede: Das anfängliche Gespräch über den Frühling, das sich über zwei Seiten ausdehnt, setzt sich in gehaltlosen, hauptsächlich aus Phrasen bestehenden Diskussionen über ländliche Konventionen und Bräuche oder in – vom Pfarrer durchwegs auf Lateinisch gehaltenen – Gebeten fort. Die handlungstragenden, rasch aufeinanderfolgenden Repliken hingegen sind so kurz wie möglich gehalten, sodass das Geschehen vielfach nur angedeutet bleibt. Es bietet sich an, dieses Verfahren als (in der Südtiroler Literatur öfter vorkommende)[59] kritische Auseinandersetzung mit dörflichen Strukturen, deren Sprachlosigkeit und einengenden Religiosität zu deuten. Dass den durchwegs statischen Figuren im Stück keine Möglichkeit zur Entwicklung eingeräumt wird, ließe sich in diesem Sinne als Verweis auf die Perspektivenlosigkeit des Individuums, dem am Land jegliche Entfaltung verwehrt bleibt, lesen.

Gleichzeitig aber lässt die Selbstrefenzialität des Texts auch eine innerliterarische Interpretation zu: Indem Toni Bernhart den Dialog in seiner Inhaltsleere in krassem Widerspruch zum extrem handlungsreichen Plot des Stücks treten lässt, demontiert er stereotype Handlungselemente traditioneller Theaterformen. An sich folgt *Langes afn Zirblhouf* dem Muster des klassischen Wildererstücks: Es kommt zum Konflikt zwischen Wilderer und Oberjäger, die Bauerstochter liebt den Sohn des verfeindeten Großbauern, wird jedoch vom Knecht begehrt, der, wie sich gegen Ende herausstellt, eigentlich ihr Vater ist; Sätze wie „A sella bravs Madl!", „Deis wäart amol a rechte Bairin"[60] oder „Af mein Grund und Boudn vrschtecksch du di nit! Mai Madl losch in Rua!"[61] und „Andr, i pitt di, häar auf mitn Wildrn!"[62] könnten in einem beliebigen Bauernstück vorkommen. Allerdings ist die Geschichte drastisch überzeichnet: Es kommt zu einer absurden Häufung von Unglücksfällen, an deren Ende sechs Tote zu beklagen sind, was an sich schon der tragikomischen Ironie genug wäre – Bernhart aber überspitzt das Ganze zusätzlich, indem er die Handlung in rasender Geschwindigkeit vonstattengehen lässt. Die kurzen Aussagen der Figuren wirken dabei wie eine Kollage aus Theaterzitaten, die ebenso wie die versatzstückartigen Handlungsmomente zu einem modernen Tiroler Stück zusammengefügt sind:

KATHARINA:	Hafnerin, wos isch?
HAFNERIN:	Zirblbairin ... a Unglick! – Zirblbairin, a Unglick!
KATHARINA:	Wou?
HAFNERIN:	Dr Hias!

58 Ebenda, 31.

59 Vgl. Barbara Siller: Topographie Dorf. Darstellungen dörflicher und kleinstädtischer Räume in ausgewählten Texten aus dem Literaturraum Südtirol. In: Marjan Cescutti, Johann Holzner, Roger Vorderegger (Hg.): Raum – Region – Kultur. Literaturgeschichtsschreibung im Kontext aktueller Diskurse. Innsbruck 2013 (= Schlern-Schriften 360), 83–93.

60 Toni Bernhart, Langes afn Zirblhouf (Anm. 57), 45.

61 Ebenda, 40.

62 Ebenda, 37.

KATHARINA:	Was isch mitn Hias?
HAFNERIN:	In Jungwold drvour! [...]
KATHARINA:	Naa!
HAFNERIN:	Joo! Dr Hias isch toat!
KATHARINA:	Und dr Michl?
HAFNERIN:	Dr Michl ...
MICHL:	Bairin ...
KATHARINA:	Michl, reid!
MICHL:	Bairin, die Resi.
KATHARINA:	Wos isch mit dr Resi?
MICHL:	Die Resi isch voll Bluat.
HAFNERIN:	Zirblbairin, die Resi isch aa toat!
KATHARINA:	Die Resi und dr Hias?
HAFNERIN:	Jo.
KATHARINA:	Naa! – Dr Hias isch dr Votr von der Resi!
HAFNERIN:	Woos?
KATHARINA:	Dr Michl hot die Resi umbrocht! I honns gsechn!
MICHL:	Bairin, sell isch it woor!
KATHARINA:	Sai still, Bua! I bring di um![63]

Der Tod, schon im ersten Akt vorausdeutend angekündigt („Die Trina isch um Ollersäaln gschtorbm. Die Basl Sefa zwoa Toog vour Martini, dr Neina in Dreikiniobat, und in Dorf drnied ligt die Haisrin grood Laich [...]. Po inz isch gottseidonk olls gsunt“[64]), dominiert somit zur Gänze das Ende des Stücks – die Tragik wird jedoch völlig ins Komische gewendet: Nicht nur das Dorfgeplänkel, das an Stelle von Trauer und Klage tritt, sondern vor allem die unrealistische Anzahl an plötzlichen Todesfällen machen deutlich, dass die Handlung wenig ernstzunehmend ist.

PFARRER:	Tibi, Domine, commendamus animam famulae tuae Katharinae, ut defuncta saeculo tibi vivat: et quae per fragilitatem... humanae... conversationis... *Der* PFARRER *stockt und fällt tot um.*
FRAU 1:	Marantundjousef!
FRAU 2:	Jessasmaria!
FRAU 3:	Dr Houchwirdn!
FRAU 2:	In Pforrer hott a Schlagl troffn!
FRAU 1:	Aff dr Schtell!
FRAU 3:	Toat ischr. [...]
FRAU 1:	Wer mocht norr iatz die Begreibnis?
FRAU 2:	Woos Begreibnis? Vier Begreibnissn!
FRAU 3:	Wos redsch denn? Sechse sains! [...]
FRAU 2:	Moansch, die Lait hobm Plotz int Kirch?
FRAU 1:	Wenn decht dr Meismr it seffl saufn tat!
FRAU 3:	I rechn, dr Gailtoolr Kopratr wäart die Begreibnissn holtn.
FRAU 2:	Oh! Sell wäart schäan! [...][65]

63 Ebenda, 47f.

64 Ebenda, 34.

65 Ebenda, 50f.

Mit seinem komischen Spiel trägt Toni Bernhart in gewisser Weise auch das tragische Bauerntheater zu Grabe: Das Wildererstück kann – ebenso wie das traditionelle Hofer-Drama – nur mehr als Persiflage auf der Bühne bestehen, wobei die Montage von stereotypen Handlungs- und Sprachversatzstücken, Wiederholung und Überzeichnung auf ein ‚altes' Theater rückverweisen, es aber gleichzeitig zerstören. Selbstreferenzielle Verweise in Haupt- und Nebentext betonen die Fiktionalität des Bühnengeschehens und verdeutlichen, dass es hier vor allem um ein Theater geht, das sich abseits von Narration und Bedeutungskonstitution selbst thematisiert.

Dies ist den hier vorgestellten Texten, trotz der großen Unterschiede in der formalen Gestaltung und im Umgang mit dramatischer Illusion und Repräsentation, gemein. Zwar wäre es ungerecht, in den Texten nur „billige Ironie, die allein der Selbstdarstellung nutzt"[66] zu sehen, wie sie Bernd Stegemann in seiner *Kritik des Theaters* einem postdramatischen Theater bescheinigt, das sich von der Realität abwendet und der kritischen Auseinandersetzung mit der neoliberal-kapitalistischen Gesellschaft ausweicht: Die hier behandelten Stücke lassen sich durchaus als direkte Reflexion der unmittelbaren (regionalen) Wirklichkeit lesen – während Bernhart, wie erwähnt, Bigotterie und Enge der Provinz aufzeigt, richten sich Knapp und Schönweger gegen deutschtümelnde Tendenzen und die politische Instrumentalisierung der Landesgeschichte. Zwangsläufig aber müssen dabei auch alte Gestaltungsformen, die nicht selten als Träger für konservativ-provinzielle Werthaltungen fungieren, hinterfragt werden. In diesem Sinne wenden sich die Texte durch ihre Selbstreflexivität in satirisch-parodistischer Manier von älteren Ästhetiken der Region ab und durchbrechen die Erwartungen eines an gängige Muster gewöhnten Publikums, das ein wenig ratlos zurückbleibt: „Es gibt keine Heimat mehr […], nur Sprache, keine Werte und keine Hoffnung", schreibt ein Kritiker nach der Uraufführung von Toni Bernharts *Zirblhouf*. „Doch fragen Sie nicht, was genau [das] bedeuten soll."[67]

66 Bernd Stegemann: Kritik des Theaters. Berlin 2013, 281.
67 Georg Mair: Die Zombies vom Zirblhouf. In: ff 23 (2002). Eingesehen im Innsbrucker Zeitungsarchiv.

Harald Miesbacher

Die früh- bzw. vordramatischen Versuche Werner Schwabs. Zu den Hör-Stücken *brack komma ein* und *schlagen da zwei*

1. Schwabs Karrierestart

Schwabs erstes abendfüllendes Stück *Die Präsidentinnen* wurde am 13. Februar 1990 im Rahmen der Wiener Festwochen im „Wiener Künstlerhaus" von einer freien Theatergruppe („Künstlerhaustheater") zur Aufführung gebracht. Zuvor hatte der bislang kaum bekannte Schwab den Stücktext neben Prosatexten dem Leiter des Literarischen Quartier/Alte Schmiede, Kurt Neumann, geschickt. Während Neumann die hermetische Prosa Schwabs wie viele andere Repräsentanten des Literaturbetriebs nur sehr reserviert aufnahm, fand er an den *Präsidentinnen* schon eher Gefallen. Er wisse, schrieb er dem Jungautor zurück, bloß keine Theaterleute, an die das Stück zu schicken er empfehlen könne. Letztlich regte er an, für *Die Präsidentinnen* eine „Video-Eigenproduktion" (etwa mit Freunden) anzuvisieren oder es mit dem Stück bei den Wiener Festwochen zu versuchen. Schwab nahm den Tipp auf und wandte sich an die Dramaturgin der Festwochen, Elisabeth Wäger-Häusle[1], die sogleich großes Interesse an dem Stück bekundete und obendrein Unterstützung und Hilfe bei der Suche nach einem Aufführungsort bzw. einer in Frage kommenden Theatergruppe versprach. Und so kam es dann auch zur ersten Aufführung eines Theatertextes von Werner Schwab.

Die Künstlerhaus-Aufführung wurde hauptsächlich von der hauptstädtischen Presse wahrgenommen, die Kritiken allerdings waren gemischt, ein imposantes Debüt war es jedenfalls nicht.

Einen bedeutenden Schub erfuhr Schwabs Theaterkarriere jedoch noch innerhalb eines Jahres. 1991 übernahm der Wiener Regisseur Hans Gratzer das „Wiener Schauspielhaus", eine zuvor von George Tabori geleitete Mittelbühne in der Porzellangasse, mit dem programmatischen Ansatz, allein Ur- und Erstaufführungen junger, noch weitgehend unbekannter Dramatiker oder Dramatikerinnen herauszubringen.[2] Und als Eröffnungsstück entschied er sich für

1 Gleichzeitig versuchte er es mit den *Präsidentinnen* noch bei dem seit 1987 bestehenden, in der Wiener Porzellangasse angesiedelten und von George Tabori geleiteten Theaterzentrum „Der Kreis". Von dort erhielt er postwendend eine abschlägige Antwort. Schwab trat zudem auch an das Burgtheater heran, das eine mittlerweile legendäre Aktennotiz zum Stück verfertigte. Vgl. Fußnote in drei Akten. Mit einem Nachspiel. In: Werner Schwab: Die Präsidentinnen. Drei Szenen. Hg. vom Burgtheater Wien. Premiere 21. Mai 1994. Wien 1994 (= Programmbuch 126), 91. [Aktenvermerk 6.12.1989]

2 Vgl. dazu allgemein und speziell die Förderung Schwabs betreffend das Interview mit Hans Gratzer in: Wolfgang Reiter: Wiener Theatergespräche. Über den Umgang mit Dramatik und Theater. Wien 1993, 29–41.

einen neuen Bühnentext Schwabs mit dem Titel *ÜBERGEWICHT, unwichtig: UNFORM. Ein europäisches Abendmahl.* Die Uraufführung fand am 12. Jänner 1991 statt.

Die Wiedereröffnung des „Wiener Schauspielhauses" unter der neuen Leitung des bekannt innovativen Gratzers sicherte dem Stück naturgemäß mehr Interesse, als einem Jungautor gemeinhin entgegengebracht wurde – für Schwab konnte das nur von Vorteil sein. Allerdings waren die Aufführungskritiken abermals geteilt. Auffällig allerdings war, dass die meisten Rezensenten ihr Augenmerk ganz auf Schwabs Sprache richteten, für die sich bald auch der Begriff „Schwabisch" etablierte. Wahrgenommen wurde Schwab nun auch vom deutschen Kulturfeuilletonisten Helmut Schödel, dessen Aufführungskritik für die Wochenzeitung *Die Zeit* höchst erfreuliche Folgen für den Autor hatte. *ÜBERGEWICHT, unwichtig: UNFORM* wurde nämlich noch im März-Heft des deutschen Theaterjournals *Theater heute* abgedruckt, zusätzlich wurde Schwab in der Serie „Autoren zu entdecken" ein Portrait gewidmet und ein „ungewöhnliches Sprachtalent"[3] bescheinigt. Noch im selben Jahr wurde Schwab zum Nachwuchsautor des Jahres gekürt, 1992 zeichnete man ihn gemeinsam mit George Tabori sogar als Dramatiker des Jahres aus. Voraus ging dieser Nominierung die Uraufführung eines weiteren neuen Stückes von Schwab, der „Radikalkomödie" *Volksvernichtung oder Meine Leber ist sinnlos*, an den „Münchner Kammerspielen" im November 1991. Die Inszenierung Christian Stückls, ebenfalls ein Newcomer im Theaterbetrieb, bedeutete Werner Schwabs endgültigen Durchbruch an den deutschsprachigen, bald schon internationalen Bühnen – ab nun hatte Schwab bis zu seinem frühen Tod in der Silvesternacht von 1993 auf 1994 als der erfolgreichste Dramatiker der jüngeren Generation zu gelten.[4]

2. Vor der Karriere – Studium, erstes Schreiben, das „Projekt Schwab"

Schwabs in der Tat so blitzartiger wie fulminanter Bühnenkarriere gingen Jahre des gänzlich erfolglosen Schreibens von experimentellen und ausnehmend hermetischen Prosatexten voraus. Nach einem kurzen Studienversuch an der Akademie der bildenden Künste Wien zog sich Schwab 1981 23-jährig mit Gefährtin bzw. baldiger Ehefrau für mehrere Jahre aufs südoststeirische Land zurück und lebte dort bis zur Trennung 1987/88 als Jungvater, Gelegenheitsarbeiter und -autor. In dieser Zeit entstanden allerlei Texte, die er auch einschlägigen literarischen Adressen anbot (etwa *protokolle*, ORF), allerdings – wie bereits erwähnt – ohne Erfolg.[5] Der negativen Reaktionen überdrüssig, zimmerte er sich schließlich, wie er selber behauptete, das sogenannte „Projekt Schwab" zurecht. Dieses freilich legendenumrankte Konzept, das auf die

3 Michael Merschmeier: Kommunion der Kannibalen. Ein Portrait des Grazer Dramatikers Werner Schwab. In: Theater heute (1991), H. 3, 45–47, hier 47.

4 Die internationale Rezeption von Schwabs Stücken war während der 1990er Jahre beachtlich, sie betraf bevorzugt die frühen Fäkaliendramen, die an vielen europäischen Bühnen aufgeführt wurden. Aktuell halten sich vor allem *Die Präsidentinnen* in den Spielprogrammen.

5 Vgl. dazu Harald Miesbacher: Vom literarischen Fuß fassen. Werners Schwabs Versuche, ein Autor zu werden. In: manuskripte 57 (2017), H. 216, 144–156.

Formel *Management + Legende + Text = Sieg + Spaß* gebracht wurde, sollte seinen Aufstieg zum berühmten Dichter garantieren. Schwabs literarisches Neuorientierungskonzept beinhaltete obendrein, dass er nach eigener Aussage ab nun vorzugsweise schreiben wollte, was ihm bislang am fernsten gewesen war – ein (Volks-)Stück.[6] Dabei zeigte Schwab unbestritten gehöriges Talent. Sämtliche seiner Frühdramen (bald zusammengefasst zu den sogenannten *Fäkaliendramen*[7]) bezeugen Schwabs theaterhandwerkliches Geschick, dramaturgisch solide Stücke zu bauen – wie insgesamt festzustellen ist, dass Schwabs Dramen in ihrer Machart allesamt durchweg konventionell sind. Theater war ihm auch, wie er einmal äußerte, „ein komisches, nicht tötbares Medium […], etwas unheimlich Reaktionäres seiner Struktur nach – und darauf muß man Rücksicht nehmen".[8] Eine gewisse Innovation stellten allein die Doppel- oder Mehrfachschlüsse dar, also eine alternative (meist „weichere") Version für das Ende eines Stückes (so in *Präsidentinnen*, in *ÜBERGEWICHT, unwichtig: UNFORM* sowie *Volksvernichtung oder Meine Leber ist sinnlos*, auch noch in *Mesalliance oder wir ficken uns prächtig*). Als absolute Neuheit aber nahmen Kritik wie Theaterpublikum die sprachliche Sonderform der Stücke, das Schwabische, wahr.

Schwabs frühe Dramenproduktion kam zwar gleichsam aus heiterem Himmel über die Bühnen, doch ein völliger Neuling auf dramatischem Gebiet war der Jungautor nicht. In seiner werkbiographischen Entwicklung ab den späten 1970er Jahren lassen sich – wie aus dem Nachlass ersichtlich – protodramatische Entwürfe und ebensolche von sogar abgeschlossenen Arbeiten durchaus nachweisen. Die frühesten bekannten literarischen Texte Schwabs sind, wenn nicht dezidiert „theatralischen", so doch zumindest szenischen bzw. performativen Charakters und sie bewegen sich – das gilt vornehmlich für die hier vorzustellenden Arbeiten der Zeitspanne Ende der 1970er/Anfang der 1980er Jahre – unverkennbar in einem genreübergreifenden, multimedialen bzw. kunstspartenvermengenden Zwischenbereich oder Grenzfeld.

Mit derartiger Kunst kam Schwab hauptsächlich in Kontakt durch sein Studium an der Akademie der bildenden Künste in Wien, das er im Herbst 1978 begann, allerdings schon 1980/81 wieder abbrach. Schwab fand Aufnahme in der Meisterklasse Bruno Gironcolis, in der eine betont offene, innovative Atmosphäre vorherrschte und wo neuere bzw. neueste Entwicklungen der bildenden, skulpturalen etc. Kunst diskutiert und sogleich zu adaptieren versucht wurden. Das Hauptaugenmerk galt, von Gironcoli initiiert, dem Material selbst und zwar bevorzugt in seiner Abfall- bzw. Schrott-Form. Man experimentierte ferner mit dem „erweiterten Raum", indem man Objekt- etwa mit Ton-, Klang- und Wortkunst zu vermengen trachtete. Die Zeit bei Gironcoli prägte Schwab nachhaltig. Auch nachdem er zu Beginn der 1990er Jahre

---

6 Vgl. Interview Werner Schwab. Wolfgang Kralicek, 26.11.1990. In: Werner Schwab: Werke. Bd. 9: Der Mensch, der Schreibmuskel, der Suchtfetzen. Gespräche, Interviews, Essays. Hg. von Ingeborg Orthofer in Zusammenarbeit mit Lizzi Kramberger. Mit einem Nachwort von Diedrich Diederichsen. Graz/Wien 2016, 7–14, hier 10 mit Bezug speziell auf *Die Präsidentinnen*.

7 Werner Schwab: Werke. Bd. 6: Fäkaliendramen. Hg. von Ingeborg Orthofer in Zusammenarbeit mit Lizzi Kramberger. Mit einem Nachwort von Helmut Schödel. Graz/Wien 2013.

8 Elisabeth Loibl: Philosoph & Popstar. In: Basta (1992), H. 11, 140ff. Zit. nach Schwab, Werke 9 (Anm. 6), 151–157, hier 157.

kurzfristig zum erfolgreichsten Jungdramatiker auf den deutschsprachigen Bühnen geworden war, betonte er wiederholt und ausdrücklich, dass er von der bildenden Kunst herkomme und sein Zugang vornehmlich die Performance sei.[9]

Im Zentrum der ersten künstlerischen Arbeiten steht aber stets der literarische Text, für den Schwab gleichwohl eine „szenische", performative, wenigstens radiophone Umsetzung ins Auge fasste, was wegen des ausnehmend enigmatischen, hermetischen Charakters der Texte gewiss auch geboten war. Allerdings wurde, um es gleich vorwegzunehmen, eine wirklich professionelle auditive Realisation oder eine ebensolche als szenische Text-Performance, durch die sich die Qualität dieser „papieren" gebliebenen Ersttexte möglicherweise hätte zeigen können, nie versucht.

Schwab schuf vorerst, was man transdisziplinäre, performative Mikrodramen oder auch radiophone Hör-Stücke nennen könnte. Das gilt insbesondere für die beiden ganz frühen Arbeiten *brack komma ein* und *schlagen da zwei*, beide Ende der 1970er Jahre entstanden[10], teilweise auch realisiert, publiziert wenngleich erst posthum Mitte der 1990er Jahre in der Literaturzeitschrift *manuskripte*.[11]

Mit diesen beiden Arbeiten kann Schwab durchaus in die Nähe der in dieser Zeit beginnenden Experimente des bald so bezeichneten postdramatischen Theaters gerückt werden. Bekanntlich akzentuierte diese neue Theaterform, die ab den 1970er/1980er Jahren auf den deutschsprachigen Bühnen zunehmend erprobt wurde[12], stärker andere Bühnenparameter, etwa den Raum, das Licht, den Körper mit seinem Bewegungsspektrum, während der Text in den Hintergrund trat. Wie erwähnt, verblieb bei Schwab der Text unbestritten im Zentrum, doch war sein Blick – ähnlich wie in Texten postdramatischer Provenienz – eben doch auch auf den theatralisch-szenischen Raum als Ganzes gerichtet. Diesen zu „bespielen", d.h. ihn dramatisch neu zu konstituieren sowie zu funktionalisieren, galt sein offenkundiges Interesse. Schwabs frühe Schreibversuche sind insofern im Wesentlichen als kommunikations- bzw. sprachstrukturelle Diskurse anzusehen, sie erfüllen mit ihrer intendierten Koppelung von Text und Inszenierung, mit ihrem Performance-Charakter überdies Minimalerfordernisse der Literaturgattung Drama.[13]

---

9 Vgl. Ernst Molden, Gegenwart, Gegenwelt, 1991. „Das verwest ja". Vor der zweiten Schwab-Uraufführung am Schauspielhaus – ein Gespräch. In: Schwab, Werke 9 (Anm. 6), 34–38, hier 37. Ebenso Dorothe Hammerstein, Die Weltwoche (Zürich), 1.10.1992. Beulen, Wülste, Wucherungen. Portrait des neuen Stardramatikers Werner Schwab zur Basler Premiere. In: Schwab, Werke 9 (Anm. 6), 113–116, hier 116.

10 Vgl. dazu Stefan Schwar: „Erzählfetzen : chronologisch". Notizen zu den frühen Prosaarbeiten Werner Schwabs. In: Gerhard Fuchs, Paul Pechmann (Hg.): Werner Schwab. Graz/Wien 2000 (= Dossier 16), 81–105, hier 84.

11 Beide in manuskripte 35 (1995), H. 127, 5–20 bzw. 21–35.

12 Vgl. dazu v.a. die vielrezipierte Studie von Hans-Thies Lehmann: Postdramatisches Theater. Frankfurt a.M. 1999. Auch Gerda Poschmann: Der nicht mehr dramatische Theatertext. Aktuelle Bühnenstücke und ihre dramaturgische Analyse. Tübingen 1997 (= Theatron 22).

13 Vgl. allgemein etliche Beiträge in Stefan Tigges (Hg.): Dramatische Transformationen. Zu gegenwärtigen Schreib- und Aufführungsstrategien im deutschsprachigen Theater. Bielefeld 2008. Speziell etwa noch Emmanuel Béhague: Textur und Spannung. Zum Verhältnis zwischen TextsprecherIn und Text in der zeitgenössischen (Post)dramatik. In: Pia Janke, Teresa Kovacs (Hg.): „Postdramatik". Reflexion und Revi-

Zuordnen lassen sich die beiden Texte *brack komma ein* und *schlagen da zwei* ebenso dem Genre des experimentellen oder Neuen Hörspiels, das sich schon ab den 1960er Jahren in der bundesrepublikanischen Radioliteratur zumindest einen Nischenplatz eroberte.[14] An performativen Raum-Hör-Texten versuchte sich Schwab nach mehrjähriger Unterbrechung im Übrigen auch später noch, wofür namentlich *Das Lebendige ist das Leblose und die Musik. Kadaverstück*, im Frühjahr 1989 von dem zu dieser Zeit bestenfalls literarischen Insiderkreisen bekannten Schwab an einem kulturellen Grazer Nebenschauplatz in eigener Regie inszeniert, angeführt werden kann.[15] Als Abschluss dieser (performativen) Hör-Stück-Texte kann noch die „Komödie" *Offene Gruben offene Fenster Ein Fall von Ersprechen* genannt werden, am Wiener Volkstheater im Juni 1992 im Rahmen des Donaufestivals Krems von dem damals jungen Regisseur Stefan Bruckmeier uraufgeführt. Zusammen bilden diese Arbeiten einen eigenen Werkkomplex.

3. Zu den frühen experimentellen Ton-Stücken Werner Schwabs *brack komma ein* und *schlagen da zwei*

Beide Texte entstanden, wie bereits erwähnt, Ende der 1970er, Anfang der 1980er Jahre, als Schwab Student an der Akademie der bildenden Künste in Wien war. Sein Engagement ließ allerdings, wie sein Meisterklassenleiter Bruno Gironcoli sich einmal äußerte, zu wünschen übrig.[16] Immerhin präsentierte Schwab zumindest ein Arbeitsergebnis, eine Art Text-Installation mit dem Titel *brack komma ein*, die vermutlich im Frühjahr 1979 im Kreis von Mitstudenten vorgeführt wurde. Der Text war zuvor von einem Studienkollegen Schwabs auf Tonband – es hat sich im Nachlass nicht erhalten und muss als verloren gelten – gesprochen worden, zusätzlich wurde der Text untermalt von einem Ray Brown-Song. Auch installative oder bühnenbildähnliche Elemente sollen zum Einsatz gekommen sein, sonst jedoch blieb dem studentischen Akademiepublikum von der Vorführung kaum etwas in Erinnerung.[17]

schlagen da zwei hingegen war vorgesehen für die Präsentation „Österreichische Kunst von heutzutage" im schweizerischen Liestal/Baselland („Kunsthaus Palazzo") im Frühjahr

---

sion. Wien 2015 (= Diskurse. Kontexte. Impulse. Publikationen des Elfriede Jelinek-Forschungszentrums 11), 87–97, hier 89 sowie Patrick Primavesi: Orte und Strategien postdramatischer Theaterformen. In: Heinz Ludwig Arnold: Theater fürs 21. Jahrhundert. München 2004 (= Text + Kritik. Sonderbd. XI), 8–25.

14 Zu verweisen wäre etwa auf das „Studio akustische Kunst" des Senders WDR-Köln (Leitung Klaus Schöning), für Österreich auf die seit 1987 bestehende Hörfunkreihe „Kunstradio/Radiokunst" in Ö1.

15 UA „Bronx" Graz, 22.4.1989. Dazu Kritiken: A[gnes] P[ölzl]: „Tonstück und Stückton". In: Kronen Zeitung (Graz), 24.4.1989 sowie Anonym: Die Vorstadt schlug zurück. In: Salzburger Nachrichten, 24.4.1989.

16 Vgl. Nachruf-TV-Portrait Endlich tot. „Endlich keine Luft mehr". Werner Schwab 1958–1994 (Regie: Günter Schilhan. 3sat/ORF, 1994).

17 So etwa die Wiener Konzeptkünstlerin und vormalige Studienkollegin Schwabs an der Akademie der bildenden Künste Gertrude Moser-Wagner in einem Mail an den Verf., 8.3.2017.

1981. Eingeladen waren Studenten der Akademie der bildenden Künste, darunter eben auch Schwab. Für den 8. April war laut Programmzettel angekündigt: Aufführung eines Stückes „schlagen da zwei" von werner SCHWAB. Choreographie: ingeborg MORDHOFER.[18] Da die Arbeit trotz umfänglicher Vorarbeiten in Wien – gemeinsam mit dem Akademiestudenten ManfreDu Schu wurde im Wiener Institut für elektroakustische Musik der Text auf Tonband aufgenommen[19] – aus welchem Grund auch immer nicht fertiggestellt werden konnte, reiste Schwab gleich gar nicht hin. Die nervös gewordenen Veranstalter erbaten Hilfe bei einigen von Schwabs Studienkollegen und tatsächlich sprangen der schon vorpräparierte ManfreDu Schu und zwei weitere Künstler mit einem Ersatzprogramm ein – geboten wurde eine Art Performance mit dem Titel *Die Verhinderung*, die hauptsächlich von den Umständen der geplanten, aber nicht zustande gekommenen Textpräsentation handelte.[20]

Die später gemeinsam in einer Heftnummer der Literaturzeitschrift *manuskripte* publizierten Textversionen basieren auf undatierten Typoskripten, die sich in Schwabs Nachlass befinden. Im Fall von *brack komma ein* hat sich ein originäres Typoskript erhalten[21], desgleichen eine Kopie im sogenannten Konvolut Schödel[22] sowie eine weitere, die für das Wiener Schauspielhaus angefertigt wurde[23], wo der Text begleitend zur österreichischen Uraufführung des Stückes *Antiklimax* (am 23.10.1995) erst-, aber bislang auch letztmalig (und diesmal tatsächlich öffentlich) präsentiert wurde.[24]

Von *schlagen da zwei* hingegen fehlt das Originaltyposkript, es liegt im Nachlass nur eine Kopie mit 33 paginierten Seiten vor[25], schließlich finden sich noch zwei Titelblattseiten und einzelne Seiten mit sichtlichem Bezug zum Text.[26]

Beiden Texten geht eine intensivere Beschäftigung Schwabs mit linguistischen, semiotischen sowie kommunikationstheoretischen Schriften voraus, die durch kursorische Aufzeich-

---

18 In: Pressesammlung „Werner Schwab" im Franz-Nabl-Institut für Literaturforschung Graz.

19 Weitere Vorbereitungen sind dokumentiert in: Franz-Nabl-Institut für Literaturforschung Graz, Nachlass Werner Schwab, Werke 1: Frühe Arbeitsbücher, Notizblöcke, Zeichnungen. Signatur ab nun: FNI-SCHWAB-W1-1.1. A3 037 (digit.).

20 Vgl. Kurzberichte zur Präsentation in zwei Regionalblättern, etwa sg Parlando im „Palazzo". In: Basler Zeitung, 13.4.1981 (in: Pressesammlung „Werner Schwab" im Franz-Nabl-Institut für Literaturforschung Graz). Über Vorgeschichte und Ablauf der Präsentation informierten den Verfasser die beteiligten Künstler ManfreDu Schu und Hannes Priesch.

21 Vgl. FNI-SCHWAB-W1-1.1. A2 (34 Seiten, pag. 1–33).

22 Vgl. FNI-SCHWAB-W1-1.2.2.7.1. (Schödel-Konvolut).

23 Vgl. FNI-SCHWAB-Bearbeitungen (Übersetzungen, Hörspielfassungen etc.) 4.2.3.14.1.1.

24 Kritiken darüber etwa Wolfgang Kralicek: Werner Schwab „brack komma ein" und „Antiklimax". In: Theater heute (1996), H. 1, 53f., noch Ulrich Weinzierl: Zerbrechlichstes, von unten gesehen. Aus der Schmuddelwelt der Bühne: Werner Schwabs „Antiklimax" am Wiener Schauspielhaus. In: Frankfurter Allgemeine Zeitung, 25.9.1995. – Dem Programmheft zu Antiklimax ist i.Ü. eine CD „Harry Rowohlt liest Werner Schwab: brack komma ein" beigelegt.

25 Vgl. FNI-SCHWAB-W1-1.2.2.2.2.1. (Konvolut Erdödy).

26 Vgl. FNI-SCHWAB-W1-1.1. etwa B5 095+096 (Titelbilder), B5 097 (einzelne Typoskriptseite mit handschriftl. Anmerkungen) und B7 073+074 sowie 075 (letzte Typoskriptseite mit der Schlusssentenz, lautend: mein brustkorb mein helm, die Schwab später im Titel seines Faust-Stückes wiederverwendete) (alle digit.).

nungen, Exzerpte und Notizen dokumentiert ist. Nachweislich wertete Schwab vor allem *Die Struktur literarischer Texte* von Jurij M. Lotman aus, beiläufig erwähnt werden in dem einen oder anderen Notizheft noch die Namen Jakobson, Adorno, Barthes.[27] Die Notizen beziehen sich auf Zentralbegriffe wie Meta- und Sekundärsprache, Struktur, Zeichen, Code bzw. Codierung, Ästhetik und Kunst. Vor allem interessierte Schwab sich für Kommunikationsmodelle sowie den Text-, vor allem aber Sprachbegriff. So notierte er etwa: „[redacted]"[28] oder „[redacted]".[29] In einem der Notate aus dieser frühen Zeit outet sich Schwab zudem explizit als Voyeur, er wolle, schreibt er, die Menschen bei im Übrigen einigermaßen delikaten Verrichtungen (Geschlechtsverkehr, Urinieren zum Zwecke der Erstellung von Urinstatistiken etc.) beobachten, um solcherart ihr Verhalten klassifizieren zu können.[30] Damit deutete Schwab schon sehr früh eines seiner wesentlichen Schreibmotive an. In einem späteren Interview gefragt, was sein Anreiz für das Schreiben von Stücken sei, meinte Schwab, ganz wichtig sei ihm das „Draufschauen"[31] – gemeint war damit offenkundig ein spezieller Blick, ein Außen-Blick auf die zwischenmenschlichen Verhältnisse oder mehr noch auf eine von ihm, wie er betonte, eigentlich gar nicht extra, vielmehr mutwillig ausgewählte soziale Situation (etwa eine Wirtshaussituation wie in dem im Interview angesprochenen Fall von *ÜBERGEWICHT, unwichtig: UNFORM*). Die klassifizierende Absicht bedingt freilich, aus konkreten Situationen das Allgemeine oder Paradigmatische herauszudestillieren bzw. sich um ein, wie Schwab in einem theaterpoetologischen Beitrag einmal schreibt, „Sachverhältnis"[32] zu den jeweiligen Konstellationen zu bemühen.

Einen distanzierten Außen-Blick auf eine modellhafte Situation zu werfen, unternahm Schwab bereits in *brack komma ein* – in dem Fall war es ein simpler Dialog zwischen zwei Stimmen a/1 und a/2, die eine erkennbar als weibliche, die andere als männliche. Die beiden Stimmen kommen – einmal wird noch eine Sprecher-Stimme (a/S) eingefügt – von einem Tonband. Solcherart wird zunächst ein „akustischer Raum", beschallt noch von verschiedenen „*geräuschquellen*"[33] (eingangs aufgelistet werden Stimmengewirr, Läuten, Schüsse, Gläserklirren, das Musikstück *Für Elise*), entworfen, der eine visuelle Erweiterung durch sowohl konventionelle (Tischchen, Stühle etc.) als auch eigentümliche (Wüstenantilopengeweih, Milchschlauch) Requisiten erfährt. Einen herkömmlichen Theaterraum stellt dieses Ambiente

27 Vgl. FNI-SCHWAB-W1-1.1. A9 und A11.

28 FNI-SCHWAB-W1-1.1. A11 001 (digit.).

29 FNI-SCHWAB-W1-1.1. A8 006 (digit.). Beide Zitate mussten geschwärzt werden, da dem Verf. der Abdruck unveröffentlichter Zitate aus dem Nachlass Werner Schwabs seitens der Urheberrechtsinhaberin untersagt wurde.

30 Vgl. dazu Schwabs Text *Voyeur*. In: manuskripte 35 (1995), H. 129, 181 sowie vgl. FNI-SCHWAB-W1-1.1. A5 007 (digit.).

31 Kralicek, Interview mit Schwab (Anm. 6), 7.

32 Werner Schwab: Hausbeispiel und Spielgebiß. In: Theatermagazin (Sept./Okt. 1992). Hg. von den Vereinigten Bühnen Graz, 17.

33 Werner Schwab: brack komma ein. In: manuskripte 35 (1995), H. 127, 5. In Hinkunft zit. als bke, Seitenzahl.

gewiss nicht dar, vielmehr konzipierte Schwab eben einen „erweiterten Raum“ nach Art einer polymedialen Installation oder performativen Black Box.

In dieser virtuellen audiovisuellen Atmosphäre versuchen sich zwei weitgehend entindividualisierte Sprecherstimmen im kommunikativen Austausch: „heute/füttern/wir uns/gegenseitig“ (bke, 10), heißt es bald zu Beginn, wenngleich schon vorher resignativ festgestellt wurde: „man kann doch/auf alles/doch nur/sätze pfropfen.“ (bke, 9) Der Dialog verläuft weitgehend in einem kommunikativen Vakuum und ist denn auch eher die Simulation eines solchen. Mitunter sind realistische Gesprächsinhalte zwar identifizierbar, über weite Strecken lässt sich das kommunikative Hin und Her aber kaum paraphrasieren. In jedem Falle misslingt das „Gespräch“, die beiden Dialogpartner verharren in ihrer jeweiligen (auch selbstgewählten) Isolation:

> a/2: ich höre niemals zu
> wenn man mich einspricht
> eingesprochen
> würde...
> würde ich gerne
> um mich schießen
> punkt
> a/1: keine
> ein
> und
> aus
> gänge
> mehr
> tür zu
> die tür ist geschlossen worden
> alles erzählt
> gerädert
> ...
> man hört
> keine
> offenen türen mehr
> (bke, 8)

Wiederholt ereignet sich im Dialog ein Bruch, es macht gleichsam „brack“ (so auch die onomatopoetische Vokabel im Titel), ohne dass freilich die expliziten Gründe der „gestörten Kommunikation“ deutlich werden. Schwab fasste vornehmlich „die ganze beschaffenheit“ (bke, 16) ins Auge, also den Ort sowie hauptsächlich Sprechakt, Sprachgeschehen, interaktive Konstellation. So lauten zwei Schlüsselsätze: „dieser ort/ein ort/der untersuchung/ein studienort“ bzw. „die szene selbst/ist das sujet.“ (bke, 16) In *brack komma ein* führt Schwab ein kommunikationsstrukturelles Muster vor, wirft darauf – gemäß seiner vordringlichen Intention – eben einen *Draufblick*, obendrein in merklicher Dekonstruktionsabsicht. Es sollen, wie es im Text auch heißt, „strukturen/einmal freigelegt“ (bke, 16) werden, d.h. es gilt, das Paradigmatische von Sprech- bzw. Kommunikationshandlungen herauszuarbeiten und sie einer intensiven strukturellen Analyse zu unterziehen.

Dem in den *manuskripten* publizierten Text *brack komma ein* sind insgesamt drei handschriftliche Entwürfe bzw. Frühversionen mit weitgehend identischer Grundthematik vorausgegangen, sämtliche Textstufen weisen außerdem eine dialogische Struktur auf. In zwei dieser Entwürfe führen eine Frau und ein Mann eine Art Kunstgespräch[34], ein weiterer Entwurf ist überhaupt als „Urtext" von *brack komma ein* zu betrachten – in ihm ist etwa die Szenerie der publizierten Endfassung schon entworfen, es finden sich auch einzelne Textpassagen aus dem späteren *brack komma ein.*[35] Zu dem Textkomplex gehört ferner ein nachgelassenes, bloß dreiseitiges Typoskript-Fragment[36], das später als „Text Ohne Titel" ebenfalls in den *manuskripten* publiziert wurde.[37]

Anhand all dieser Entwürfe und Varianten lässt sich für *brack komma ein* eine – im Übrigen wie an sonst keinem anderen Text Schwabs – über mehrere Stufen verlaufende Textgenese recht klar nachzeichnen. Dabei zeigt sich deutlich Schwabs Ambition, für eine beziehungspsychologische, gleichzeitig kommunikationstheoretische Thematik eine (auch meta-)literarische Umsetzung zu finden, wobei es sein augenscheinliches Bestreben war, im Verlauf der einzelnen Textstufen konkrete (mutmaßlich autobiographische) Details tunlichst zu eliminieren. Schwab wollte ein grundlegendes Kommunikationsschema – das des (Beziehungs-)Dialoges – vorführen und zudem dekonstruieren. Zwei (Sprecher-)Stimmen versuchen sich im *Ersprechen* teils ihrer (Beziehungs-)Situation, teils der (Sprach-)Welt überhaupt. Schwab entwarf dafür einen minimaltheatralischen Dialog und entstanden ist auf diese Weise eine Art Mikrosprechdrama, wegen seiner diversen intermedialen bzw. performativen Ingredienzien („akustischer Raum") obendrein mit betontem Installationscharakter.[38]

Auch in den folgenden Jahren experimentierte Schwab weiterhin mit theatralen Hörtextformen – das zeigt sich insbesondere an dem unmittelbar nach *brack komma ein* entstandenen *schlagen da zwei*, eine ebenfalls stark performative Hörtext-Installation.

Für *schlagen da zwei* sieht Schwab an sich die Genrebezeichnung „stück"[39] vor, übliche dramatische Strukturelemente wie (dialogische) Handlung, klar konturierte oder psychologisch ausgeformte Figuren etc. weist der Text jedoch nicht auf.

---

34 Vgl. FNI-SCHWAB-W1-1.1. A12 016-033 bzw. 039-060 (digit.). Es handelt sich bei A12 um ein Schreibheft, das wahrscheinlich Schwabs älteste literarische Versuche enthält (Datierung Ende 1977).

35 Vgl. FNI-SCHWAB-W1-1.1. A4. – Diese Urversion führt zusätzlich den Alternativtitel *SCHLINGE EIN UND ALLES.*

36 Vgl. FNI-SCHWAB-W2-1.1 B5 058-060 (digit.).

37 Vgl. Werner Schwab: Ohne Titel. In: manuskripte 40 (2000), H. 150, 199f.

38 Vgl. dazu Näheres in Harald Miesbacher: Frühes Künstlertum – erstes Schreiben. Zu Werner Schwabs mikrodramatischem Hör-Stück *brack komma ein*. In: Daniela Bartens, Harald Miesbacher (Hg.): Dossier Werner Schwab. Dossier online 2 (2018), H. 1, 98–119. http://unipub.uni-graz.at/dossier/periodical/titleinfo/3069953.

39 Werner Schwab: schlagen da zwei. In: manuskripte 35 (1995), H. 127, 21. In Hinkunft zit. als sdz, Seitenzahl.

Das Titelblatt wie die erste Manuskriptseite hat Schwab bildkünstlerisch gestaltet. Ins Titelblatt sind unscharfe Kopien zweier Fotographien (Teilansichten eines menschlichen Beines; von einem „bein" als „zonensache" ist gleich eingangs auch die Rede; sdz, 22) eingefügt, auf der ersten Manuskriptseite findet sich neben Anmerkungen zum Text noch eine (Tusche?) Zeichnung, vermutlich eines Bettes oder Podiums. Gemäß einer Angabe auf dem Titelblatt ist das „stück" in zwei Abschnitte gegliedert: „erster teilakt: übertölpelt/beweisbeginn" sowie „zweiter aktteil: der bilderbeginn." (sdz, 21) Die weiteren (Regie-)Anmerkungen legen für die erste Texthälfte eine sozusagen textinterne, sprachreflexive Untersuchung fest (*„erläutert mehr sich"*), der zweite Abschnitt, heißt es kryptisch, *„hebt bisweilen ab/fügt sich aber/zumindest äußerlich klar/in die glanzvolle bemerkung"* (sdz, 22). Als weitere Textstrukturierung ist ausdrücklich gefordert, dass im „ersten teilakt" *„die vertikalen abschnitte"*, im „zweiten aktteil" hingegen *„die horizontalen"* (sdz, 22) dominieren sollen. Tatsächlich überwiegt im ersten Teil eine sozusagen „vertikale" Strophenform, bestehend aus entweder einzelnen „Vers"-Wörtern oder höchstens kurzzeiligen bzw. „skelettierten" Wortsentenzen – etwa heißt es gleich zu Beginn:

> trommeln
>
> und ab bein
> ist zonensache
> (sdz, 22)
>
> oder:
>
> ein
> mäßiges hämmern
> beim elemente fügen
> bein setzt
> ein wert halt
> (sdz, 22)

Der zweite Teil, „der bilderbeginn", ist indessen bestimmt von einer „horizontalen" Strophenstruktur, bestehend aus „Langzeilen", in die mittels Schrägstriche und/oder „Leerräume" regelrechte Zäsuren gesetzt sind.[40] Auch dazu ein Beispiel:

> Einen garten kann man haben   um in die feine luft
> zu gelangen/und fensterstöcke   auch andere/da   /
> wetzt eine anschauungsweise   auch eine gesundheit
>   meistert ein hang zur runden kömmlichen bewegung
>   weit ab/ja sehr   auf gleichmäßig bebautem podium/
> einen garten kann man leicht haben/wie atmung nach
> seitenscheitel   man weiß wohl/wo man den da hinzieht
>   in fraglicher körperhöhe   auf die man so zielt/

40 Als weiteres (auch typographisches) Strukturierungsmittel verwendet Schwab noch Doppelpunkte, etwa: „regel:ja" (sdz, 25) „sprecher obsessionell:hallo" (sdz, 27), „sprecher:figur" (sdz, 30) – mit diesen eigenwillig gesetzten Kola operiert er noch später häufig in seinen Stücken.

mit den netzen und helmen   leuchtende erzeugnisse/
universal/lala geholfen/   /mit auchspiel und drang
ist vieles mit den netzen geglückt/   kommt der tier-
vergleich seitens der helmerzeuger
(sdz, 32)

In dem gesamten Textgefüge sind ein eigener Rhythmus sowie ein eigenes Metrum auffällig, die beide am ehesten von dem Wort- bzw. Sprachmaterial, von der besonderen syntaktischen Textur insgesamt vorgegeben zu sein scheinen. Der Text entsteht offensichtlich aus einer motorisch-assoziativen, innersprachlichen Bewegung heraus, die Wörter aktivieren und affizieren sich gegenseitig und treiben den Text gleichsam kinematisch voran, der sich im Übrigen eher an das Assoziationspotential des Rezipienten richtet und auch weniger kommunizieren als imaginieren bzw. evozieren will. Für den Text öffnete Schwab augenscheinlich die Schleusen zu seiner subjektiven (unterbewussten) Sprachwelt. Von dort, so der Eindruck, flutet fortwährend inneres, anarchisch-impulsives Sprachgeschehen in den Text. Insofern ist zweifellos eine Nähe zur Schreibmethode der Écriture automatique gegeben, eine explizite Nähe zu den sprachmechanischen, lautmalerischen Texten dadaistischer, lettristischer, futuristischer Provenienz lässt sich dagegen kaum behaupten. Jedenfalls kann von einem bewussten Spiel mit Lauten, Lettern, Silben oder ausschließlichen Vokal- oder Konsonantenwörtern noch dazu unter Einhaltung musikalischer Formgesetze (wie feststellbar bei einzelnen Dadaisten, z.B. Kurt Schwitters) in *schlagen da zwei* nicht gesprochen werden, ebenso wenig nützt Schwab die in derlei Sprachpartikeln schlummernden kombinatorischen Potenzen der Sprache. *schlagen da zwei* lässt sich auch mit Texten der Konkreten Poesie nicht in unmittelbare Verbindung bringen. Schwabs Text entsteht vielmehr aus anderen innersprachlichen Energien und generiert sich in anderer Weise – wo die Wörter stehen, scheinen sie selber zu bestimmen.

Sprache (und demgemäß auch Text) ist für Schwab zunächst dynamische und eigengesetzliche „wortbewegung“ (sdz, 22), wodurch nicht zuletzt auch unzählige bizarre neologistische Wortkreationen wie „peinwinkel“ (sdz, 24), „kauland“ (sdz, 25), „lutschwort“ (sdz, 26), „tauschlese“, „personenberg“ (beide sdz, 27) oder „auchspiel“ und „rhythmusplatsch“ (beide sdz, 32) u.a.m. entstehen.

Weitgehend eigenen Gesetzen folgt auch die Syntax mit ihren auffälligen Strukturprinzipien der Dekomposition sowie Skelettierung, sodass Schwab mit *schlagen da zwei* im Endergebnis eine Art Text-Skulptur aus zusammengefügten, verschiedenen semantischen Feldern entnommenen Einzelwörtern bzw. Syntaxfragmenten (hauptsächlich Ellipsen, Brachylogien) schuf.[41] Die in wilder Bewegung kursierenden Signifikanten finden in diesem sprachskulpturalen Prozess indes kaum zu einem sinnfälligen (freilich auch nie angestrebten) Bedeutungsganzen zusammen. Sprache wird von dem damaligen Kunststudenten Schwab schlichtweg als

41 Noch später betonte Schwab wiederholt, dass er die Sprache seit jeher wie ein Bildhauer sein Steinmaterial behandeln und zu einer Skulptur formen wollte. Vgl. etwa Gottfried Krieger, Leipziger Volkszeitung, 27.3.1993. „Mache ich halt auf berühmten Dichter“. Im Interview mit unserer Zeitung – der österreichische Erfolgsdramatiker Werner Schwab. In: Schwab, Werke 9 (Anm. 6), 210–212, hier 211.

„freies" Material angesehen, das zu ent-determinieren ist und für das es in einem rekombinatorischen Prozess eine neue „Form" zu suchen gilt – sie wird somit nicht zuletzt auch als *Ausstellungsobjekt* begriffen. In der Frühphase seines Schreibens hatte Schwab offenbar die materielle Dimension der Sprache im Blick. Bald nach Beginn heißt es: „die vorgezogene physis/ und krach:" (sdz, 22) Sprache ist Schwab zuvorderst Material/Körper, Sprache ist jedoch auch Laut/Klang, geradezu Lärm. Das erste Wort im Text lautet denn auch „trommeln" (sdz, 22). *schlagen da zwei* akzentuiert nachdrücklich die akustische Präsenz der Sprache, die nicht zuletzt als Hör-Erlebnis inszeniert werden soll. Noch später, als Schwab zum viel gespielten und erfolgreichen Dramatiker geworden war, trachtete er das brachialakustische Moment seiner Texte zuweilen zu forcieren, weswegen er sich etwa für die von ihm selbst inszenierte Grazer Uraufführung von *Pornogeografie* im Oktober 1993 die Unterstützung FM Einheits von den „Einstürzenden Neubauten" sicherte, der für die Inszenierung ein spezielles bruitistisches Instrumentarium (etwa Bohrmaschine, Hammer etc.) einsetzte. Überhaupt hoffte und forderte Schwab, dass es in seinen Stücken „scheppern"[42] solle. Zum „brachialen" Gesamterlebnis der Bühnenstücke Schwabs trug schließlich auch die besondere Sprachform des Schwabischen ihren Teil bei.

Das (sprach-)performative Moment in *schlagen da zwei* ist unbestritten, allerdings lässt der Autor die definitive Realisierung des Textgebildes offen. Naheliegend erschien ihm aber eine Hörspielform: *„man kann SCHLAGEN DA ZWEI als reines hörstück:/genießen*" (sdz, 22), schrieb er eingangs in den Anmerkungen. Schwab dachte offenkundig an eine radiophone Realisation vermutlich nach Art eines experimentellen Hörspiels. Für Hörspiele allgemein und speziell experimentellen Charakters (für eine ebensolche Kunst insgesamt) zeigte Schwab ein deziidiertes Interesse, dokumentieren lässt sich das etwa durch eine diesbezügliche Notiz in einem seiner nachgelassenen Aufzeichnungshefte.[43] Ohne Frage weist *schlagen da zwei*, indem der Text vorwiegend auf die Sprache konzentriert ist, eine deutliche Nähe zum Neuen Hörspiel auf, wie es verstärkt ab den 1960er Jahren entwickelt wurde, bzw. der Text kann der Tradition avantgardistischer „Hörspielkunst" zugeordnet werden.[44] Er handelt allein von und in der Sprache. Schon zu Beginn findet sich eine im weitesten Sinne (freilich hyperkryptische) sprachphilosophische Schlüsselpassage:

42 Zit. nach Jutta Landa: Schwabrede = Redekörper. In: Fuchs/Pechmann (Hg.), Werner Schwab (Anm. 10), 39–58, hier 50.

43 FNI-SCHWAB-W1-1.1. A3 041 (digit.). Schwab notiert da Ausstrahlungstermine von Kultursendungen (etwa „Wege zu Neuer Musik" oder „kunst-stücke").

44 Als Ort für experimentelle Hörspielkunst wurde vor allem das im WDR-Köln angesiedelte und von Klaus Schöning geleitete „Studio akustische Kunst" bekannt. Dort wäre Schwabs Text wohl auch gut aufgehoben gewesen. Literatur dazu etwa Klaus Schöning: Neues Hörspiel. Essays, Analysen, Gespräche. Frankfurt a.M. 1970; Klaus Schöning: Neues Hörspiel. Texte, Partituren. Frankfurt a.M. 1969, insbes. Einleitung, 7–16 sowie Klaus Schöning: Auf den Spuren der akustischen Kunst im Radio. In: documenta 8. Bd. 1: Aufsätze. Kassel 1987. Ferner: Reinhard Döhl: Das Neue Hörspiel. Darmstadt 1988 (= Geschichte und Typologie des Hörspiels 5) oder Friedrich Knilli: Deutsche Lautsprecher. Versuche zu einer Semiotik des Radios. Stuttgart 1970 (= Texte Metzler 11).

Wort
bläht funktion
macht
das bild
einzig zu beladen
sprecher
auf sich gesperrt
gegen geschlossenen menschen

ein
mäßiges hämmern
beim elemente fügen
bein setzt
ein wert halt

genaue
stufe zum wort
tut katafalk entsprechen
zum vorüberzieh'n
(sdz, 22)

In welcher Weise, welchem Gestus (Tempo, Rhythmus, „Klang", Einsatz diverser mono- bzw. stereophoner Verfremdungsmittel etc.) der Text als etwaiges Hörspiel/Hörstück realisiert werden sollte – dazu macht der junge Schwab allerdings keinerlei Angaben, obwohl er als zumindest zeitweiliger Hörer am Wiener Institut für elektroakustische und experimentelle Musik dazu eigentlich doch hätte in der Lage gewesen sein können.

Der Text kennt wie etliche andere radiophone „Wortkunstwerke" auch keine Fabel, weist keine identifizierbaren Figuren auf, er negiert insgesamt sämtliche konventionellen Dramenelemente. Seine Handlung besteht höchstens darin, dass darin gleichsam die Sprache zum Sprechen[45] gebracht wird und zwar eine Sprache aus ihrem eigenen Inneren heraus. Zusätzlich unternimmt Schwab in *schlagen da zwei* den Versuch, die Wirkung der Sprache zu ergründen und schließlich ging es ihm augenscheinlich um die Neuformatierung bzw. Neubestimmung der Sprache.

Ähnlich kursorisch wie Schwabs Vorstellungen betreffend die auditive Gestaltung von *schlagen da zwei* fallen auch seine konzeptuellen Überlegungen für eine gleichfalls angedachte theaterinszenatorische bzw. performative Präsentation des Textes aus. Schwab entwirft dafür – und darin zeigt sich sein bildkünstlerischer Hintergrund im Übrigen ein weiteres Mal – eine bloß rudimentäre theatrale Installation, obendrein in Form eines einigermaßen fremd anmutenden Szenariums. Als „sichtbare requisiten" sollen vorhanden sein: *„die durchsichtigen wände/das schwarze brett/der freßnapf (verstellbar)/sowie: das bett aus den nachgiebigen würfeln/das podium"* (sdz, 22 samt schon erwähnter Zeichnung). Konzipiert ist damit wenig mehr als ein minimalistischer und überdies mit szenisch weitgehend funktionslosen Objekten ausgestatte-

45 Davon sprach Schwab auch später noch, vgl. etwa Roland Koberg und Klaus Nüchtern, Falter, 30.9.1992. „Vernichten, ohne sich anzupatzen." In: Schwab, Werke 9 (Anm. 6), 94–109, hier 100.

ter Raum, eher die bloße Evokation eines Raumes. Gedacht ist als weiteres performatives Moment noch an eine *„sich selbständig aufbauende[...]/den text nicht kommentierende[...]/choreographie“* (sdz, 22). Für eine etwaige Realisation nach Art einer Performance finden sich weitere Überlegungen bzw. Angaben in einem kleinen schwarzen Notizbuch des Nachlasses, wo auf gut zwei Dutzend Seiten Einträge zur choreographischen Umsetzung vermerkt sind – skizziert werden archetypische Positionen wie Frontal- oder Kontrapost-Stellung, wie sie von der klassischen antiken Bildhauerei her bekannt sind, rein gymnastisch-sportiv anmutende Übungen (dazu auch einfachste Skizzen) sowie in geringem Maße noch übliche Posen.[46] Die Überlegungen gehen zudem dahin, ob die Bewegungen nicht eine Relation zum Text herstellen sollen.[47] Die weitaus größere Zahl der Notate stammt von der Hand der damaligen Gefährtin Schwabs, Ingeborg Orthofer, womit deutlich wird, dass *schlagen da zwei* zum Teil als Gemeinschaftsarbeit von Schwab und Orthofer anzusehen ist. Bloß hier und da sind auch handschriftliche Anmerkungen Schwabs, ebenfalls zu den Bewegungsabläufen, Posen und Gesten, eingefügt. Unbestimmt bleibt letztlich jedoch, ob überhaupt oder in welcher Weise die „Choreographie“ bzw. das gesamte Setting mit dem Text korrelieren sollte. Immerhin konnte ManfreDu Schu davon berichten, dass er von Schwab bei der Tonbandaufnahme dazu aufgefordert worden sei, den Text zu „bewegen“.[48] Ob Schwab dies anregte in Nachfolge der an der Akademie der bildenden Künste durchaus bekannten frühen „körperlichen“ Performance-Arbeiten wie „Dance or Exercise on the Perimeter of a Square“ (1967/1968) des US-amerikanischen Künstlers Bruce Nauman oder der noch älteren Präsentationsformen dadaistischer Texte, bei denen sich die „Vortragenden“ zuweilen von den Wörtern, Lauten etc. „tänzerisch“ affizieren bzw. stimulieren ließen, muss offen bleiben.

Im Unterschied zu *brack komma ein* ist in *schlagen da zwei* nur mehr eine solitäre Stimme als Quasi-Figur (oder Text-Formation) vorgesehen, die unterstützend einen mysteriösen „periodisierenden stab (abk.: m.d.per.st.)“ benützt, der jedoch bloß im ersten Textdrittel zum Einsatz kommt – er dient mutmaßlich als Metronom. Damit lässt sich auch der Titel entschlüsseln: „stimme“ und „periodisierender stab“ bilden wohl das die Sprache „schlagende“ Paar.

Die solistische Off-Stimme hat im Textgefüge eine absolut dominante Position inne. Sie artikuliert sich „trommelnd“ über einen auditiven Kanal und wird hörbar als pure sprachexzessive Energie. Sie verweist so nachdrücklich auf das akustische, also klangliche, rhythmische etc. Potential der Sprache und betont vorrangig ihre eigene Physis. Ihre vornehmliche Funktion ist es, Sprache zu proklamieren. Als weitere „Figur“ ist ein an die dreißig Mal im Text erwähnter „sprecher“ (vgl. sdz, 23, 24 usf.) anzusehen, zweimal taucht noch ein „ich“ (sdz, 24) auf, dessen

46 Vgl. FNI-SCHWAB-W1-1.1 A7 007-029 (digit. – kleines, schwarzes Notizbuch mit Aufschrift SCHLAGEN DA Z (P+K) NOTIZ). Ferner A4 (nicht digit., ein gefaltetes, kariertes Blatt mit Anm. v. I. Orthofer), auch A8 020-021 (digit.). Ähnliche choreographische Notate (u.a. Faust ausfahren, Kauern, Hundeunterwerfungsstellen) finden sich i.Ü. noch am Ende eines vermutlich zeitgleich mit *schlagen da zwei* entstandenen, unveröffentlichten mehrseitigen Testentwurfs (A8 008-021, digit.), der zwar keinen inhaltlichen Bezug zu *schlagen da zwei* aufweist, in dem aber mit einer ähnlichen Schreibmethode experimentiert wurde.

47 Vgl. FNI-SCHWAB-W1-1.1 A7 010 (digit.).

48 Mail ManfreDu Schu vom 5.4.2018 an den Verf.

Funktion aber unbestimmt bleibt. „stimme“ und „sprecher“ bilden ein Paar in hierarchischer Abstufung, was schon in der Eingangssequenz (eine Genesis-Variante Schwabs?) deutlich wird: „erst kommt die stimme/auf sich gerichtet/und sprecher/geschieht/sich.“ (sdz, 22)

Der „sprecher“ hat bloß gelegentlich mit dem Text korrespondierende choreographische Figuren auszuführen („reißt sich/sprecher/hinunter/pirouette/und blinzelt“; sdz, 23), die „stimme“ als selbstreferenzielle Instanz hingegen *spricht die Sprache, die sie ist*.

Nach traditionell-philosophischer Auffassung drücken sich in der Stimme, die seit ältesten Zeiten Gegenstand phänomenologischer Betrachtung ist (so etwa in der griechischen Philosophie), bekanntlich tiefe Seelenzustände aus. Die Stimme gilt demnach als das verlautbarende Organ alles Seelischen. Als Medium innerweltlicher Verfasstheiten bzw. *Sprecher der Seele* kam ihr auch eine überaus wichtige Rolle in der europäischen Dramengeschichte zu. Sie wurde, wie Hans-Thies Lehmann in seiner Studie zum postdramatischen Theater betont, „empfunden als gleichsam ungefilterte seelisch-geistige Ausstrahlung der ‚Person‘ oder auch als ‚Herz der theatralen Situation‘“.[49]

In derartiger Weise kommt Schwabs „stimme“ nun aber keineswegs zum Einsatz, nichts Seelisches äußert sich in ihr in *schlagen da zwei*. Die Schwab'sche „stimme“ ist vielmehr in Verbindung zu bringen mit ihrem spezifischen Gebrauch in postdramatischen Theaterexperimenten, welche gemäß Lehmann die „*Physis der Stimme*“[50] zunächst einmal wiederentdeckt bzw. die „Wirklichkeit der Stimme“[51] mitunter gar zum ausdrücklichen Thema gemacht haben. Als weitere Merkmale postdramatischer Stimmen-Ästhetik identifiziert Lehmann etwa noch die (entsubjektivierte) Solo-Sprech- wie elektronische Stimme[52] – eine ebensolche solistische, aus dem elektronischen Off kommende Stimme ohne jeden Subjektstatus kreierte nun aber auch Schwab. Einzelne Parallelen zu postdramatischen Texten sind folglich nicht von der Hand zu weisen.

Dass die Konzeption von *schlagen da zwei* orientiert ist an experimentellen Hörspielformen, wurde schon erwähnt. Im Besonderen lässt sich die Schwab'sche „stimme“ mit der spezifischen Verwendung der Stimme in der radiophonen Kunstform des experimentellen „Neuen Hörspiels“ bzw. der Spezialausprägung „Akustische Kunst“ in Zusammenhang bringen. Petra M. Meyer legte Anfang der 1990er Jahre eine eigene Studie über diese neue, sich seit den 1960er Jahren entwickelnde radiophone Kunstform vor, in der sie insbesondere deren philosophischen Filiationen in den Blick nahm.[53] Eine Verbindungslinie führt laut Meyer zurück etwa zu Friedrich Nietzsche, bei dem sie überhaupt den Ausgang der Entwicklung der akustischen Kunst verortet und in *Also sprach Zarathustra* (4. Buch) überdies die erste Verwendung des Begriffes „Hörspiel“ entdeckt. Eine weitere maßgebliche Referenzquelle Meyers ist Jacques Derrida, dessen Kritik an der traditionellen Zuordnung der akustischen Kunst (und damit der Stimme)

49 Lehmann, Postdramatisches Theater (Anm. 12), 275.
50 Ebenda.
51 Ebenda, 276.
52 Vgl. ebenda, 275f.
53 Vgl. Petra Maria Meyer: Die Stimme und die Schrift. Die Graphophonie der akustischen Kunst. Wien 1993 (= Passagen Philosophie).

allein zur mündlichen Dichtung sie zum Ausgangspunkt ihrer Studie macht[54] und nachdrücklich auf Derridas neu entwickelten Schriftbegriff verweist, der sich deutlich abhebt von der „philosophischen Tradition, die von Platon über Aristoteles – Descartes – Hegel – Rousseau bis zur modernen Linguistik nach de Saussure die Opposition von Stimme und Schrift tradiert".[55] Für Derrida, hält Meyer fest, sei die Schrift bereits in der Stimme. Der französische Begründer der Dekonstruktions-Philosophie habe außerdem eine neue Lesart für Texte der akustischen Kunst vorgeschlagen und wollte dabei, so Meyer weiter, weniger nach dem stringenten Sinngehalt als danach fragen, wie sich im Spiel der (Schrift-)Zeichen die Struktur akustischer Texte bildet.[56] Letztlich galt es für Derrida im Rückgriff auf Heidegger zu untersuchen, wie (auch was/wer) *die Sprache spricht*. Solche Fragestellungen waren maßgeblich auch für Schwab. Was Derrida anlangt, lässt sich eine explizite Rezeption von Theoremen des umstrittenen französischen Poststrukturalisten durch Schwab allerdings nicht belegen. Auch insgesamt vermag nicht so recht bestimmt werden, wie umfangreich seine Kenntnisse vom poststrukturalistischen Diskurs wirklich waren. Dass Schwab sich mit seinen Erstarbeiten *brack komma ein* und *schlagen da zwei* im weiten postdramatischen Feld bewegte, steht jedoch außer Zweifel.

54 Vgl. ebenda, 43–57. – Meyer zitiert vornehmlich aus folgenden maßgeblichen Schriften Derridas: Grammatologie. Frankfurt a.M. 1988; Die Stimme und das Phänomen. Frankfurt a.M. 1974 und: Die Schrift und die Differenz. Frankfurt a.M. 1976.

55 Meyer, Die Stimme (Anm. 53), 15.

56 Vgl. ebenda, 16.

Sigurd Paul Scheichl

Magic Afternoon, 2019

Die Wiederlektüre von *Magic Afternoon* war bestürzend. 2004 habe ich Bauers Drama in einer Vorlesung über ‚Hauptwerke der Literatur aus Österreich seit Artmann' behandelt. Heute würde ich in Frage stellen, dass das „Stück" – so die Gattungsbezeichnung Wolfgang Bauers – zu diesem Kanon gehört. Vielleicht weil *Magic Afternoon* zu zeittypisch ist.

Magic Afternoon ist als Provokation angelegt[1], als solche hat die Uraufführung 1968 in Hannover auch gewirkt; Regisseur war der Österreicher Horst Zankl (1944–1987), ein Künstler aus Bauers Generation, mit dem Autor bekannt, wenn nicht befreundet. Mit dieser Premiere hat der junge Dramatiker seinen Durchbruch erreicht[2], aber es war ein Skandalerfolg, der das öffentliche Bild von Bauer dauerhaft prägen sollte.[3] Schmidt-Denglers Urteil: „Wolfgang Bauer avancierte zum Skandalautor, weil [in seinen Stücken] schonungslos die Lebensformen einer sogenannten Boheme nach außen gekehrt worden waren. Dies provozierte eine Öffentlichkeit, die nun auf einmal sich nicht einem Gegner gegenübersah, dessen politische Position faßbar gewesen wäre, sondern der die Sinnhaftigkeit jeglicher Position zu leugnen schien."[4] bezieht sich zwar nicht auf *Magic Afternoon*, sondern auf ein anderes Stück, trifft aber auch dieses Drama.

Provokant war in der Tat das Milieu, das auf den ersten Blick nichts mit den politisch radikalisierten Aussteigern von 1968 gemeinsam hatte (auf den zweiten doch: die Antibürgerlichkeit, die regellose Lebensführung). Provokant war die Sprache dieses Milieus, die Bauer möglichst genau wiederzugeben versucht hat; damit kam ein zum Teil vulgärer Soziolekt auf die Bühne, der manchen nicht erträglich schien. Provokant war für das gewöhnliche Theaterpublikum auch der Umgang der Figuren mit der zeitgenössischen Pop-Musik, die damals für die meisten noch sehr insiderisch war und jedenfalls nicht zur ‚Kultur' gehörte. Provokant, wenn auch aus dem Theater des Absurden schon bekannt, war der weitgehende Verzicht auf Handlung, die Reduktion dessen, was auf der Bühne geschieht, auf endloses Gerede oder Geschwätz, obendrein in dem (damals) befremdlichen Jugendjargon, auch auf langes Schweigen,

1 Im Interview mit Manfred Mixner von 1977: Gespräch mit Wolfgang Bauer. In: Wolfgang Bauer. München 1978 (=Text + Kritik 59), 5–15, hier 12, äußert sich der Autor zur Selbstverständlichkeit der Provokation in seinem Werk.

2 Vgl. ebenda, 13.

3 Ein paar Hinweise zu vor allem Grazer Skandalen bei Bert Nichols: Die politische Heimat des Wolfi Bauer. In: Wolfgang Bauer (Anm. 1), 29–34. Vgl. Dieter Baackes Darstellung von Reaktionen des Publikums bei einer Hamburger Aufführung. Dieter Baacke: „... die Fortpflanzung is eh noch das einzig Gefährliche was ma ham ... das is das einzig wirklich Gefährliche ..." Notizen zu einer Aufführung von „Magic Afternoon". In: Wolfgang Bauer (Anm. 1), 35–37. Das Zitat im Titel steht auf Seite 30 des Stücks.

4 Wendelin Schmidt-Dengler: Bruchlinien. Vorlesungen zur österreichischen Literatur 1945 bis 1990. Salzburg 1995, 270.

wenn ohne Dialog die Zustände in der Wohnung vorgeführt wurden; man könnte von provokanter Langeweile sprechen. 1968 mag sogar die Wahl eines englischen Titels für ein deutsches Theaterstück wenn nicht provokant, so doch befremdlich gewesen sein. Und am provokantesten: *Magic Afternoon* führt die Welt seiner Figuren, in der es immerhin zu zwei Gewalttaten kommt, so vor, dass jede Wertung ausbleibt. Die Zuschauerin kann die Figuren abscheulich finden – oder auch sympathisch – oder lächerlich; Bauer lässt alles offen.[5]

Meine Probleme bei der Wiederlektüre erklären sich daraus, dass diese Provokationen, die für einen Menschen meiner Generation 2004 zumindest noch nachvollziehbar gewesen sind, 2019 nicht mehr provozieren. Daran, dass auf der Bühne nur noch geredet wird (und gelegentlich nicht einmal mehr das), hat man sich nach einem halben Jahrhundert Handke gewöhnt. Vulgärsprache auf der Bühne kommt heute nicht gerade selten vor (selbst wenn wenige Bauers Meisterschaft in der exakten Wiedergabe des Soziolekts der Boheme erreicht haben). Kaum jemand kann (und will) sich heute noch der Omnipräsenz der Popmusik entziehen, die viele, wohl zu Recht, so ernst nehmen und so zu einem wesentlichen Teil ihres Lebens machen wie Charly, Joe, Birgit und Monika.

Ob eine Wiederaufführung auf mich so enttäuschend wirken würde wie die Wiederlektüre, muss ich offen lassen. Denn Bauers „Stück" ist ein extremes Beispiel für das Auseinanderklaffen von ‚Textsubstrat' und ‚Drama' im Sinne Pfisters. Der Nebentext sieht viele Aktionen und Gesten vor, die Milieu und Figuren charakterisieren und indirekt die Hohlheit dessen, was gesagt wird, unterstreichen. Er appelliert sogar ausdrücklich an den Regisseur, die fysischen Konfrontationen zwischen den Figuren auszubauen:

> CHARLY: Okay. (*jetzt kommt es zur Schlacht – bitte, Herr Regisseur! –, bei der Birgit sehr viel schreit, um Hilfe schreit, während Charly Schimpfwörter ausstößt*)
> [...]
> (*Diese Szene wird sehr lang dauern, sie muß vom Regisseur besonders realistisch – auch mit Schnaufpausen etc. – gestaltet werden. Es muß am Ende sehr* brutal *und laut hergehen!*) (21)[6]

Solche Szenen könnten ohne Zweifel wirken, abstoßend wirken, auch komisch wirken, was durchaus im Sinn des Autors wäre. Szenisch – wie am Schluss im Totschlag auf offener Szene – könnte die intendierte Provokation im ‚Drama' effektvoller geblieben sein als in den Repliken der Figuren. Wegen der vielen nicht gesprochenen, von der Regie auszubauenden Szenen dürfte das im Druck etwa 30 Seiten umfassende Stück, ein Einakter, abendfüllend sein. Zeit der Handlung und Zeit der Aufführung decken sich.

Bauer hat das Stück als Partitur für Aufführungen geschrieben. Dass verhältnismäßig lange Passagen vor allem gestisch realisiert werden sollen, ohne Worte, könnte übrigens zur provokanten Wirkung des Stücks das Seine beigetragen haben, denn Derartiges ist für Zuseherinnen

5 Vgl. die entschiedene Zurückweisung jeder politischen oder gesellschaftskritischen Deutung von *Magic Afternoon* bei Gerhard Melzer: Wolfgang Bauer. Eine Einführung in das Gesamtwerk. Königstein/Ts. 1981, 93.

6 Die Seitenzahlen beziehen sich auf: Wolfgang Bauer: Magic Afternoon. In: Wolfgang Bauer: Schauspiele 1967–1973. Graz 1986 (= Werke in sieben Bänden. Hg. von Gerhard Melzer. Bd. 2), 9–40.

sehr anstrengend. Appelle an den Regisseur wie der zitierte verstoßen gegen die Tradition der ‚Bühnenanweisung'.

Diese Fragen einer Rezeption nach einem halben Jahrhundert musste ich an die Spitze stellen. *Magic Afternoon* 2019 ist nicht mehr *Magic Afternoon* von 1968. Doch hat Bauers Stück, das viele Zeitgenossinnen zu Recht verstört hat, selbstverständlich auch große Qualitäten, die die Beschäftigung mit ihm nach wie vor lohnend machen. Von ihnen soll jetzt die Rede sein.

An die Spitze dieser Überlegungen stelle ich eine Kleinigkeit, den Titel. „Magic Afternoon" klingt wie ein Zitat aus einer der von Charly permanent aufgelegten Platten, ist aber wohl keines. Vom Stil her passt der englische Titel genau zu den Hauptfiguren und den Inhalten ihres Lebens. Semantisch bezeichnet „Magic Afternoon" dagegen einen romantischen, schönen Nachmittag und damit den völligen Gegensatz zu dem, was sich an dem *„herrlichen Sommernachmittag"* (10) in dem unaufgeräumten Zimmer abspielt. Damit – auch durch diese wörtliche Kontrastierung mit dem ersten Nebentext – erweist sich der Titel als höchst ironisch und als ein Mittel der Distanzierung des Dramatikers von seinen Figuren. Implizit suggeriert der Titel, dass Charly und die Seinen zum Erleben eines ‚zauberhaften Nachmittags' gar nicht mehr fähig sind, nur zu einem „verschissenen Nachmittag" (28).

Kurz zu diesen Figuren, die wenig individualisiert gezeichnet sind; sie wirken ein wenig wie bloße Sprachrohre ihrer Generation, sind Typen. Es gibt wenige Sätze, die man, isoliert, einer bestimmten Figur zuordnen könnte, denn Charly, Joe, Birgit und Monika (die kleinste Rolle) reden alle gleich und alle über die gleichen Themen: Musik, Kino, Geld, Reisewünsche, Sex, das Wetter. Fast das einzige besondere Merkmal einer Figur ist der VW, den Joe besitzt; Sauerland spricht von „Austauschbarkeit" der Figuren.[7] Ein traditioneller Konflikt zwischen fest umrissenen Bühnenfiguren ist hier nicht denkbar, die Verletzung Monikas und das Erstechen Joes erfolgen zufällig – es könnte ebenso gut Monika von Charly oder Charly von Joe erstochen werden.

Die Figuren haben nicht nur keine Zukunft, sondern sie haben auch keine soziale Gegenwart. Mit einer Ausnahme: Wichtig ist, dass Bauer ausdrücklich, im ersten Satz des Stücks im ausführlichen einleitenden Nebentext das Alter seiner Figuren – zwischen 22 und 30 (10) – angibt.[8] Einmal macht das deutlich, dass es um Bauers Generation geht: Er war 26, als er *Magic Afternoon* geschrieben hat. Durch diese Altersangabe erhebt der Autor den Anspruch, der legitime Chronist dieser Generation zu sein. Andererseits macht er durch diese Information das Außenseiter-/Aussteigerhafte seiner Figuren von Anfang an deutlich. Diese Bohemiens sind nicht mehr ganz jung, sondern könnten oder müssten eigentlich schon im Berufsleben oder in einer qualifizierten Ausbildung stehen. Ihre Verweigerung der Integration (wie ihre mehrfach, z.B. 11, erwähnte finanzielle Abhängigkeit von den Eltern und das Wohnen bei den Eltern, z.B. 13, 20) unterstreicht ihre Ausweglosigkeit; denn diesen Figuren ist im Grunde eine künftige

7 Karol Sauerland: Wolfgang Bauer (1997). In: KLG 5.

8 Ute Nyssen: Nachwort. In: Wolfgang Bauer: Magic Afternoon. Change. Party for Six. Drei Stücke. München 1972 (= dtv sr 104), 133.

Entwicklung schon verwehrt. Wir erfahren auch so gut wie nichts über ihre Vergangenheit, nur auf ein paar erotische Affären wird – als belanglos – angespielt (u.a. 17, 24).

Da mehrfach von Literatur die Rede ist (14, 27) und ein Werk von Wittgenstein herumliegt (24), lässt sich annehmen, dass die Figuren ein Minimum an intellektuellen Ansprüchen haben, auch wenn sie sehr an der Oberfläche bleiben. Der *„Bücherschlacht"* (26), in der Birgit und Charly mit Büchern um sich werfen und *„Scheiß-Dürrenmatt, Scheiß-Pinter, Scheiß-Albee, [...] Scheiß-Goethe, Scheiß-Schiller ..."* (27) schreien, würde ich aber keine besondere symbolische Bedeutung als Absage an die Literatur beimessen; es geht hier mehr um das Heitere und das die Figuren erheiternde Spiel. (Ohne dass ich den Gedanken ausführen könnte, möchte ich festhalten, dass in der Reihe der herumgeworfenen Bücher schon als dritter Edward Albee genannt wird; ich kann mich des Eindrucks nicht erwehren, dass dessen in den 1960er Jahren sehr erfolgreiches *Who is Afraid of Virginia Woolf* Bauer interessiert hat.[9])

Kennzeichnend für die Verweigerung des Erwachsenwerdens ist auch die Begeisterung von Charly und Joe für die Micky Maus-Hefte, in deren Figurenwelt sie sich genauestens auskennen; Charly hat offenbar gerade ein neues Heft erworben (34f.). Das Lachen über die Disney-Gestalten bricht zwar erst im Haschisch-Rausch aus, aber die Hinwendung zu ihnen und die gute Kenntnis von Donald Duck, Gustav Gans und ihresgleichen führt doch den Geisteszustand der Clique vor. Zur Charakterisierung der Clique als realitätsfern, nicht erwachsen geworden, passt schließlich auch, dass sie keine Uhr haben (11). Gerhard Melzer spricht von „infantiler Regression".[10]

Literarische Ambitionen von Charly und Joe werden angedeutet; allerdings hört sich das Schreiben „überhaupt ganz auf bei mir ..." (19), nämlich bei Joe. Der Satz bringt übrigens Charly zum Lachen. In diesem Zusammenhang fällt der Satz Joes:

> Na, wenn man was machen würde, dann ganz was lockeres ... So, wie wir jetzt reden ... sowas vielleicht, das ist angenehm ... aber sonst ... (19)

Joe konzipiert hier sozusagen *Magic Afternoon*; „das betont Unliterarische des Verfahrens ist im Stück selber thematisiert."[11] Deshalb braucht man nicht annehmen, dass sich Wolfgang Bauer mit Joe identifiziert. Auch an dieser Stelle geht es mehr oder minder um den Witz und nicht um die vertiefende Darstellung der Figur des scheiternden Poeten, der Joe nicht ist. Ähnliches, auch in Hinblick auf *Magic Afternoon*, gilt von Charlys „I kann höchstens ein Stück schreiben, wo zwei auf der Bühne sitzen und Platten hören ... a Platten nach der andern ..." (15) Wie Charly und Birgit ...

Immerhin verdanken wir den literarischen Plänen der beiden männlichen Figuren einige zugespitzte aforistische Formulierungen wie „Das Leben ist eine Gewohnheit wie das Zigarettenrauchen!" (Charly, 15) – worauf Birgit kritisch mit „Das hast du schon einmal wo geschrie-

9 Auf Albee als möglichen Anreger weist auch Thomas Antonic: Wolfgang Bauer. Werk – Leben – Nachlass – Wirkung. Klagenfurt 2018, 185, hin.

10 Melzer, Wolfgang Bauer (Anm. 5), 95.

11 Herbert Gamper: Nachwort. In: Wolfgang Bauer: Werke 2 (Anm. 6), 209–229, hier 211.

ben ..." reagiert; in der Tat steht dieser Satz in Bauers Roman *Der Fieberkopf*[12], was das Standarddeutsch von Charlys Satz erklärt: Er ist eben ein Zitat, wenn auch ein sehr insiderisches, da der Roman kaum bekannt gewesen ist. Oder: „... des is eigentlich eh a altes Gesetz ... daß von zwa Irren der Irrere gwinnt ... " (Charly, 28). Auch hier geht es nicht darum die Figuren als besonders geistreich zu charakterisieren, vielmehr kommt es auf den Effekt des Witzigen an.

Selbst wenn insgesamt der Autor nicht psychologisch wahrscheinliche Figuren anstrebt, sind sie durch ihre Sprechweise realitätsnah genug, um keine totale Entfremdung entstehen zu lassen. Wir sollen mit den Figuren nicht unbedingt mitfühlen, andererseits repräsentieren sie ein gesellschaftliches Milieu, von dem man wusste.

In ihrer Dialogsprache liegt wohl das eigentlich Interessante an diesem Stück (und an den meisten frühen Dramen von Bauer). Ein österreichisch/wienerisch gefärbter Slang – aber kein Dialekt[13] –, „*vermischt mit Hochsprache*" (10), wird gesprochen, mit einem gewissen Hang zur witzigen Pointierung, den es in diesem Milieu tatsächlich gibt. Bauer vertritt den Anspruch, dass es sich beim Reden der Figuren um eine „ganz normale Umgangssprache" handle, die nicht vulgär sei.[14] Für einen großen Teil des Theaterpublikums wirkte sie jedoch partiell vulgär: „vögln" (16), „Scheiß-Kaff" (17), „du Sau", „du Scheiß-Fut" (21), „find ich sie unheimlich geil" (29) usw. gehören einfach nicht zur umgangssprachlichen Stilschicht.

Wörter und Wendungen wie „angfressen" (15), „gigantisch" (19), „Puppe" (18), „Schme [!]" (23), „wars net amal so ungeil" (24), „Schleich di!" (30, 38) und viele andre kann man als umgangssprachlich bezeichnen, ebenso sind die Fraseologismen dieser Stilschicht zuzuordnen: „das kann ma drehen wie ma will ..." (15), „Dei Typ is im Moment nicht gefragt" (35), „i hab irrsinnige federn" (39) u.v.a. Ähnlich sind bestimmte Floskeln einzustufen, die in der Alltagsrede häufig sind oder waren: „Du bist witzig" (16), „keine Ahnung" (19), „Was weiß ich" (21), „geh tu net so" (22) usw.; Bauer legt sie seinen Figuren sehr oft in den Mund, ebenso wie die typischen Adverbien „eh" (z.B. 17) und „halt" (z.B. 19). Die Wortformen sind ebenfalls umgangssprachlich-österreichisch: „Gemma" (16), „Trink was" (16), „ich glaub" (17), der Imperativ „Tu lüften" (20). Mehr Beispiele erübrigen sich, weil so gut wie alle Zitate als Belege dienen können. Die Syntax ist ebenfalls durchaus umgangssprachlich, mit vielen kurzen, oft unvollständigen Sätzen, mit regelwidriger Satzgliedstellung (22: „Weil ich hau dich jetzt sowieso da hinaus!"), mit expressiver Spitzenstellung des Objekts: „servas hab i gsagt" (22).

Man hat angesichts der Genauigkeit der Wiedergabe des Soziolekts Bauer sogar unterstellt, er habe mit Tonbandaufnahmen gearbeitet. Das hat der Autor in einem Interview zurückgewiesen, aber immerhin zugestanden, dass es für manche Figuren Vorbilder in der Wirklichkeit gebe. Und: „es sind in jedem Stück vielleicht 5 oder 6 Sätze insgesamt, die ich irgendwann einmal gehört habe, das ist alles, sonst ist jedes Wort erfunden."[15] Auf jeden Fall hat er genau

12 Laut Antonic, Wolfgang Bauer (Anm. 9), 176.

13 Im Interview mit Mixner (Anm. 1), 13f., sagt Bauer: „Es schadet den Stücken weniger, wenn sie hochdeutsch gespielt werden, als wenn die Schauspieler in den scheußlichen totalen Wiener Dialekt [...] hineinkommen."

14 Ebenda.

15 Ebenda, 8. Kritisch zu dieser Aussage Bauers Antonic, Wolfgang Bauer (Anm. 9), 175.

auf den Tonfall hingehört; auch wenn er nichts wörtlich übernimmt, ist doch die Mimesis gesprochener Sprache ein dieses Drama prägendes Verfahren.[16] Wie authentisch die Sprache der Figuren tatsächlich ist, lässt sich schwer feststellen; tendenziell dürfte sie den betreffenden Soziolekt ziemlich genau wiedergeben.

Der äußerste sprachliche Exzess sind dann die Reimspiele der beiden Haschenden, die jeden Sinn verweigern. „Angenehm, Karl Behm!" (33), „Wü hommos donn?", „Wutzl ins Kaputzl" (35), „Mit dem Messerl geht's besserl!" (38) – was ausgerechnet der wenige Minuten später erstochene Joe sagt[17] – usw. markieren den Rauschzustand der beiden männlichen Figuren, die sich selbst mit dieser „Zersetzung sprachlicher Sinnzusammenhänge"[18] köstlich amüsieren (nicht dagegen die noch anwesende Birgit), die damit auch das Publikum unterhalten. Zugleich wird damit vorgeführt, wie sehr die Sprache dieser jungen Menschen sich verselbstständigt hat, nicht mehr wirklich der Kommunikation dient. Im Grunde verhält sich das von Anfang an so; wirkliche Inhalte haben die Gespräche zwischen Charly und Birgit so wenig wie die zwischen Charly und seinem Freund Joe.

Zur Sprache des Milieus gehören auch die Namensformen, wobei hinter Charly und Joe nicht unbedingt ein ‚Karl' und ein ‚Joseph' stehen müssen. Auffällig ist, dass die beiden Männer englische Spitznamen haben, die beiden jungen Frauen aber ihre eigentlichen Vornamen, die sogar ein paar Mal ganz altmodisch zu „Moni" (23) und „Gitti" (39) – in der emotional besonders intensiven Totschlag-Szene – abgekürzt werden.

Nicht unwichtig ist der dauernde Bezug zu einer bestimmten aktuellen Musik; Bauers Ansatz ist multimedial, da ja die entsprechenden Platten auf der Bühne aufgelegt werden und nicht nur von ihnen geredet wird. Es wäre interessant, nach Korrespondenzen zwischen den erwähnten Gruppen und dem Text zu suchen. Bauer ist offensichtlich ein ausgezeichneter Kenner der Musikszene der 1960er Jahre; mit vergleichbarem Einmontieren von Elementen aus der Populärkultur (beispielsweise auch aus der Werbung oder aus dem Film, neuerdings aus den Serien) muss man in der Gegenwartsliteratur ja stets rechnen. Die Aufzählung der Titel von Filmen, die Charly und Birgit letztlich nicht besuchen werden, gehört ebenso zu dieser partiell multimedialen Anlage des Stücks. Daneben haben diese Filmtitel wohl auch die Funktion, sich über die Kinokultur des damaligen Österreich lustig zu machen – einer der wenigen Ansätze zu gesellschaftlicher Kritik in dem Stück.

Das Stück hat zwar keine schlüssige Handlung, aber es gibt doch einen Aufbau nach dem Muster des Abstiegs: Anfänglich reden Charly und Birgit noch über das Lesen – mit dem erhellenden intertextuellen Hinweis auf Konrad Bayer (14) –, über Kino- und Theaterbesuche;

16 Vgl. dazu und zur Tradition, die diese Verfahrensweise bei österreichischen Autoren hat, Sigurd Paul Scheichl: Ohrenzeugen und Stimmenimitatoren. Zur Tradition der Mimesis gesprochener Sprache in der österreichischen Literatur. In: Sigurd Paul Scheichl, Gerald Stieg (Hg.): Österreichische Literatur des 20. Jahrhunderts. Französische und österreichische Beiträge. Akten der Jahrestagung 1982 der französischen Universitätsgermanisten in Innsbruck. Innsbruck 1986 (= Innsbrucker Beiträge zur Kulturwissenschaft. Germanistische Reihe 21), 57–97, hier 76f.

17 Einer von vielen Belegen dafür, dass *Magic Afternoon* „mit äußerster Akribie komponiert" ist; Antonic, Wolfgang Bauer (Anm. 9), 179.

18 Melzer, Wolfgang Bauer (Anm. 5), 99.

dann werden Platten gehört; es wird getrunken; und am Schluss fliehen die beiden Männer ins Rauchen von Hasch.[19] Und ganz am Schluss ersticht Birgit Joe; dazu sagt Bauer selbst in einem sehr viel späteren Interview: „[...] *Magic Afternoon* [...] war eine fast ins Lächerliche gehende minutiöse Schilderung eines Nachmittags, und dieser Mord ist mir beim Schreiben einfach passiert – ich wollte ja überhaupt keine Aktion, schon gar keinen Mord – das entstand zufällig beim Schreiben."[20] Obwohl man Selbstaussagen von Autoren über ihre Werke immer misstrauen soll, halte ich diesen Hinweis für sehr wichtig: Denn das „Stück" führt in der Tat nicht zwangsläufig hin zu diesem Höhepunkt, der Totschlag ergibt sich nicht aus Konflikten zwischen den Figuren, ist in den früheren Szenen nicht angelegt.

Gewalt hat allerdings von Anfang an Gewicht: zwischen Charly und Birgit, in der Vorgeschichte zwischen Charly und Monika (24), zwischen Joe und Monika. Sie steigert sich nicht notwendigerweise zur Tötung Joes, aber diese kommt auch nicht ganz unvorbereitet.

Man könnte sogar von einem Widerspruch zwischen dieser schwer wiegenden Tat und der Aktionlosigkeit des Stücks bis zum gewaltsamen Tod Joes sprechen. Das Umschlagen in brutalen Ernst ist für die Figuren im Grunde so erschreckend wie für die Zuschauerinnen, es entwickelt sich überhaupt nicht aus der bisherigen ‚Handlung' oder aus der Figur Birgit heraus. „Auch der Mord ist nur einer von vielen Zufällen und so gesehen ohne Bedeutung."[21] Eben diese Zufälligkeit des Auslöschens eines Menschenlebens macht den Schluss dieses Stücks so erschreckend. Charly reagiert mit „Bist teppat!", Birgit ist dagegen *„eiskalt"* (39) und fährt mit dem Auto des toten Joe fort.

Mit diesem Fortfahren gelingt Birgit etwas, von dem im Stück immer wieder die Rede ist: das Verlassen der verrauchten, chaotischen Wohnung. Auf die „semantische Schwere"[22] dieses Raums – gesteigert durch Charlys Rückzug in den Kasten am Ende – kann ich hier nicht mehr eingehen, so wichtig dieses Element ist. Es besteht wohl eine Parallele zwischen der Abgeschlossenheit des Raums nach außen und der Abgeschlossenheit des Soziolekts der Figuren vom Sprachgebrauch außerhalb der Clique.

Abschließend noch einige Bemerkungen zum Altern von *Magic Afternoon*. Das Aufregende an Bauers Stück ist vor allem die Sprache, sowohl die genaue Präsentation des Soziolekts der Clique als auch und noch mehr das Vorführen totalen sprachlichen Leerlaufs und das Kippen der Sprache in oberflächlich lustiges, aber doch sinnentleertes Spiel, das dann noch einmal kippt: in Gewalt und Angst. Parallel zu Artmann, zur Wiener Gruppe und zu Merz/Qualtinger hat Bauer die sprachlichen Möglichkeiten der Literatur aus Österreich erweitert. Mit dem Jargon seiner Clique baut er auch eine provokante Gegenwelt zum Establishment auf – sicher nicht die unwichtigste Funktion seiner Arbeiten.

---

19 Ebenda, 96.

20 Walter Grond: Ein Gesamtkunstwerk ohne dessen Plan. Wolfgang Bauer im Gespräch. In: Walter Grond, Gerhard Melzer (Hg.): Wolfgang Bauer. Graz 1994 (= Dossier 7), 9–29, hier 11. Ähnlich im Interview mit Mixner (Anm. 1), 7.

21 Gamper, Nachwort (Anm. 11), 213.

22 Melzer, Wolfgang Bauer (Anm. 5), 94.

Für die Wirkung heute ist aber gerade der Jargon problematisch geworden. Einerseits ist er nicht mehr so provokant, wie er einmal gewesen ist, er wird von viel mehr Menschen gesprochen als 1968 – die damaligen Aussteiger sind integriert. Andererseits ist er zu genau; heute wirkt er fast veraltet, die Aussteigerinnen und Aussteiger von 2019 sprechen anders. Birgit mag nicht „vögln" (16), heute würde sie nicht ‚ficken' wollen – um ein besonders drastisches Beispiel vorzuführen; ein anderes Beispiel aus dem gleichen Bereich: „geil" (29) hat seither einen leichten Bedeutungswandel durchgemacht und ist stilistisch wohl von der vulgären in die umgangssprachliche Stilschicht ‚aufgestiegen'. Durch den Sprachwandel verblasst der vielleicht wichtigste Aspekt des Dramas – zumindest wenn man es liest.

Ähnliches gilt für den multimedialen Aspekt des Stücks: Auch da ist Wolfgang Bauer zu genau. Die Musik, die seine Figuren hören und ein wenig diskutieren, kennen heute viele nicht mehr; andererseits ist der Bezug zur Musik so präzise, dass man in einer Inszenierung die Namen der Gruppen nicht durch die Nennung aktueller Bands ersetzen könnte.

Noch mehr irritiert der Umgang des Stücks mit Gewalt. Damit meine ich weniger den Totschlag am Ende als die Raufereien zwischen Monika und Joe, Charly und Birgit. Hier hat sich das öffentliche Bewusstsein sehr verändert; die Angriffe auf die beiden jungen Frauen würden heute vom Publikum so selbstverständlich missbilligt, wie sie für Bauer selbstverständlicher Bestandteil des Lebens waren. Damit stellt sich die Wirkung von 1968 nicht mehr ein; sie ist unwiederbringlich.

Martin Huber

Von *Heldenplatz* zu *Vom Balkon.* Zur Rezeption des *Heldenplatz*-Skandals in Robert Schindels Roman *Der Kalte*

Drei Jahrzehnte nach der Uraufführung von Thomas Bernhards *Heldenplatz* ist der Skandal, der sich damals in Österreich vor und bis zur Premiere entfaltete, längst in den Anekdotenbestand der Geschichte der 2. Republik eingegangen, womit hier nicht nur die Literaturgeschichte gemeint ist. In Jubiläums-Beiträgen in Zeitungen, Zeitschriften oder der Internetseite des staatlichen Rundfunks wurden die Ereignisse rekapituliert, überlebende Beteiligte wie der damalige Burgtheaterdirektor erzählen sie als eine Art Heldengeschichte, und selbst einer derjenigen, die am 4. November 1988 lautstark von der Galerie protestierten, bekannte sich – zwischenzeitlich zum Vizekanzler der Republik auf- und nach Ibiza wieder abgestiegen – offen zu seiner damaligen Rolle.

Zur Erinnerung, was damals wirklich geschah und in welchem, den Nachgeborenen doch schon sehr fern liegenden historischem Kontext sich der Skandal entwickeln konnte, sei beides hier noch einmal kurz skizziert. Diese – leicht ironisch gesprochen – ‚wunderbare' Gemeinschafts-Performance von Medien, Politik, Verlag, Autor und Regisseur (der bekanntlich gleichzeitig Burgtheaterdirektor war) in einer weit über literaturaffine Zirkel hinausgehenden Öffentlichkeit (ein Vorgang des Ins-Zentrum-Rückens, von dem Theater normalerweise nur träumen kann) entfaltete sich im Österreich der zweiten Hälfte der 1980er Jahre. So nahe uns Zeitzeugen das noch erscheinen mag – man glaubt, sich an viele Vorgänge in diesen aufregenden Tagen und Jahren noch erinnern zu können, als wären sie gestern gewesen –, wenn man das heute Studierenden erzählt, die erst nach den Vorkommnissen geboren wurden, merkt man sehr rasch, wie historisch die Ereignisse inzwischen geworden sind. 1988 stand noch der sogenannte ‚Eiserne Vorhang', dessen Fall nur ein Jahr später damals noch niemand vorhersehen konnte, Österreich hatte noch nicht einmal ein Beitrittsansuchen zur Europäischen Union gestellt, gezahlt wurde mit Schilling.

Die politische Situation Mitte der 1980er Jahre war geprägt von der Wahl Kurt Waldheims zum Bundespräsidenten, trotz oder vielleicht sogar wegen heftiger Auseinandersetzungen um sein Verhalten während der Zeit des Nationalsozialismus bzw. seine Rolle im Zweiten Weltkrieg. Aufgrund des Wahlausgangs trat Bundeskanzler Fred Sinowatz zurück, Franz Vranitzky wurde sein Nachfolger. Im September 1986 wählte die Freiheitliche Partei Österreichs Jörg Haider auf dem Innsbrucker Parteitag zu ihrem Obmann – der Beginn seines Aufstiegs, der ihn schließlich zum Kärntner Landeshauptmann werden ließ und seine Partei bei den Nationalratswahlen im Jahr 1999 auf den zweiten Platz und dann in die Regierung führte.

Die Regierung setzte eine internationale Historikerkommission ein, die Waldheim in ihrem im Februar 1988 vorgelegten Bericht zwar kein persönliches schuldhaftes Verhalten und keine Beteiligung an Kriegsverbrechen attestierte, jedoch feststellte, dass Waldheims eigene Darstellung lückenhaft und teilweise falsch war. Die Jahre ab 1986 werden heute von Historikern als Umbruchsjahre im Geschichtsbewusstsein der Österreicher in der Zweiten Republik angesehen.[1] Lange Zeit nach 1945 sah sich Österreich – zumindest in der offiziellen Version – als das erste Opfer Hitler-Deutschlands. Die große Begeisterung vieler Österreicher über den „Anschluss", der Jubel, der Adolf Hitler am 15. März 1938 bei seiner Rede am Heldenplatz entgegenschlug („Als Führer und Kanzler der deutschen Nation und des Reiches melde ich vor der Geschichte nunmehr den Eintritt meiner Heimat in das Deutsche Reich!") ebenso wie die Teilnahme vieler Österreicher an den Verbrechen des Nationalsozialismus wurden dabei geflissentlich ausgeblendet – gerade dem Umgang Österreichs mit diesem Teil seiner Geschichte, dieser „zweiten Schuld", widmet sich Bernhards Stück. Und 1988 war das ‚ideale' Jahr für solch ein Theaterstück, stand es doch als „Bedenkjahr" im Zeichen 50 Jahre „Anschluss" Österreichs an das nationalsozialistische Deutschland. Zugleich wurde 100 Jahre neues Haus des Burgtheaters am Ring gefeiert – ein zufälliges Doppel-„Jubiläum", das in diesem Jahr die Geschichte der Republik mit jener seines wichtigsten Theaters verband.

Den Bernhard-spezifischen Kontext dieser Erregung stellt die lange, sich steigernde Reihe von Skandalen (und Skandälchen) dar, die sich an seinem publizistischen und literarischen Werk entzündet haben. Einen ersten Höhepunkt erreichte diese mit dem sogenannten „Staatspreisskandal", dessen 50. Jahrestag inzwischen begangen wurde, und bei dem mittlerweile deutlich ist, wie Bernhard sich dabei zum von einer inkompetenten Jury, von Ministern und den Medien ‚verfolgten' Staatskritiker Österreichs stilisiert hat und wie es ihm gelungen ist, darüber die Deutungshoheit zu erlangen.[2] Den vor *Heldenplatz* sowohl für Bernhard und sein Verhältnis zum „Staat Österreich" als auch für die Öffentlichkeit signifikantesten Vorfall stellt sicher die Beschlagnahme des Romans *Holzfällen* im Sommer 1984 dar[3], gefolgt von den Auseinandersetzungen mit dem damaligen Finanzminister Franz Vranitzky oder Unterrichtsminister Herbert Moritz 1985.[4]

---

1 Robert Schindel bezeichnete in einem *profil*-Interview die Waldheim-Wahl 1986 im Hinblick auf die 1968er-Debatte in Deutschland als „das 1968 Österreichs", „das Ende der Nachkriegszeit"; vgl. Wolfgang Paterno: „Erst als Toter pflegt man Gleichmut". [Interview mit Robert Schindel.] In: profil, 11.2.2013, 84–89.

2 Vgl. Thomas Bernhard: Meine Preise. In: Thomas Bernhard: Werke. Hg. von Martin Huber, Wendelin Schmidt-Dengler. Bd. 22/2: Journalistisches, Reden, Interviews. Hg. von Wolfram Bayer, Martin Huber, Manfred Mittermayer. Frankfurt a.M. 2015, 406–419 und 448–452. Vgl. auch Martin Huber: „beinahe alles falsch"? Dichtung und Wahrheit in Thomas Bernhards „Meine Preise". In: Hermann Korte (Hg.): Thomas Bernhard. 4. Aufl. München 2016 (= Text+Kritik 43), 10–28 und Olaf Lahayne: Beschimpft Österreich! Der Skandal um die Staatspreisrede Thomas Bernhards im März 1968. Göttingen 2016.

3 Vgl. dazu die ausführliche Darstellung im Kommentar zu Thomas Bernhard: Holzfällen. Hg. von Martin Huber, Wendelin Schmidt-Dengler. In: Bernhard, Werke (Anm. 2), Bd. 7, 209ff.

4 Vgl. Bernhard, Werke (Anm. 2), Bd. 22/1, 679–682 und 872–876.

1984 wurde zudem mit Claus Peymann der Bernhard-Regisseur schlechthin zum neuen Burgtheater-Direktor designiert, der dann gleich zu Beginn seiner Direktionszeit im September 1986 ein Zeichen setzte, indem er seine erste Spielzeit an beiden Häusern mit einer Bernhard-Inszenierung eröffnete, im Burgtheater mit dem 1985 in Salzburg uraufgeführten *Theatermacher* – womit also der erste auf der Bühne gesprochene Satz seiner Intendanz lautete: „Was hier / in dieser muffigen Atmosphäre".[5] Am 27. Mai 1988 erschien in der *Zeit* ein Interview von André Müller mit dem Burgtheaterdirektor, in dem er sich über weite Strecken wie die Figur eines Bernhardschen Peymann-Dramoletts äußerte: Man müsste dieses Theater abreißen lassen, dieses Land sei ein „Irrenhaus", Waldheim habe ihn „in den Nacken geküßt", Schauspieler seien „oft sehr dumm".[6] Neben Ensembleprotesten und Rücktrittsaufforderungen kam es auch zu unmittelbaren Auswirkungen auf die Uraufführungsvorbereitungen für *Heldenplatz*, denn mehrere der ursprünglich besetzten Schauspieler legten ihre Rollen nieder.[7]

Die Erwartungshaltung vor Bernhards neuem Stück für das Burgtheater war in diesen bewegten 1980er Jahren also aus verschiedenen Gründen auf ‚Skandal' gepolt. Und zu diesem Skandal sollte es kommen, auch wenn Sigrid Löffler, die schon Anfang August 1988 erste Ausschnitte aus dem Stück, das eigentlich (so zumindest Thomas Bernhards Forderung gegenüber Siegfried Unseld) geheim bleiben sollte, in *profil* veröffentlichte, in einem weiteren *profil*-Beitrag vom 19. September meinte, aus dem „von Peymann liebevoll geplanten Skandal" werde wegen „erwiesener Harmlosigkeit von Bernhards Theater-Suada"[8] wohl nichts werden.

Daran stimmte nur, dass nicht Löfflers Artikel den Skandal auslösten, sondern sich dieser erst entwickelte (bzw. ‚gemacht' wurde), als sich mit der *Kronen Zeitung* das größte österreichische Boulevardblatt der Sache annahm. Der 7. Oktober kann somit als der Starttermin des eigentlichen *Heldenplatz*-Skandals angesehen werden: Unter dem Titel *Österreich, 6,5 Millionen Debile* wurden Textausschnitte aus dem Stück gebracht; ‚naturgemäß' aus dem Zusammenhang gerissen, ohne Angabe der Figuren und mit Passagen, die sich besonders gut für eine Skandalisierung eigneten: 6,5 Millionen debile Österreicher, Wien als Alptraum, mehr Nazis als 1938, Österreich als geist- und kulturlose Kloake etc. Auf dieser Basis konnte man sich nun ausgezeichnet über ein insgesamt noch immer unbekanntes Stück erregen, wobei sich diese Erregung zunächst in den Zeitungen (zunehmend auf den Leserbriefseiten), dann auch in Radio und Fernsehen abspielte. Die *Kronen Zeitung* befeuerte den Skandal mit Titelseiten-Schlagzeilen wie „Steuerzahler soll für Österreich-Besudelung auch noch zahlen!"[9] – und der selbst herbeigeschriebene „Riesenwirbel"[10] trat ein. Der einflussreiche Herausgeber der *Kronen Zeitung*, Hans Dichand, sah unter dem Pseudonym Cato für den Fall, dass „wir Österreicher

5 Thomas Bernhard: Der Theatermacher. Hg. von Martin Huber, Bernhard Judex, Manfred Mittermayer. In: Bernhard, Werke (Anm. 2), Bd. 19, 101.

6 Ich bin ein Sonntagskind. André Müller spricht mit Burgtheaterdirektor Claus Peymann. In: Die Zeit, 27.5.1988.

7 Vgl. Kommentar in Thomas Bernhard: Heldenplatz. Hg. von Martin Huber, Bernhard Judex. In: Bernhard, Werke (Anm. 2), Bd. 20, 387f.

8 Sigrid Löffler: Platz für Helden. In: profil, 19.9.1988.

9 Kronen Zeitung, 9.10.1988.

10 Ebenda.

uns diese unflätigen Beleidigungen von Peymann und Bernhard gefallen lassen“, Österreich als ein Land, „in dem die Sonne unterzugehen droht“.[11]

Schon am Tag nach der *Krone*-Titelseite (am 10. Oktober 1988) findet sich eine erste Reaktion Bernhards auf den sich entwickelnden *Heldenplatz*-Skandal in einem Brief an Burgel Zeeh: „Ich sehe den ‚Kampf‘ hier mit Staunen und bin bestätigt. Ich freue mich auf die Premiere. / Herzlich(st) / Ihr / Thomas B.“[12]

Auffallend (zumindest ex post) ist die ‚Gemachtheit‘ des Skandals: von der ostentativen und damit das Interesse gekonnt befeuernden Geheimhaltungsstrategie Bernhards und Peymanns, die keine Marketingagentur besser ersinnen hätte können, bis zur aktiven Rolle der *Krone* und anderer Medien, die Politiker offensiv zu Stellungnahmen aufforderten. Und diese waren meistens eitel/opportunistisch/mediengeil genug, eine solche – trotz mangelnder Kenntnis des Stücks – auch zu liefern. So äußerten sich nicht nur Kurt Waldheim („Beleidigung des Österreichischen Volkes“[13]), sondern auch Bruno Kreisky (Bundeskanzler im Ruhestand), Helmut Zilk (Wiener Bürgermeister), Alois Mock (ÖVP-Obmann und Vizekanzler), Erhard Busek (damals Kultursprecher der ÖVP) & Co.[14] Jörg Haider bewies seine profunden Literaturkenntnisse und forderte (auf Peymann gemünzt): „Hinaus aus Wien mit dem Schuft!“[15] Nur manche, wie etwa die damalige Unterrichts- und Kulturministerin Hilde Hawlicek, die damalige Wiener Kulturstadträtin Ursula Pasterk oder der damalige Generalsekretär des Bundestheaterverbandes Rudolf Scholten, erlaubten sich, darauf hinzuweisen, dass aus der Tatsache der Subventionierung des Burgtheaters mit Steuergeld kein Zensuranspruch des Staates abgeleitet werden dürfe.[16]

Am Tag der Uraufführung, dem 4. November 1988, machte die *Kronen Zeitung* mit der Titelseiten-Schlagzeile „‚Heldenplatz‘-Premiere: Burgtheater heute unter Polizeischutz“[17] auf; und eine Fotomontage zeigte das brennende Burgtheater ergänzt um den Werbeslogan „... uns ist nichts zu heiß!“ Noch bevor die Uraufführung auch nur begonnen hatte, hatte ein Großteil des Stücks „Heldenplatzskandal“ also bereits stattgefunden.

Die Uraufführung fand schließlich am Abend des 4. November trotz aller Aufregung im Vorfeld doch statt; nach einer Aktennotiz von Karin Bergmann wurden für die Premiere 126 Pressekarten an Journalisten aus 13 Ländern vergeben.[18] Die *Zeit im Bild 1*, die Haupt-Nachrichtensendung des Österreichischen Fernsehens, machte mit der „Heldenplatz“-Premiere auf, in der *Zeit im Bild 2* folgte ein Pausenbericht und in *Aktuell*, knapp vor Mitternacht, ein ausführliches Studiogespräch zwischen Robert Hochner (dem langjährigen

---

11 Cato [= Hans Dichand]: „Vor Sonnenuntergang“. In: Kronen Zeitung, 11.10.1988.

12 Thomas Bernhard an Burgel Zeeh, 10.10.1988. Zit. nach Bernhard, Heldenplatz (Anm. 7), 394.

13 Vgl. Kittner [Daniela], Kotanko [Christoph]: Waldheim: In der Burg kein Platz für „Heldenplatz“. In: Kurier, 11.1.1988.

14 Im Einzelnen nachzulesen in: Heldenplatz. Eine Dokumentation. Wien 1989.

15 Dieter Kindermann: „Hinaus aus Wien mit dem Schuft!“. In: Kronen Zeitung, 12.10.1988.

16 Vgl. Fritz Dittlbacher: Wirbel um Bernhards „Heldenplatz“. Hawlicek: „Kunst muß provozieren“. In: AZ, 11.10.1988.

17 „Heldenplatz“-Premiere: Burgtheater heute unter Polizeischutz. In: Kronen Zeitung, 4.11.1988.

18 Vgl. Heldenplatz, Dokumentation (Anm. 14), 198.

Anchorman, wie man heute sagen würde, der *ZIB 2*) und dem Kulturjournalisten Karl Löbl, der dabei die „schauspielerischen Höchstleistungen" trotz teils „dümmliche[r] Zwischenrufe"[19] hervorhob, besonders Wolfgang Gasser, den er noch nie so gut gesehen habe wie an diesem Abend – eine Berichterstattung, der sich üblicherweise kein Theaterstück erfreuen kann. Siegfried Unseld notierte in seiner „Chronik": „Welch ein Tag!" Im „Duell des Protestes und der Zustimmung" sei die Aufführung „zu einem Triumph für Bernhard und Peymann" geworden, ein Schriftsteller „zum Repräsentant des Landes".[20]

In der Forschungsliteratur herrscht heute weitgehend Einigkeit darüber, dass die im Stück getätigten Aussagen (gerade auch in ihrer Widersprüchlichkeit und in ihrem Bausch-und-Bogen-Charakter) im Werkkontext, in der Familienkonstellation der Schusters und deren Emigrationsgeschichte verstanden werden müssen, dass die politische Zielrichtung im (gelungenen) Versuch der Störung (Eckhard Gropp) zu sehen ist; dass das Stück keine Antworten liefert, sondern den Einsatz / das Nachdenken der Zuschauer fordert (Ferdinand van Ingen); dass es sich um ein „Spiel mit dem Rezeptionsverhalten" als Mittel eines „modernen politischen Theaters" handelt (Dirk Jürgens); dass sich das Stück den „Pathologien der Erinnerung" widmet, der Frage der (mit einem Begriff von Ralph Giordano) „zweiten Schuld", also der „Verdrängung und Verleugnung der ersten Schuld – der nationalsozialistischen Gewaltverbrechen" (Irmtraud Götz von Olenhusen); dass die kritische Substanz des Bernhardschen Theaters in seiner Diagnose des „Beschweigens" (Thorsten Themann) liegt.[21]

Heldenplatz entwickelte sich in den Folgejahren zu einem Burgtheater-Klassiker: Bis zum Ende von Peymanns Direktionszeit wurde das Stück über 100 Mal vor etwa 120 000 Zuschauern gespielt.[22] Einige der Protagonisten sind inzwischen verstorben; Thomas Bernhard, Wolfgang Gasser und Hans Dichand liegen auf dem Grinzinger Friedhof begraben („auf dem Grinzinger Friedhof / liegen die österreichischen Geistesmenschen"[23], heißt es im Stück). Claus Peymann wurde am Vorabend des österreichischen Nationalfeiertags 2012 die Ehrenmitgliedschaft des Wiener Burgtheaters verliehen.

Natürlich war dieser Kulturkampf (auch) eine Stellvertreter-Auseinandersetzung um das Selbstverständnis der 2. Republik, die Deutungshoheit über die österreichische Geschichte nach 1945. Ohne die Bedeutung von *Heldenplatz* überschätzen zu wollen – die *Heldenplatz*-Auseinandersetzung hat einen Mosaikstein dazu beigetragen, dass heute (auch wenn die Partei des damals jugendlichen Protestierers noch vor nicht allzu langer Zeit in der Regierung war) die These von Österreich als bloßem Opfer nicht mehr mehrheitsfähig ist.

---

19 Ebenda, 195.

20 Thomas Bernhard – Siegfried Unseld: Der Briefwechsel. Hg. von Raimund Fellinger, Martin Huber, Julia Ketterer. Frankfurt a.M. 2009, 803f.

21 Vgl. Thomas Bernhard: Heldenplatz. Mit einem Kommentar von Martin Huber. Berlin 2012 (= Suhrkamp BasisBibliothek 124), 179ff.

22 Vgl. Weltkomödie Österreich: 13 Jahre Burgtheater, 1986–1999. Hg. von Hermann Beil, Jutta Ferbers, Claus Peymann, Rita Thiele. Bd. 2. Wien 1999, 97.

23 Bernhard, Heldenplatz (Anm. 7), 320.

Und inzwischen ist dieser Kulturkampf selbst zu Literatur geworden, so in Robert Schindels 2013[24] erschienenem Roman *Der Kalte*, wo es um diese Umschlagsjahre in der Geschichte der 2. Republik geht.[25] Der titelgebende Protagonist ist Edmund Fraul, alle geschilderten historischen Ereignisse sind eingebettet in die Erzählung mehrerer Jahre aus seiner Lebensgeschichte[26], der seiner Frau, seines Sohns Karl (Karel, ein angehender Jungstar des Burgtheaters; vgl. K, 12) und einer Fülle von enger oder loser mit ihnen verknüpften Figuren. Für viele davon gibt es historische Vorbilder, aus deren Leben Schindel zahlreiche Elemente übernommen und literarisch verwandelt hat. So auch für die Titelfigur, die offenbar in manchem Hermann Langbein nachgebildet ist: Spanien-Kämpfer, KZ-Häftling in Auschwitz, Verfasser eines Auschwitz-Buchs, Ex-KPÖ-Mitglied etc. Ob er allerdings wirklich so „kalt" ist, wie der Titel suggeriert, sei u.a. im Hinblick auf die vielleicht interessanteste Beziehung des Romans in Frage gestellt, nämlich in der zum ehemaligen SS-Mörder und KZ-Aufseher Rosinger, den Fraul 1960 aufgespürt hatte, was zu dessen Verurteilung im Auschwitzprozess führte. Jetzt, Mitte der 1980er Jahre, trifft er ihn wieder, er setzt sich zu ihm, sie essen zusammen im Gasthaus, spielen Schach und erzählen sich KZ-Geschichten bei Spaziergängen durch den Prater, schließlich hilft Rosinger Fraul beim Ausfindigmachen des aktuellen Aufenthaltsorts des berüchtigten „Schädelknackers" Anton Egger (K, 349ff.) – auf Rosingers Begräbnis kommen ihm „[z]u seiner Überraschung [...] die Tränen" (K, 634).

Neben dieser durch den Titel hervorgehobenen ‚Kern'-Geschichte gibt es eine Fülle von weiteren Handlungssträngen, die nicht durchgängig, sondern auf 3 Kapitel mit jeweils 40 Abschnitten verteilt, teils verstreut über das ganze Buch, erzählt werden, wobei der Roman selbst innerhalb der einzelnen kurzen Abschnitte oft von auktorialer und personaler Erzählung zu verschiedenen Ich-Erzählern wechselt und so ein multiperspektivisches Panorama entwirft. In einzelnen Szenen werden freilich wesentliche Handlungsstränge miteinander verknüpft; so im Abschnitt 13 des 2. Kapitels („Na und") deren vier, hinter denen sich als Folie deutlich Ereignisse im Österreich der 1980er Jahre abzeichnen.

Der Journalist und Zeithistoriker Roman Apolloner trifft sich in der im März 1986 spielenden Szene mit Edmund Fraul, den er früher schon einmal interviewt hat, zu einem vereinbarten Gespräch im Café Ritter – sein Weg dorthin wird detailliert beschrieben; dies ist ein durchgängiges Charakteristikum des Romans, der sich von den ersten Sätzen an auch als Stadt-, als Wien-Roman präsentiert. Unterwegs begegnet er dem Bildhauer Krieglach (K, 249), der an einem „Denkmal gegen Krieg und Faschismus" (K, 93) arbeitet. Ein „fast unmerkliches Lächeln" des ihn schon im Café erwartenden Frauls, „das jäh sein Gesicht verschloss", erin-

---

24 Der Roman erschien damit 3 Jahre nach Veröffentlichung seiner „Realfarce" *Dunkelstein*, in der es um die umstrittene Rolle des Rabbiners Saul Dunkelstein als Leiter der Auswanderungsabteilung der Israelitischen Kultusgemeinde geht; uraufgeführt wurde es allerdings erst 2016 in Wien.

25 Für eine breitere Darstellung der im Roman literarisch verarbeiteten historischen Ereignisse vgl. Martin Huber: „Gedächtnisarbeit". Robert Schindels Roman „Der Kalte". In: Die Rampe 3 (2018). Porträtausgabe Robert Schindel. Hg. von Bernhard Judex. Linz 2018.

26 Die Handlung des Romans setzt am 4. November 1985 ein, also genau 3 Jahre vor der Uraufführung von *Heldenplatz*; vgl. Robert Schindel: Der Kalte. Roman. Berlin 2013, 11. In Hinkunft zit. als K, Seitenzahl.

nert Apolloner „an ein Foto des Dichters Raimund Muthesius" (K, 250). Dringendst sprechen möchte er mit Fraul über den Präsidentschaftskandidaten Dr. Wais – und erlebt dabei eine unerfreuliche Überraschung: Fraul lässt ihn auflaufen, nennt Apolloners Empörung „Gejammer" (K, 252); freilich fragt sich Fraul schon unmittelbar nach dem Verlassen des Cafés, ob er Apolloner nicht Unrecht getan hat (vgl. K, 258).

Unschwer kann man als dahinterliegende Folie die Kandidatur Kurt Waldheims für die Wahl zum Bundespräsidenten 1986 erkennen – die Wahl und ihre Folgen sind neben Fraul das andere Gravitationszentrum des Romans, um das eine Fülle der Figuren und Episoden angeordnet sind. Auch die ‚Entschlüsselung' Alfred Hrdlickas und die 1988 heftig geführte Auseinandersetzung um die Errichtung seines Mahnmals gegen Krieg und Faschismus ist durch zahlreiche weitere Details im Verlauf des Romans nicht allzu schwer, ebenso die Thomas Bernhards und des Skandals um die Uraufführung von *Heldenplatz* im Burgtheater.

Nur von letzterem, also von Raimund Muthesius und der Geschichte seines „Skandal"-Stücks, und wie Robert Schindel darin den *Heldenplatz*-Skandal, die öffentlichkeitswirksamste Auseinandersetzung in der zweiten Hälfte des „Bedenkjahrs" 1988, verarbeitet, verwandelt und literarisch produktiv gemacht hat für seinen Roman über diese „spannendsten Jahre der zweiten Hälfte des 20. Jahrhunderts in Österreich"[27] soll hier die Rede sein.

Um mit dem Namen zu beginnen: Raimund Muthesius. In der Regel, so Schindel in einem Interview in der Zeitschrift *morgen*, habe er alle umbenannt, die eine tragende Rolle im Roman hätten, nur die Namen einiger NS-Täter belassen. Wie genau er auf die Namen komme, könne er nicht erklären; er notiere sich jedenfalls immer wieder Namen auf Friedhöfen oder aus der Zeitung; ob er aber z.B. im Fall von Raimund Muthesius an Ferdinand Raimund gedacht habe, könne er nicht sagen.[28] Der andere Name sollte jedenfalls Warnung genug vor einer naiven, identifikatorischen Gleichsetzung der Romanfigur mit der historischen Person sein, aber die Kenntnis des Steinbruchs (dieses Bild gebrauchte Schindel im Interview mit Thomas Trenkler für Waldheim, den man sich „als Steinbruch vorstellen"[29] müsse, aus dem er eine Figur herausgemeißelt habe) hilft zu sehen, welche Auswahl Schindel getroffen hat, welche Veränderungen, Fiktionalisierungen, „Überlagerungen von wahren und nicht wahren Geschichten"[30] er vorgenommen hat. Oder um einen paradoxen Satz von Thomas Bernhard über den Protagonisten seines Romans *Korrektur* und dessen Vorbildfigur Ludwig Wittgenstein zu variieren: Muthesius ist nicht Bernhard, aber er ist Bernhard.[31]

Im Roman werden Raimund Muthesius und andere beteiligte Figuren schon früh eingeführt, einen Schwerpunkt bildet der Skandal um das Theaterstück des Hausautors des Burg-

---

27 Thomas Trenkler: „Waldheim hat den Österreichern den Spiegel vorgehalten". [Interview mit Robert Schindel.] In: morgen (2013), H. 4, 10.

28 Vgl. ebenda, 12.

29 Ebenda, 10.

30 Ebenda, 11.

31 In einem der seltenen Texte über ein eigenes Werk schrieb Bernhard über den Protagonisten seines Romans: „Wer ist Roithamer, Mathematiker, Physiker? Die Antwort ist: er ist nicht Wittgenstein, aber er ist Wittgenstein." Vgl. Kommentar in Thomas Bernhard: Korrektur. Hg. von Martin Huber, Wendelin Schmidt-Dengler. In: Bernhard, Werke (Anm. 2), Bd. 4, 338.

theaters dann gegen Ende von Schindels Roman. Über Muthesius wird zunächst eher indirekt berichtet, wenn es etwa vom „Großkritiker Habersatter" heißt, dieser berichte, dass sich Burgtheaterdirektor Dietger Schönn „über Weihnachten nach Unterach zu Raimund Muthesius begeben habe und dort mit dem Übertreibungskünstler eine neuerliche Österreichbeschmutzung ausbrüten" (K, 150) würde. Auch der Wohnort des Burgtheater-Hausautors wird damit einer charakteristischen Verschiebung unterzogen: In Unterach hat Thomas Bernhard nie gewohnt; allerdings spielt dort am Attersee seine Erzählung *Die Mütze*.[32] In seiner Bamberger Poetikvorlesung hat Robert Schindel im Sommer 2010 (also 3 Jahre vor Erscheinen des Romans) über das Eigenleben seiner Figuren („Figuren in Romanen arbeiten nämlich mit") ausgeführt, dass er Schönn eigentlich Schnitzlers *Einsamen Weg* inszenieren lassen wollte, da er keine Lust gehabt habe, „alle damaligen Stücke von Thomas Bernhard nochmals durchzunehmen"; als er es in dieser Schnitzler-Variante geschrieben habe, habe Schönn allerdings sein Leben verloren: „er begann zu rascheln, wurde ganz und gar Papier": „Also fuhr Schönn nach Unterach [...]".[33]

Muthesius ist zwischenzeitlich allerdings über das Burgtheater verärgert und arbeitet statt an einem Stück an einem Roman mit einer „Abrechnung mit der Kulturschickeria dieses Landes" (K, 223). Schindel leistet sich hier die legitime fiktionale Freiheit der zeitlichen Verdichtung: Bernhards Roman *Holzfällen*, auf den hier zweifellos angespielt wird, erschien schon 1984. Schönn wünscht sich wegen des „Fall Wais" in der Folge ein „Vergangenheitsbewältigungsstück" (K, 223) – und auch mit dieser direkten Verbindung geht Schindel über die Folie hinaus, war doch *Heldenplatz* weniger eine direkte Reaktion auf „Waldheim" als vielmehr auf das „Bedenkjahr" 1988. Muthesius stimmt zu, ein Stück zu schreiben, „welches den katholischen Nazis in Österreich den Spiegel" (K, 226) vorhalten würde, handelt das Honorar aufs Doppelte hinauf, macht seine Besetzungs-‚Vorschläge' und skizziert gleich den Inhalt des Stücks – der unübersehbare Parallelen, aber auch charakteristische Verschiebungen zu *Heldenplatz* aufweist: er würde es „aus der Sicht einer emigrierten Geigerin schreiben, die nach Jahrzehnten zurückkehrt" (K, 226).

Nach der Wahl (und im Roman im 2. Abschnitt des 3. Kapitels) macht Schönn Druck auf Muthesius, das Stück fertigzustellen, was bei diesem vorerst aber auf taube Ohren stößt (vgl. K, 388). In Abschnitt 19 (also im Roman 90 Seiten bzw. 17 Abschnitte später) ruft Muthesius dann endlich „‚seinen Direktor'" (K, 478) an, um ihm mitzuteilen, er habe nun das „widerliche[] Zeug über dieses widerliche Land" (K, 478) fertiggestellt: „Es käme zum sogenannten Bedenkjahr zurecht, übrigens eine lächerliche Bezeichnung für die Hirnarbeit von Hohlköpfen, aus denen sich die alpenländische Politkaste seit je rekrutierte." (K, 478) Es folgen Anspielungen auf die Moritz-Affäre („ein Unterrichtsminister habe ausrichten lassen, er, Muthesius, gehöre

32 Vgl. Thomas Bernhard: Die Mütze. Hg. von Hans Höller, Martin Huber, Manfred Mittermayer. In: Bernhard, Werke (Anm. 2), Bd. 14, 18–34.

33 Robert Schindel: Über die Figur. In: Iris Hermann (Hg.): Fährmann sein: Robert Schindels Poetik des Übersetzens. Göttingen 2012, 16–24, hier 19f. Dort berichtet Schindel auch, dass er mit der Arbeit am Roman im Februar 1996 aufgehört (also etwa 7 Jahre nach *Heldenplatz*) und diese erst 14 Jahre später wieder aufgenommen habe; vgl. ebenda, 16.

zum Psychiater"; K, 478; der damalige Unterrichtsminister und frühere Vorgesetzte Bernhards beim *Demokratischen Volksblatt* Herbert Moritz hatte in einem ORF-Interview gesagt, der Autor werde „zunehmend zu einem Thema der Wissenschaft", wobei er „nicht allein die Literaturwissenschaft meine"[34]) und die *Holzfällen*-Beschlagnahme („[i]n einen Prozess mit einem ehemaligen Freund verstrickt, der sogar versucht hatte, einen seiner Romane beschlagnahmen zu lassen"; K, 478f.). Er habe das Stück an zwei Vormittagen in die Underwood gefetzt (vgl. K, 479) – eine dem Übertreibungskünstler würdige Übertreibung. Schönn eilt sofort zu seinem Dichter und bekommt das Stück im Erkerzimmer vorgelesen, während „die Abenddämmerung allmählich den See aufaß" (K, 479): „‚Kolossal'", sagte Schönn. ‚Kolomassiv. Backpfeifen in einem fort. Maulschellen der Aufklärung!'" (K, 480)

Weniger glücklich ist er mit dem Titel. Statt, wie von ihm erwartet, „Friedenszeit" solle es „Vom Balkon" heißen, und auf Schönns ratlosen Blick erklärt er ihm: „Wusstest du nicht, dass die Hofburg einen Balkon hat, von welchem der GRÖFAZ zur Menschenmenge auf den Heldenplatz hinunterbellte?" (K, 480) Und Schönns eher dämlichen Einwand, dass der Balkon aber gar nicht mitspiele, wischt Muthesius mit der Bemerkung vom Tisch „[a]ber der Platz spielt mit" (K, 480) – was natürlich ein abermaliger direkter Hinweis auf Bernhards Titel ist, zugleich ist der Stück-Titel in Schindels Roman wohl eine Anspielung auf Bernhards vor *Heldenplatz* entstandenes Stück *Elisabeth II.*, wo als Schlusskatastrophe der Ringstraßenbalkon mit der darauf in schaulustiger Erwartung der englischen Königin versammelten Gesellschaft in die Tiefe stürzt. Im Übrigen stellt Muthesius klar, dass er über den Titel nicht verhandle – eine Verhaltensweise, unter der Siegfried Unseld schon beim gar noch nicht so erfolgreichen jungen Thomas Bernhard zu leiden hatte, wie man im Briefwechsel der Beiden nachlesen kann.[35]

Bei einer Pressekonferenz im *Landtmann* kündigt Schönn das Stück frühzeitig für den 9. November 1988 an – ebenfalls eine Umdichtung Schindels, die Uraufführung von Bernhards Stück war ursprünglich für Oktober angesetzt und wurde dann auf den 4. November 1988 verschoben; der 9. November ist das Datum der Novemberpogrome – was umgehend zu einer Vorab-Polemik des Kolumnisten Moldaschl über den vorbereiteten Skandal in seinem Boulevard-Blatt führt (vgl. K, 547f.).

Mit Abschnitt 37 und 38 des 3. Kapitels beschäftigen sich schließlich zwei der letzten Abschnitte des Romans großteils mit den Uraufführungsvorbereitungen, dieser selbst und den Reaktionen darauf. Muthesius hat sein Stück „wieder und wieder überarbeitet" (K, 607), sodass es „fast ein andres Stück" (K, 608) geworden ist – diese grundlegende Umarbeitung gab es beim Vorbild-Stück nicht. Der Volksschauspieler und Schönn-Gegner Moritz Vesely bringt das Manuskript im Büro des Chef-Dramaturgen Rüdiger Scherfele an sich und lässt es kopieren – nun bewegt sich der Roman, legitimerweise, im Bereich der Fiktion – und spielt es, empört über „diese besudelnden Pauschalierungen" (K, 614) an die Öffentlichkeit. Gustav Felsberg, dem aufstößt, daß der „Antisemit" „Feigesius" Juden vorschiebt, „um seine Österreichkritik

34 Zit. nach Kommentar in Bernhard, Werke (Anm. 2), Bd. 22/1, 876.

35 Als Beispiel sei hier nur an die Auseinandersetzung um den Titel von Bernhards zweitem Roman, *Verstörung*, erinnert; vgl. Bernhard/Unseld, Briefwechsel (Anm. 20), 51ff.

anzubringen" (K, 616) plant für den „Ausblick" einen Artikel mit dem Titel „Besetzt das Burgtheater oder so ähnlich" (K, 616 und vgl. K, 623) – in solchen Einzelheiten wiederum orientiert sich Schindel eng am historischen Vorbild-Geschehen, hieß doch der von Peter Sichrovsky am Tag der Uraufführung im *Standard* veröffentlichte Artikel, in dem solche Argumente vorgetragen werden, „Stürmt den Heldenplatz!". Ausgewählte Stellen des Stücks lässt er über Rosingers Schwester dem Star-Kolumnisten des Boulevard-Blatts zukommen. Schönn freilich denkt gar nicht daran, das Stück abzusetzen, seine Perspektive geht weit über den Tagesstreit hinaus:

> Wir schreiben ohnedies nunmehr Theatergeschichte. Das ganze Land erkennt sich in den Erzsätzen von Muthesius. [...] Jetzt fahren wir den Spießern, den Altnazis, den Ignoranten in die Parade. Wir sind die Aufklärer in diesem Land. Das ist nun unsere historische Aufgabe geworden. Ich könnte den Raimund abküssen für den Text. (K, 621)

Am Nachmittag der Premiere wird vor dem Burgtheater ein Misthaufen abgeladen, es werden Flugblätter in die Menge geworfen mit dem Text „RAUS MIT DEM SCHUFT SCHÖNN AUS ÖSTERREICH" (K, 625), was dieser mit einem Lächeln quittiert. Die Polizei zieht mit fünf großen Einsatzwagen und Stahlhelmen auf – die Zahl und die Stahlhelme sind abermals eine Roman-Übertreibung –, das Fernsehen hat sich eingerichtet. Während der Aufführung beginnen „auf der Galerie die Tumulte, die von demonstrativen Beifallskundgebungen konterkariert" (K, 626) werden. Nach der Schlussszene mit Rollstuhl – auch sie mischt Elemente aus *Heldenplatz* und *Elisabeth II.* – „klatschte und buhte und brüllte und jubelte das Publikum eine halbe Stunde lang" (K, 628). Schönn und Muthesius kommen auf die Bühne – und die Beschreibung, mit der der „Vom Balkon"-Handlungsstrang des Romans endet, liest sich wie eine solche der bekannten Fotos, die Peymann und Bernhard an jenem denkwürdigen Abend des 4. November 1988 auf der Bühne des Burgtheaters zeigen:

> Während Schönn mit allen Zähnen zufrieden die Zuschauer im Theater und die künftigen Zuschauer vor den Fernsehschirmen anlachte, schenkte Muthesius, sich verneigend, der Welt ein kleines Lächeln, welches Roman Apolloner in seinem Bericht über den Theaterskandal sardonisch nennen würde. (K, 628)

Nun könnte man einwenden, dass das etwas sehr eng den historischen Ereignissen nachgezeichnet sei, aber wenn sich Österreich wie in diesem Fall redlich bemüht hat, sich „zur Kenntlichkeit zu entstellen" [36], dann ist das wohl ein legitimes Verfahren.

---

36 Wendelin Schmidt-Dengler: Verschleierte Authentizität. Zu Thomas Bernhards *Der Stimmenimitator*. In: Wendelin Schmidt-Dengler: Der Übertreibungskünstler. Studien zu Thomas Bernhard. Hg. von Martin Huber, Wolfgang Straub. 4. Aufl. Wien 2010, 84.

Johann Holzner

Ein Potpourri von Bedeutungsräumen. H. C. Artmann: *Der zerbrochene Krug*

Es gibt nicht allzu viele Fundstücke auf dem Gebiet der österreichischen Gegenwartsliteratur, die substanzielle Anspielungen auf Heinrich von Kleist oder auch Anregungen zu einer Re-Lektüre seines Werkes offerieren. Das ist ein wenig verwunderlich, vor allem wenn man dagegen hält, dass in den vergangenen Jahrzehnten, wenigstens im Bereich der Literaturwissenschaft, kein Dramatiker der Goethe-Zeit, auch kein Erzähler dieser Epoche eine derart intensive Aufmerksamkeit auf sich gezogen hat wie eben Kleist, der (wie Günter Blamberger festgehalten hat) „aus seiner Zeit und aus allen Träumen des deutschen Idealismus“[1] herausgefallen ist wie kein anderer und in seinen literarischen Arbeiten schon vollkommen illusionslos die Zerbrechlichkeit des Menschen namentlich in Krisen und Katastrophen aufdeckt. Wo immer von seinem Werk die Rede ist, fallen Stichworte wie ‚Modernität‘ und ‚Aktualität‘ und werden demnach seine Themen, seine Darstellungen von Gewalt und Unsagbarkeit sowie seine radikalen Verfahrensweisen, immer wieder Neues aus dem großen Bergwerk der Theatergeschichte herauszuschlagen und für die eigenen Projekte zu adaptieren, als wegweisend charakterisiert, als richtungweisend nicht zuletzt für eine Literatur, die (wie über weite Strecken doch auch die Literatur der Gegenwart) das Diktum der konstitutiven Mehrdeutigkeit[2] als Einspruch sozusagen zum politischen Diskurs auf ihre Fahnen geheftet hat.

Peter Handke zeigt sich bekanntlich sehr früh von diesem Ton Kleists beeindruckt. Schon während seines Jus-Studiums befasst er sich mit Kleist, später, 1975, schreibt er an Hermann Lenz, die neuerliche Lektüre des *Käthchens von Heilbronn* hätte ihn „sehr belebt“: „Ja, die hatten damals ein starkes Lebensgefühl und einen Verwirklichungswillen. Und wenn der auch nicht da war, haben sie (hat Kleist) ihn schreibend rekonstruiert und erfunden – und das ist ja, für uns andere, noch wichtiger.“[3] Erich Hackl knüpft später daran an. In seiner vielbeachteten ersten Erzählung *Auroras Anlaß* (1987) findet sich eine Parabel, die als Integrationspunkt des gesamten Textes verstanden werden darf, obwohl, nein weil sie gerade nicht erklärt, wie die dargestellte, höchst komplexe Figurenkonstellation aus der Perspektive des Erzählers schlussendlich zu bewerten wäre: Kain und Abel.

---

1 Günter Blamberger: *Science* oder *fiction*? Des Projektmachers Kleist Passagen von der Wissenschaft zur Literatur. In: Dieter Sevin, Christoph Zeller (Hg.): Heinrich von Kleist: Style and Concept. Explorations of Literary Dissonance. Berlin/Boston 2013, 17–33, hier 18.

2 Vgl. dazu vor allem Helmut Grugger: Trauma – Literatur – Moderne. Poetische Diskurse zum Komplex des Psychotraumas seit der Spätaufklärung. Wiesbaden 2018, 123ff.

3 Peter Handke – Hermann Lenz. Berichterstatter des Tages. Briefwechsel. Hg. und mit einem Nachwort versehen von Helmut Böttiger, Charlotte Brombach, Ulrich Rüdenauer. Mit einem Essay von Peter Hamm. Frankfurt a.M./Leipzig 2006, 82f.

Aurora Rodríguez schreibt diese Geschichte auf, nachdem sie erfährt, dass ihre Tochter beschlossen hat, sie zu verlassen. „Man hat uns beigebracht, Kain zu hassen. Ihn als ersten Verbrecher der Menschheitsgeschichte hingestellt, als ersten Brudermörder. In den Räubergeschichten der sogenannten Heiligen Schrift hat man ihn so dargestellt […]."[4] So eröffnet Aurora ihren Aufsatz, von Anfang an bestrebt, ihre eigene von der „Man"-Position abzusetzen und in der Form des Gleichnisses vom Versagen ihrer Tochter Hildegart zu reden. Für Aurora „ist Kain unter allen Helden der christlichen Mythologie der größte […], der erste Anarchist. Und als solcher ist er aufsässig. Er gehört nicht zu den Zufriedenen und Satten. Er ist ein Genie […], Inbegriff des Widerstandes gegen alles Althergebrachte".[5] Abel dagegen ist „noch eine Puppe in Gottes Händen", Inbegriff „des Mittelmaßes […], ein Schaf der Herde".[6] Aurora beschließt demnach ihren Aufsatz mit dem Urteil: „Wer sich, wie Abel, mit den alten Mächten arrangiert, wer nachgibt, auf halbem Weg stehenbleibt, hat sein Leben verwirkt. […] Das Opfer hat den Täter veranlaßt."[7] Das Urteil ihrer Mutter bedeutet für Hildegart das Todesurteil.

Hackl vermittelt nicht nur diese Parabel, sondern auch einen Dialog zwischen Mutter und Tochter über die Möglichkeiten ihrer Auslotung. Hildegart ist zunächst „einverstanden", entgegnet dann aber doch ihrer Mutter, sie sei nicht „wie Abel", „faul und selbstzufrieden", sie wolle vielmehr „frei sein": „Leben wie Kain."[8] Der Erzähler, an dieser Stelle eigentlich ganz besonders herausgefordert sich einzuschalten, hält sich dennoch ganz zurück: keine Erläuterung, keine Wertung.

Zu den Gründen, die ihm ein solches Verhalten nahelegen, äußert sich Hackl in einem Interview in der *Wiener Zeitung* (am 24.4.1987): es stünde ihm nicht zu, erstens eine Mutter-Tochter-Beziehung, zweitens eine Geschichte, die sich zwischen 1890 und 1935 zugetragen habe, und drittens eine Kultur, der er trotz seiner Tätigkeit als Lektor in Madrid doch einigermaßen fremd gegenüberstehe, anders zu schildern als eben aus der größtmöglichen Distanz. Fast en passant erwähnt er darüber hinaus, auch ein Vorbild hätte stark nachgewirkt, „nämlich Kleist, der in all seinen Erzählungen ja auch ungewöhnliche Fälle behandelt, aber sehr selbstverständlich erzählt".[9] Hackl teilt mit Kleist die Auffassung, dass der Geschichtserzähler tunlichst seine Geschichten von Erklärungen freizuhalten und somit die in ihnen angelegte Mehrdeutigkeit um (beinah) jeden Preis zu wahren hätte.

Handke und Hackl reihen sich mit ihren Statements ein in eine österreichische Kleist-Gemeinde, die das Werk Kleists nicht trotz, sondern wegen seiner Ambivalenzen und Vorlieben für widersprüchliche Strukturierungen zum alten Gold zählt.[10] Unter diesem Vorzeichen haben auch schon Oskar Kokoschka und Thomas Bernhard sich als Anwälte Kleists hervorgetan.

---

4 Erich Hackl: Auroras Anlaß. Erzählung. Zürich 1989, 119.

5 Ebenda, 119–121.

6 Ebenda, 121.

7 Ebenda.

8 Ebenda.

9 Vgl. dazu meinen kleinen Aufsatz: Höchste Kunstfertigkeit, nicht ohne Anteilnahme. Kleist und Hackl. In: Sevin/Zeller, Kleist (Anm. 1), 355–361.

10 Der jüngste Text, der hier unbedingt hinzuzufügen wäre, ist kurz nach der Fertigstellung dieses Beitrags erschienen. Peter Waterhouse: Equus. Wie Kleist nicht heißt. Berlin 2018.

Kokoschka hat nicht nur die *Penthesilea* illustriert (Frankfurt: Edition de Beauclair 1970). Er hat auch, und zwar schon im Exil, anlässlich einer Aufführung des *Amphitryon* durch die Kleine Bühne des Freien Deutschen Kulturbundes in Hampstead (London) in einem Brief an den Theaterdirektor (vom 28. Mai 1944) explizit dargelegt, was ihn an Kleists Schule des Sehens fasziniert hat: „Er sieht in der Erfahrungswelt ein täuschungsreiches Erdengleichnis", bemerkt Kokoschka, und er ergänzt: „Kleist, am Ausgang einer Ära der nationalen Zersplitterung, die mit der Reformation begonnen hatte, bezeugt gegenüber einer Zerrissenheit der Menschheit eine Menschlichkeit, deren Adern nicht erkalten, deren Natur nicht gebrochen werden konnte, weil ihm nicht wesentlich war, was jene zu Deutschen, diese zu Slaven, Lateinern, sondern was uns zu Menschen macht."[11] Dem Menschen, der sich nach Freiheit sehnt, nach einer Freiheit, „die sich nicht verwirren läßt von der Scheindemokratie der Kanzel, des Geldes, der Waffenübermacht"[12], stellt Kleist, der „Mystiker Kleist", wie Kokoschka ihn nennt, mit seinem Schauspiel nicht mehr und nicht weniger als ein „Werkzeug der Seelenführung"[13] vor; auch und gerade in den finsteren Zeiten der NS-Diktatur weist Kleist somit, meint Kokoschka, voraus auf ein ausgedachtes und gleichwohl weiterhin denkbares neues Zeitalter des Humanismus.

In Thomas Bernhards Finsternis-Programm scheinen alle Möglichkeiten, ein solches Zeitalter sich auszumalen, gar zu erleben, längst verspielt. Jedenfalls in Österreich. Reger, der Hauptprotagonist des Romans *Alte Meister* (1985), seiner Selbsteinschätzung nach ein philosophischer Kopf, sieht sogar den Staat inzwischen vollkommen am Ende. „Alle heute in diesem Staat agierenden und regierenden Leute haben nur entsetzliche primitiv-geistlose Gesichter, Sie sehen in diesem bankrotten Land nurmehr noch einen gigantischen Haufen von erschreckendem Physiognomiemüll"[14], so lautet die Bilanz des 82-jährigen Kunstkritikers. Zuverlässigkeit ist allerdings nicht gerade sein Markenzeichen, eher schon das Sich-Verstricken in kümmerlichen Widersprüchen, vor allem aber ein sehr enger Blickwinkel. Reger sitzt seit über 30 Jahren jeden zweiten Tag im Kunsthistorischen Museum, im Bordone-Saal, vor dem Porträt des *Weißbärtigen Mannes* von Tintoretto. Vergleichende Studien zu treiben liegt ihm fern. Dennoch formuliert er Urteile, als hätte Marcel Reich-Ranicki ihn trainiert: „Sie wissen", gesteht er, ganz am Ende, gegenüber Atzbacher, „ich bin Jahrzehnte nicht mehr im Burgtheater gewesen und ich hasse nichts mehr, als das Burgtheater"; aber er kauft trotzdem zwei Karten und hofft, dass Atzbacher ihn begleitet, zu einer Aufführung im Burgtheater, naturgemäß ... zu einer Inszenierung des *Zerbrochnen Krugs*. Das Stück sei schließlich, so Reger, „das beste deutsche Lustspiel und das Burgtheater ist dazu auch noch die erste Bühne der Welt".[15] – Das letzte Wort in diesem Roman erhält indes nicht Reger, sondern Atzbacher: „Die Vorstellung war ent-

11 Oskar Kokoschka: Gelegentlich der Aufführung von Kleists „Amphitryon". In: Oskar Kokoschka: Politische Äußerungen. Hamburg 1976 (= Oskar Kokoschka: Das schriftliche Werk. Hg. von Heinz Spielmann. Bd. 4), 269–272, hier 269.

12 Ebenda, 271.

13 Ebenda, 270.

14 Thomas Bernhard: Alte Meister. Komödie. Frankfurt a.M. 1985, 308.

15 Ebenda, 310.

setzlich."[16] Regers Urteil über das Burgtheater wird damit relativiert; gut möglich, dass auch das Regietheater hier schon (recht früh, lange vor Daniel Kehlmanns *Salzburger Rede*) am Pranger steht. Umso mehr fällt auf, dass an dem Attest über den *Zerbrochnen Krug* nicht gerüttelt wird.

So ist es denn auch vielleicht nicht ganz verkehrt und unberechtigt, wenn der Residenz-Verlag den eben zitierten Hinweis auf „das beste deutsche Lustspiel" nicht Reger, sondern gleich direkt dem Autor des Romans zuschreibt und damit auf dem Buchrücken eines Textes wirbt, der unter dem Titel *Der zerbrochene Krug* erstmals 1992 erschienen ist und von H. C. Artmann stammt, „nach Heinrich von Kleist".[17] – Nur mehr von diesem Stück soll im Folgenden die Rede sein über weitere einschlägige Bezugspunkte, die in diesem Zusammenhang ebenfalls anzuführen und weiter auszuführen wären, von Ilse Aichinger und Ingeborg Bachmann bis Elfriede Jelinek, kann ich hier nur in einer Fußnote informieren[18], zu ausgewählten Aspekten liegen immerhin schon Detailstudien vor.

In Artmanns Bearbeitung des *Zerbrochnen Krugs* (auf der Basis der Reclam-Ausgabe von 1990)[19] bleibt (fast) kein Stein auf dem anderen. Die Handlung spielt nicht mehr in einem niederländischen Dorfe bei Utrecht[20], sondern im südlichen Niederösterreich ... und zwar in der ersten Hälfte des 19. Jahrhunderts. Die Personen, von Adam, Eva und Ruprecht abgesehen, erhalten neue Namen (die allerdings ihre früheren Namen sogleich wieder in Erinnerung rufen: aus Licht z.B. wird Liechtl, aus Veit Tümpel wird Vitus Dimpfl). Der radikalste Eingriff betrifft die Sprache: Der Blankvers muss weichen; Artmann entscheidet sich für eine Prosa-Fassung, in der die Figuren so reden dürfen, wie ihnen der Schnabel gewachsen ist. Aber, das versteht sich, die Handlung selbst bleibt im Wesentlichen unangetastet.

Über das Ergebnis, konkret über die Frage, wie diese Überschreibung des berühmten Ausgangstextes zu verstehen und zu beurteilen ist, lässt sich trefflich streiten: Manches immerhin spricht dafür, dass der Prätext damit keineswegs ins Archiv der abgelegten Blätter zurückgeschoben, dass er vielmehr herausgehoben wird aus der Schatzkammer des deutschsprachigen

---

16 Ebenda, 311.

17 H. C. Artmann: Der zerbrochene Krug. Nach Heinrich von Kleist. Salzburg/Wien 1992. In Hinkunft zit. als A, Seitenzahl.

18 Vgl. den Überblick über die Kleist-Rezeption in Ingo Breuer (Hg.): Kleist-Handbuch. Leben – Werk – Wirkung. Stuttgart/Weimar 2013. Ferner (über Ilse Aichinger) Neva Šlibar-Hojker: Das dichterische Werk Ilse Aichingers. Zagreb 1980; Kurt Bartsch, Gerhard Melzer (Hg.): Ilse Aichinger. Graz/Wien 1993 (= Dossier 5); Samuel Moser (Hg.): Ilse Aichinger. Leben und Werk. Aktual. und erw. Neuaufl. 2. Aufl Frankfurt a.M. 2003; Wilhelm Genazino: Mein Lieblingsbuch: „Kleist, Moos, Fasane". In: FAZ, 13.8.2004. – Zu Bachmann: Monika Albrecht, Dirk Göttsche (Hg.): Bachmann-Handbuch. Leben – Werk – Wirkung. Stuttgart/Weimar 2002, 100–102. – Zu Jelinek insbesondere Simon Aeberhard: Theater am Nullpunkt. Penthesileas illokutionärer Selbstmord bei Kleist und Jelinek. Freiburg i.Br. 2012 (= Rombach Wissenschaften. Reihe Litterae 122) und dazu die (scharfe) Kritik von Helmut Grugger: ›Penthesilea‹ als theaterkritischer Sprechakt. Zur re-psychologisierenden Kleistlektüre mit Jelinek. In: Günter Blamberger u.a. (Hg.): Kleist-Jahrbuch 2014, 216–218.

19 Den Hinweis verdanke ich Marcel Atze (Wienbibliothek im Rathaus).

20 *Der zerbrochne Krug* wird im Folgenden zit. nach der berühmten Ausgabe von Helmut Sembdner (die auch für Artmanns Vorlage die Basis gebildet hat). Heinrich von Kleist: Sämtliche Werke und Briefe. Zweibändige Ausgabe in einem Band. Erster Band. München 2001. In Hinkunft zit. als K, Seitenzahl.

Lustspiels, und vieles deutet darauf hin, dass der neue Text als autonomes Gebilde vom Autor obendrein in eine Tradition eingerückt wird, der er damit gleichfalls seine Reverenz erweisen möchte: nämlich die Tradition der Alt-Wiener Volkskomödie mit allen ihren Nachfahren von Raimund und Nestroy bis Ödön von Horváth.

Indem das Handlungsgerüst des Lustspiels und damit das analytische Verfahren Kleists, der Bezug zur Ödipus-Thematik und auch die permanenten Verzahnungen komischer und tragischer Elemente sorgfältig gewahrt bleiben, hält Artmanns Text weiterhin in Schwebe, was immer diese dramaturgische Praxis (die jeder Vorverurteilung den Boden entzieht) rechtfertigt, und was auch schon „die Vielstimmigkeit im dezentral organisierten Drama" Kleists (Helmut Grugger)[21] intendiert hat: jede Instanz zu brechen, die sich anschicken möchte, den Figuren des Stückes die ihnen schon einmal zugestandenen Freiräume einzuengen oder gar zu nehmen. – Adams Traumschilderung, die Geschichte der Verdoppelung und Verlorenheit des Subjekts, das nicht mehr aus und ein weiß, liefert ein ausdrucksstarkes Beispiel:

KLEIST

Adam. – Mir träumt', es hätt ein Kläger mich ergriffen,
Und schleppte vor den Richtstuhl mich; und ich,
Ich säße gleichwohl auf dem Richtstuhl dort,
Und schält' und hunzt' und schlingelte mich herunter,
Und judiziert den Hals ins Eisen mir.
Licht. Wie? Ihr Euch selbst?
Adam. So wahr ich ehrlich bin.
Drauf wurden beide wir zu eins, und flohn,
Und mußten in den Fichten übernachten. (K, 187)

ARTMANN

Adam. Selber angeklagt hab ich mich: ich war Kläger und Angeklagter in einem. Eine so eine Vorstellung! Nicht einmal im Traum dürft einem so was einfallen.
Lichtl. Und schon gar nicht einem Richter.
Adam. Und dann hab ich mich selber verurteilt.
Lichtl. Wie? Ihr Euch selber?
Adam. Und dann sind wir, ich und ich, wieder eine Person worden, und auf und davon ist's gangen in die weite Welt. Unter einer Hollerstauden hab ich übernachten müssen – pfui Teufel, da war's kalt. (A, 21)

Die Technik, in der Schwebe zu belassen, was im literarischen Diskurs sozusagen danach verlangt, stößt wiederholt an Grenzen. Wo Korruption im Spiel ist, wird sie von Kleist wie von Artmann schonungslos angezeigt; wobei jener allerdings dem Publikum noch zumutet, seinen Plutarch studiert zu haben und deshalb eine Anspielung wie die folgende ohne Weiteres zu verstehen:

---

21 Helmut Grugger: Dramaturgie des Subjekts bei Heinrich von Kleist. Würzburg 2010 (= Film – Medium – Diskurs 32), 19.

Adam [zu Licht]. Zu seiner Zeit, Ihr wißts, schwieg auch der große
Demosthenes. Folgt hierin seinem Muster.
Und bin ich König nicht von Mazedonien,
Kann ich auf meine Art doch dankbar sein. (K, 181)

Kenntnisse im Bereich der Geschichte und der Mythen der Antike traut Artmann seinem Adam und wohl auch seinem Publikum nicht mehr zu. Einschlägige Stellen werden also gestrichen. Artmanns Figuren finden sich demgegenüber in einem sozialmoralischen Milieu eingebunden, in dem der Katholizismus das erste und das letzte Wort hat. So ist denn auch viel von Moral die Rede, in einer Blütezeit der Heuchelei.

Adam [der Liechtl mitteilt, was seine Katze angerichtet hat]. Ja. Und sechs Junge hat s' kriegt: fünf schwarze, ein weißes. Die schwarzen ertränk ich im Teich, das weiße kann haben, wer mag.

Lichtl. Und alle sechs knotzen in Eurer Parucken?

Adam. Jawohl, wie in einem Nest, mitsamt der Alten ... das war nämlich gestern in der Nacht so: ich nehm die vermaledeite Parucken ab, weil s' ganz naß worden war vom Regen und weil ich kein Hut aufghabt hab, häng das Ding über ein Sessel, der Sessel fallt um, die Katz springt durchs Fenster ...

Lichtl. ... und derwischt die nasse Parucken.

Adam. Erraten, Freund!

Lichtl. Und verschwindt unter der Bettstatt vom Herrn Richter und kriegt ungschauter sechs junge Katzeln ...

Adam. Fünf weiße und ein schwarzes – keine Moral, die Viecher. (A, 19f.)

Adams Erzählsystem ist ebenso wenig bruchfest wie der Gegenstand der Verhandlung, der Krug; nur Scherben bleiben. Er schwätzt und schwätzt (weit mehr als das Kleistsche Vorbild), und verrät dabei allein pausenlos sich selbst: sein gestörtes Verhältnis zur Sexualität und den ihm eigenen Umgang mit der Wahrheit. Nur auf einem Gebiet ist er stärker als sein Vorgänger – dort, wo es ums Fressen und Saufen geht. Punkt für Punkt, wenn nicht am Ende allzu auffällig, entspricht er damit der Klischeevorstellung des österreichischen Beamten der Biedermeierzeit; er wirkt bestechlich aber gutmütig, umgänglich aber gemein. Adam serviert dem Gerichtsrat Walter (Walter von Waltersberg) zum Frühstück nicht einfach Wurst aus Braunschweig (die in Österreich als die mit Abstand billigste aller Würste nicht den besten Ruf genießt), sondern „frisches Hausbrot, ein Verhackerts, ein geselchtes Blünzerl, ein Flascherl Zierfandler" u.v.a.m. (A, 28), während er Ruprecht „nach Mailand zum Radetzky" schicken will, wohl wissend, „von dortn kommt unter dreien nur ein einziger zruck" (A, 99). – Ein „starkes Lebensgefühl" (Handke), wie es Waltersberg verkörpert, garantiert indessen auch am Ende der Artmann-Version, dass Adam, dem längst schon „Soda und Gomorrha" (A, 77) klar vor Augen stehen, zwar aus seinem Paradies vertrieben, aber doch nicht brutal zertreten wird.

Waltersberg [zu Liechtl]. Schnell, Herr Schreiber, nehmt ein paar Leute und eilt ihm nach, ich will nicht, daß er sich, wie sein Collega, der Matzelsdorfer Richter, ein Leids antut. Das würde das Übel auch nicht besser machen. [...] Und sollten die Kassen stimmen, wie ich hoffe, so will ichihn nicht wie einen Verbrecher ins Elend schicken. Also tu Er mir den Gefallen und hole Er ihn zurück. (A, 101)

Anders als Waltersberg, der Hochdeutsch spricht, gelegentlich allerdings ziemlich gestelzt, immerhin muss er „das wohllöbliche k. & k. Landgericht zu Baden" vertreten, anders auch als die übrigen Figuren, die sich nur in ihrem Dialekt sicher fühlen, beherrscht Adam das Changieren zwischen unterschiedlichen Stilebenen ... wenngleich nicht vollkommen, so doch einigermaßen. Mit Liechtl kann er sich unterhalten, ohne jedes Wort auf die Goldwaage legen zu müssen:

> Adam. [...] Ich kenn ihn recht gut, den Matzelsdorfer Richter. Ein verrückter Hund zwar, aber sonst ein absolut kommoder Mensch, mit dem man die ganze Nacht hat durchsaufen können. Na ja, pfiffen hat er sich wirklich nie um was. (A, 13)

Im Dialog mit Ruprecht muss er sogar aus dem Handgelenk übersetzen; und zwar ausgerechnet dort, wo der Sohn des Vitus Dimpfl erläutert, wie er Adam aus Evas Kammer hinausgeworfen hat:

> Ruprecht. Ich zieh dem Unbekannten die Türschnalln übern Plutzer, der schreit auf wie ein Stier beim Schlachter und springt raus durchs offne Fenster ... Dabei ist auch der verwünschte Krug von der Rullin runtergfallen und zbrochen [...]. Fast hätt ich ihn noch bei die Frackschößeln derlangt, den Schusterpapp. Ich beug mich beim Fenster naus nach unten – da hängt einer im leeren Obstspalier und zappelt wie ein Aufghenkter. Ich, nicht faul, wisch ihm, so warm er's derleidt, noch ein paar über die Birn ...
> Adam. Mit der Türklinken?
> Ruprecht. Mit was?
> Adam. Mit der Türschnalln halt.
> Ruprecht. Jawohl, mit einer gußeisernen, die ist mir in der Hand blieben.
> Adam. Mörderisch! Mit einer Türschnalln! (A, 52)

Es ist kaum zu übersehen, dass Artmann nicht nur von Kleist, sondern auch von Nestroy mitgerissen wird. Waltersberg täuscht sich, wenn er kurz vor dem Ende der Verhandlung zu einer Abrechnung mit den „hirnlosen Reden" Adams (A, 58) ansetzt. Der Dorfrichter wehrt sich mit gutem Recht.

> Adam. Um Vergebung, Euer Gnaden, ich bin ein einfacher Mann des Volkes und weiß nur zu reden, wie mir die Nase gewachsen ist. Ich hab nicht studiert, meine Lehr war das tägliche Brot, deshalb auch verstehn mich die Herren aus Baden und Neustadt bloß kümmerlich. Hier aber, unter die Leut da in der Gegend, ist meine Sprach angebracht. Und die Eva versteht, ich wett drauf, was ich von ihr will. (A, 58f.)

Adams Reden sind oft doppelbödig, keineswegs hirnlos, ja mindestens doppelbödig; er versteht es, gleichzeitig verschiedenen Mitspielern ganz unterschiedliche Botschaften zukommen zu lassen. Umgekehrt sind sie nicht selten auch erbärmlich, ganz wie seine Verhaltensweisen. Aus diesen Widersprüchen resultiert, dass die Demaskierung des Teufels, die bei Artmann eine Alte namens Theresia übernimmt, nicht in einer Schwarz-Weiß-Zeichnung verglüht und dass mithin wie schon in der Vorlage auch in der Überschreibung jede Menge Platz bleibt für auseinanderstrebende Deutungen. – Was Frau Theresia erzählt, ist durchaus geeignet, jedem Übeltäter mit Klumpfuß das Genick zu brechen:

> Theresia. [...] es wird so gegen Mitternacht gwesen sein, ich geh grad bei der Rull durch die Lindenallee, huscht da nicht ein so ein kohlschwarzer Lotter an mir vorbei; eine Trum Glatzn hat er ghabt und ein Roßhuf, gstunken hat's hinter ihm her wie Schwefel und Pech, die Funken sind nur so gflogen! Jesus, Maria und Anna, schrei ich, der Hölledige! Alle guten Geister loben Gott den Herrn, will ich beten, aber mir verschlagt's vor Schreck die Stimm. Grad daß ich noch ein Kreuz hab schlagen können ... (A, 86f.)

Adam, längst überführt, nimmt trotzdem noch einmal den Ball auf. Als (in seinem Verständnis) „christkatholischer Christ" (A, 48) sieht er sich sogar in dieser allem Anschein nach doch völlig ausweglosen Situation zu guter Letzt gerettet.

> Adam. Was weiß denn einer schon, was's nicht alles gibt auf derer Welt. Heutzutag schreiben s' ja genug Bücher, in denen s' unsern Herrgott verleugnen. Aber die Existenz vom Teufel, glaub ich, hat noch kein einziger von die Freidenker bestritten. Ich mein, Euer Gnaden, daß mir da einen Fall haben, den man einer geistlichen Instanz überweisen sollt, die Sach, die gehört nach Wien zum Herrn Erzbischof, oder gleich nach Rom zum heiligen Vater. Ich frag mich, ob ein normales Gericht überhaupt befugt ist, daß es sich den Kopf zerbricht, ob jetzt der Satan oder der Luzifer der Witwe Rull ihren Krug zerbrochen hat. (A, 89f.)

Man mag bedauern, dass Artmann in seiner Bearbeitung einiges gekürzt hat. Man vermisst vor allem die Krugbeschreibung, das beziehungsreiche Glanzstück des Kleistschen Lustspiels; auch auf den *Variant* greift Artmann nicht zurück. Aber, ganz ähnlich wie Nestroy in seinen Adaptionen von französischen Vaudevilles nutzt auch Artmann in seinem *Zerbrochenen Krug* [„nach Heinrich von Kleist"] die Möglichkeit, eine Geschichte auf die österreichischen Verhältnisse umzumünzen und sich damit in den nationalen Erinnerungsdiskurs einzumischen: hinterlistig, immer bereit, Historikern in die Parade zu fahren, das heißt: am Beispiel einer leicht überschaubaren, singulären Lebensgeschichte allen apodiktischen Konstruktionsleistungen und Deutungsversuchen der sogenannten großen Geschichte unter einem zu widersprechen. So gesehen ist am Ende auch *Der zerbrochene Krug* ein unverwechselbares Original-Zaubermärchen wie Ferdinand Raimunds *Verschwender* oder auch das *Erdäpfelgulasch* à la H. C. Artmann.

Beiträgerinnen und Beiträger

Uta Degner, Assoz. Prof. Dr., Institut für Germanistik, Universität Salzburg

Allyson Fiddler, Prof. Dr., Department of Languages & Cultures, Lancaster University

Harald Gschwandtner, Senior Scientist, Mag., M.A., Institut für Germanistik, Universität Salzburg

Johann Holzner, Ao. Univ.-Prof. i.R., Mag. Dr., ehem. Leiter des Forschungsinstituts Brenner-Archiv, Universität Innsbruck

Martin Huber, Mag. Dr., Literaturarchiv Salzburg, Universität Salzburg

Maria Kłańska, Prof. Dr., Institut für Germanistik, Universität Krakau

Sieglinde Klettenhammer, Ao. Univ.-Prof. Dr., Institut für Germanistik, Universität Innsbruck

Werner Michler, Univ.-Prof. Dr., Institut für Germanistik, Universität Salzburg

Harald Miesbacher, Mag. Dr., Franz-Nabl-Institut für Literaturforschung, Universität Graz

Helga Mitterbauer, Prof. Dr., Département de Langues et Lettres, Universität Brüssel

Manfred Mittermayer, Mag. Dr., Leiter des Literaturarchivs Salzburg, Universität Salzburg

Maria Piok, Senior Scientist, Mag. Dr., Forschungsinstitut Brenner-Archiv, Universität Innsbruck

Sigurd Paul Scheichl, em. Univ.-Prof. Mag. Dr., Institut für Germanistik, Universität Innsbruck

Wolfgang Wiesmüller, Ao. Univ.-Prof. i.R., Mag. Dr., Institut für Germanistik, Universität Innsbruck

INNSBRUCKER BEITRÄGE ZUR KULTURWISSENSCHAFT
GERMANISTISCHE REIHE

Institut für Germanistik
Universität Innsbruck, Innrain 52 / A-6020 Innsbruck
Tel. +43(0)512/507-41225, Fax +43(0)512 /507-2899
E-Mail: Germanistische-Reihe@uibk.ac.at
URL: http://www.uibk.ac.at/germanistik/germanistische_reihe/

Band 91

Martin Gerstenbräun-Krug

„Dichter haben mit dem Publikum nichts zu schaffen.“

Zu Autorschaft und Paratext. SchriftstellerInnenrundfragen 1900–1933

2019. 235 Seiten. ISBN 978-3-901064-54-8
EUR 34,00

Die Studie untersucht die komplexen Zusammenhänge und Interdependenzen zwischen schriftstellerischem und publizistischem Werk und literarischer Autorschaft. Auf Basis von Gérard Genettes Konzept des Paratexts wird dabei eine Textgattung in den Blick genommen, die vor allem im ersten Drittel des 20. Jahrhunderts virulent wurde: Die „Rundfrage“, die Antworten von SchriftstellerInnen auf eine Fragestellung in einem Medium der periodischen Publizistik versammelt. So werden Wechselwirkungen zwischen der öffentlichen Wahrnehmung von AutorInnen und ihrem schriftstellerischem Werk offenbar und Inszenierungen von Autorschaft beschreibbar. Zunächst wird die Textgattung der „Rundfrage“ historisch verortet und terminologisch sowie bibliografisch erschlossen, um im Anschluss die vielfältigen Wirkungen und auktorialen Strategien dieser oftmals marginalisierten ‚Nebentexte‘ beschreiben und interpretieren zu können.